权威·前沿·原创

皮书系列为

“十二五”“十三五”国家重点图书出版规划项目

BLUE BOOK

智库成果出版与传播平台

法治蓝皮书

BLUE BOOK OF RULE OF LAW

四川依法治省年度报告 No.6（2020）

ANNUAL REPORT ON RULE OF LAW IN SICHUAN No.6 (2020)

主　　编／李　林　刘志诚　田　禾
执行主编／吕艳滨
副 主 编／刘雁鹏

社会科学文献出版社
SOCIAL SCIENCES ACADEMIC PRESS (CHINA)

图书在版编目(CIP)数据

四川依法治省年度报告. NO. 6, 2020 / 李林，刘志诚，田禾主编. -- 北京：社会科学文献出版社，2020. 5
（法治蓝皮书）
ISBN 978 - 7 - 5201 - 6489 - 4

Ⅰ. ①四… Ⅱ. ①李… ②刘… ③田… Ⅲ. ①社会主义法制 - 研究报告 - 四川 - 2020 Ⅳ. ①D927. 71

中国版本图书馆 CIP 数据核字（2020）第 054477 号

法治蓝皮书
四川依法治省年度报告 No. 6（2020）

主　　编 / 李　林　刘志诚　田　禾
执行主编 / 吕艳滨
副 主 编 / 刘雁鹏

出 版 人 / 谢寿光
组稿编辑 / 曹长香
责任编辑 / 曹长香

出　　版 / 社会科学文献出版社 · 联合出版中心（010）59367162
地址：北京市北三环中路甲 29 号院华龙大厦　邮编：100029
网址：www. ssap. com. cn
发　　行 / 市场营销中心（010）59367081　59367083
印　　装 / 天津千鹤文化传播有限公司

规　　格 / 开 本：787mm × 1092mm　1/16
印 张：24　字 数：358 千字
版　　次 / 2020 年 5 月第 1 版　2020 年 5 月第 1 次印刷
书　　号 / ISBN 978 - 7 - 5201 - 6489 - 4
定　　价 / 128. 00 元

《四川依法治省年度报告 *No. 6*（2020）》
编　委　会

学术助理 （按姓氏笔画排序）

车文博　田纯才　冯迎迎　米晓敏　洪　梅

官方微博 @法治蓝皮书（新浪）

官方微信 法治蓝皮书（lawbluebook）　法治指数（lawindex）

官方小程序 法治指数（lawindex）

主编　李　林

中国社会科学院学部委员，法学研究所研究员。

主要研究领域：法理学、宪法学、立法学、法治与人权理论。

主编　刘志诚

中共四川省委全面依法治省委员会办公室主任、四川省司法厅党委书记、厅长。

主编　田　禾

中国社会科学院国家法治指数研究中心主任，法学研究所研究员。

主要研究领域：刑法学、司法制度、实证法学。

执行主编　吕艳滨

中国社会科学院法学研究所研究员、法治国情调研室主任。

主要研究领域：行政法、信息法、实证法学。

副主编　刘雁鹏

中国社会科学院法学研究所助理研究员。

主要研究领域：法理学、立法学、司法制度。

摘　要

中国社会科学院法学研究所连续六年跟踪四川省的依法治省实践与创新。《四川依法治省年度报告 *No. 6*（2020）》全面梳理了四川省 2019 年贯彻中央依法治国重大决策部署、深入推进依法治省的工作经验与成效，并分析了其中存在的问题与改进建议。

总报告梳理了四川省 2019 年贯彻落实中央依法治国的各项部署、全面深入推进依法治省、加快四川法治建设的总体情况，详尽分析了四川省在依法执政、科学立法、依法行政、司法建设、法治社会等方面的进展与不足，并提出了未来法治建设工作展望。

本卷蓝皮书还推出了系列专题调研报告，涉及人大建设、法治政府、司法建设、公益诉讼、营商环境、基层治理等多个专题。蓝皮书选择了立法引领和保障乡村振兴、甘孜州地方立法现状调查两篇报告展现四川省及市州人大立法情况；法治政府专题既有行政争议源头化解的实践，又有行政审批“容缺受理”的探索，还有保健品监管和市场准入负面清单的相关报告；在司法建设领域，主要总结了预防未成年人犯罪、监狱社区矫正一体化建设、认罪认罚从宽制度落实、为特殊群体犯罪嫌疑人提供法律援助的实践与经验等；公益诉讼制度对进一步完善国家利益和社会公共利益司法保护机制有重大意义，为此选择了若干篇公益诉讼探索与实践的报告；营商环境专题分析了四川为打造法治化营商环境进行的积极探索；基层治理专题收录了来自广元市、乐山市井研县、绵阳市游仙区等的基层治理调研报告，分享了地方在推动乡村振兴法治化、军民融合法律服务、基层治理法治化等方面的经验。

目 录

Ⅰ 总报告

Ⅱ 人大建设

Ⅲ 法治政府

Ⅳ 司法建设

Ⅴ 公益诉讼

Ⅵ 营商环境

Ⅶ 基层治理

Ⅷ 附录

皮书数据库阅读**使用指南**

总 报 告

General Report

B.1
四川省2019年法治发展与2020年展望

中共四川省委全面依法治省委员会办公室课题组*

摘　要： 2019年，四川省深入贯彻落实习近平总书记全面依法治国新理念新思想新战略，全面深化依法治省实践，统筹推进依法治省体制机制、依法执政、科学立法、法治政府建设、公正司法、法治社会建设、法治保障，取得了积极成效，形成了值得总结的特色亮点，积累了切实加强党对法治工作领导、协调推进法治建设、统筹破解法治领域改革难题等方面的法治实践经验。今后应针对各领域存在的问题，加强民主科学立法，提升政府法治水平，维护司法公信，推进全民守法。

* 课题组组长：刘志诚，中共四川省委全面依法治省委员会办公室主任，司法厅党委书记、厅长。课题组副组长：王彬，中共四川省委全面依法治省委员会办公室副主任，司法厅党委副书记、副厅长。课题组成员：唐清利、陈翔飞、段立新、裘有度。执笔人：裘有度，中共四川省委全面依法治省委员会办公室秘书处一级主任科员。

关键词： 依法治省　依法执政　法治政府　法治社会

2019年，四川深入贯彻落实习近平总书记全面依法治国新理念新思想新战略及其在中央全面依法治国委员会第一、二次会议上的重要讲话精神，始终坚持厉行法治，不断健全党领导全面依法治省工作的制度和工作机制，统筹推进科学立法、严格执法、公正司法、全民守法，着力把治蜀兴川各项工作全面纳入法治轨道，把四川法治建设提高到一个新水平。

一　加强统筹，健全依法治省体制机制

全面依法治省是一项庞大的系统工程，需要建立一套完善的体制机制，才能确保法治工作体系高效运行。四川贯彻落实习近平总书记关于“全面依法治国是一个系统工程，必须统筹兼顾、把握重点、整体谋划”的重要要求，把依法治省作为一项战略任务和关键性工程来抓，不断健全完善依法治省体制机制，将依法治省工作纳入规范化、制度化、科学化轨道。

（一）构建依法治省领导体制

全面依法治国是国家治理领域一场广泛而深刻的革命，必须加强党对法治工作的组织领导。四川认真落实中央机构改革部署要求，撤销省依法治省领导小组，组建中共四川省委全面依法治省委员会（以下简称“委员会”）。作为省委议事协调机构，委员会由省委书记担任主任，省委副书记、省长和省委专职副书记担任副主任，明确20名省级领导和有关部门负责同志为委员，下设立法、执法、司法、守法普法4个协调小组和办公室，并明确了组成人员，委员会办公室设在司法厅，厅长兼任办公室主任，委员会立足谋大事、议大事、抓大事的定位，指导、推动、督促、落实中央全面依法治国战

略部署和省委关于法治四川建设工作要求，统筹协调全面依法治省工作。四个协调小组负责协调推动委员会议定事项，工作部署和要求在本领域落实，研究制定推进本领域法治工作的政策措施，协调督促相关部门落实本领域法治工作任务等。省委依法治省办作为省委全面依法治省委员会常设办事机构，负责对各协调小组和各市（州）、各部门法治工作机构工作的统筹、协调、督促、检查、推动。全省各市（州）、县（市、区）均组建党委法治建设议事协调机构及常设办事机构，其中资阳市和达州市还在四个协调小组基础上增设法治政府建设协调小组，委员会办公室均设在司法局，成都等 4 个市（州）由市委政法委书记担任办公室主任，17 个市（州）由司法局负责人担任办公室主任。

（二）健全法治建设工作运行机制

四川贯彻落实中央依法治国办健全完善委员会和办公室工作运行机制的精神，聚焦推进法治四川建设工作难点和堵点，积极探索依法治省工作优化协同高效运行机制，进一步规范法治建设运行。健全委员会、协调小组以及办公室运行制度，召开委员会第一次会议，审议通过了委员会工作规则、协调小组工作规则和办公室工作细则。制定了依法治省工作联络员制度，明确委员会、各协调小组及成员单位、委员会工作任务牵头单位和责任单位的职责分工。制定了《省委依法治省委员会办公室工作管理办法》，明确相关处室的职责分工，健全办公室日常运行机制，推进“文会事”办理规范化。制发了《全面依法治省工作各地各部门工作机构设置及称谓规范》，要求各级协调小组以现有联络员制度为依托，在联络员所在的单位设立协调小组办公室，作为处理协调小组日常事务的专门办事机构，解决执行力偏弱的问题。健全完善信息报送工作机制，下发加强信息报送工作的通知，明确旬报、月报、半年报和年度工作报告制度；探索建立定向约稿机制，统筹协调小组及成员单位力量，及时全面掌握全省各地各部门工作开展情况，全年印发全面依法治省工作简报共 20 期。

（三）构建依法治省宣传大格局

四川积极构建全省一体化法治宣传体系，实现省、市、县三级联动，打造“法治四川”融媒体宣传平台，营造浓厚的法治氛围。一是精心组织新闻宣传。省、市、县充分利用主要媒体、新闻网站等各类宣传媒介，广泛投放法治四川宣传标语，在黄金时段播放法治公益广告，深入宣传习近平总书记全面依法治国新理念新思想新战略，努力做到新闻天天有形象、报纸天天有文章、广播天天有声音，各种网络媒体天天有消息，各重要场所、重要节点、基层单位有醒目标语。特别是在四川卫视《四川新闻》前定时播出依法治省公益广告，每期覆盖人群超过 2 亿人次，营造了依法治省的浓厚氛围。二是统一编制宣传用语。开展了“依法治省宣传用语”有奖征集评选活动，收到来自全国各地的“依法治省宣传用语”6000 余条，评定 406 条宣传用语，并按照社区、乡村、园区、工地、扶贫、寺庙、景区、监所八大类别，编撰全省法治宣传用语指导性目录。三是开展系列宣传活动。召开“学习贯彻依法治省委员会第一会议精神”新闻发布会、举办依法治省研究智库“新时代治蜀兴川法治保障”高端论坛，在北京发布法治蓝皮书《四川依法治省年度报告 No. 5（2019）》并举办专家座谈会，编纂《治蜀兴川法治建设 70 年》，组织开展“新中国 70 年四川法治历程回顾暨‘12·4’宪法宣传周”主题系列活动，积极展示四川法治建设成就；围绕“统筹推进民主法治建设　不断夯实治蜀兴川法治根基”主题，召开第五场四川经济社会发展成就系列新闻发布会，用“七个跨越”全面总结四川 70 年来民主法治建设成就，引起社会强烈反响。

（四）健全法治保障落实机制

四川认真贯彻习近平总书记“关键在于落实”的指示精神，把依法治省作为动态过程、系统工程来谋划和掌握，健全完善保障落实机制，强力推进依法治省蓝图变成现实。一是细化年度工作任务。制发全面依法治省

2019 年工作要点，编制包含 123 项工作的任务台账，采用“清单制 + 责任制”方式推进，实现可量化、可考核，确保任务干一件成一件。二是健全法治考核评价机制。将全面依法治省纳入省委综合目标绩效考评，组织开展省直相关单位和市州推进法治建设情况考核；探索拟制“四川市县法治指数”，将传统单一封闭的法治建设工作评价方式，变为多元开放的指数评价，直观反映全省各市、县法治建设水平，客观反映人民群众的法治获得感。三是发挥法治督察利剑作用。拟制省委依法治省办督察工作实施办法，明确督察计划、方式、内容、组织实施与结果运用、工作纪律等内容，推动法治督察工作规范化制度化；开展重点领域专项督察活动，组织相关单位对成都等地开展食品药品监管执法司法督察，对绵阳、南充等地开展“营造法治化营商环境　保护民营企业发展”专项督察，开展法治政府建设综合督察，督察中发现的问题要求限时完成整改。

二　依法执政，强化党委引领示范带动

习近平总书记强调，“党的领导是社会主义法治最根本的保证，全面依法治国绝不是要削弱党的领导，而是要加强和改善党的领导，不断提高党领导依法治国的能力和水平，巩固党的执政地位。”四川认真贯彻习近平总书记重要指示要求，坚持把依法执政作为全面依法治省的关键，把党的领导贯穿到全面依法治省的全过程和各方面，持续抓好领导干部这个“关键少数”，不断健全党内法规制度体系，持续净化政治生态，扎实推进依宪执政、依法执政。

（一）抓好领导干部这个“关键少数”

四川认真贯彻习近平总书记提出的“领导干部必须带头尊崇法治、敬畏法律，了解法律、掌握法律，遵纪守法、捍卫法治，厉行法治、依法办事”重要要求，紧紧抓住领导干部这个“关键少数”，坚持以上率下，强化责任担当，不断提高依法执政的能力和水平。一是落实宪法宣誓制度，严格

执行《四川省宪法宣誓制度实施办法》，各级各部门任命国家工作人员后举行宪法宣誓仪式，切实增强宪法意识。在机关单位开展宪法报告会、宪法宣誓等活动4700余场次。省委组织部把宪法法律学习情况作为考核、考察干部的重要内容，推动国家工作人员宪法法律学习教育。二是探索制定党政主要负责人述法办法。贯彻落实《四川省党政主要负责人履行推进法治建设第一责任人职责实施办法》，健全领导班子及其成员年度述法制度。雅安市开展对芦山县委、生态环境局、市场监管局主要负责人年度述法工作。三是切实增强领导干部法治素养。完善领导干部带头学法制度，将法治作为各级党委（党组）中心组和各级部门（机关）会前学法的重要内容，作为各级党校、行政学院、干部学院各类培训的重点内容，作为全省县处级党政领导职务政治理论水平任职资格考试的重要内容；举办市厅级领导干部深入推进全面依法治省进修班，深入探讨推动全面依法治省的思路举措，不断提高领导干部运用法治思维和法治方式深化改革、推动发展、化解矛盾、维护稳定、应对风险的能力。

（二）加强党内法规制度建设

四川坚决贯彻习近平总书记“依规治党深入党心，依法治国才能深入民心”重要指示，认真落实中央和省委党内法规制度建设部署要求，通过创新理念思路、方式方法、制度机制推动党内法规建设。统筹推进法规立、改、废、释，科学编制并严格执行2019年党内法规制定和规范性文件制订计划，出台省委党内法规14件、规范性文件64件。完成省委党内法规和规范性文件集中清理工作，废止99件、宣布失效54件。坚持党内法规和规范性文件合法性审查制度，落实重大事项请示报告制度。强化党内法规制度执行，组织9个省直部门对11部省委党内法规系统开展实施评估并形成评估报告。推动将党内法规制度学习纳入各级党校、行政学院、干部学院重要教学内容，加大党内法规在干部教育培训中的比重。加大宣传报道和公开力度，在“天府先锋”党员教育融媒体平台开办党内法规专题专栏。严把备案审查关口，坚持及时报备、规范报备，

2019年共报备52件，已审查备案文件1010件，党组（党委）工作规则实现报备全覆盖；健全县（市、区）向省委直报备案机制。召开党内法规工作片区专题培训会，促进党内法规工作队伍综合素质和业务能力提升。落实建立党政机关法律顾问制度要求，积极推动省委办公厅外聘法律顾问工作和建立公职律师制度。

（三）持续净化政治生态

四川落实习近平总书记“全面净化党内政治生态”的重要指示，细化整风肃纪落实举措，用法治思维和法治方式反对腐败，坚决查处违纪违法案件，着力营造风清气正的从政环境和发展环境，以实际行动深入推进依法治省工作。开展两轮常规巡视，对巡视中发现的问题线索，分别移交有关纪检监察机关，将巡视整改情况纳入日常监督内容，对巡视整改中发现的弄虚作假、敷衍应付等行为严肃追责问责。扎实开展“以案促改”工作，制定出台《关于严格禁止领导干部利用地方名贵特产谋取私利的规定》等规范，对选人用人不正之风进行整治，对贪腐行为始终保持高压态势，全面清除政治生态“污染源”。统筹抓好政治生态与发展环境，对破坏营商环境的违纪违法行为坚决查处，对企业家合法权益和企业合法经营予以依法保障，建立健全公职人员政商交往“负面清单”，厘清政商交往边界，着力构建“亲”“清”新型政商关系，为民营经济发展创造良好环境，切实推动从政环境和发展环境持续好转、根本好转。

三　科学立法，健全完善地方法规体系

立法是法治的前提和基础，是全面依法治国的首要环节，也是推进国家治理体系和治理能力现代化的重要方式和制度依托。习近平总书记强调，“发展要高质量，立法也要高质量，要以高质量的立法来发展保障和促进经济持续健康发展”。四川贯彻习近平总书记“以良法促进发展、保障善治、维护人民民主权利”指示精神，切实抓好高质量发展、民生和社会治理、

生态环境保护等重点领域立法，以完善立法立项和协调机制为重点着力推进立法调研、起草、论证、协调、审议等环节的精细化管理，完善党委领导、人大主导、政府依托、各方参与的科学立法工作格局，全面提升地方立法质量和效率，努力使每一项立法都符合宪法精神、反映人民意志、得到人民拥护。

（一）完善地方立法制度机制

一是坚持和完善党对立法工作的领导体制，自觉把党的领导贯穿到立法工作的全过程、各方面，确保中央和省委的主张经过法定程序转变成全省人民的共同意志。将省委明确的企业和企业家权益保护、自由贸易试验区建设、传统村落保护和古树名木保护等10件法规项目，纳入人大立法规划和年度立法计划。制定印发人大五年立法规划和2019年立法计划。二是健全市（州）立法工作指导和衔接机制，切实维护法制统一和宪法权威。强化市（州）立法指导，批准《宜宾白酒历史文化保护条例》等市（州）地方性法规38件，批准《阿坝藏族羌族自治州民族团结进步条例》等民族自治地方单行条例7件。三是扎实开展备案审查工作，不断增强备案审查效能，省人大常委会综合运用依职权审查、依申请审查、专项审查等方式，依法对296件规范性文件开展审查，对59件党内法规进行合法性审查；将备案审查信息平台建设作为提高全省备案审查能力建设的关键环节、重要抓手和创新载体，深入推进备案审查工作的规范化、信息化，19个市（州）建成备案审查信息平台。强化立法沟通协商机制建设。立法协调小组制定了《关于立法协调工作的若干规定》，建立了立法协调小组统筹协调立法项目选题论证、法规起草、法规审议各个环节中的重大事项和意见分歧，督促检查地方性法规项目推进情况等各项具体制度。省人大常委会法工委与司法厅联合印发《关于加强地方立法工作联系沟通若干措施》，着力健全完善立法计划编制、开展重要立法调研活动等协调协商机制。修改《四川省人民代表大会法制委员会工作规则》，着力强化法制委员会的主体责任、主体地位，进一步发挥统一审议和调研论证作用。

（二）加强重点领域立法

四川紧扣中央和省委重大决策部署，突出服务保障全省打好“三大攻坚战”，推动“一干多支、五区协同”“四向拓展、全域开放”，培育“5+1”现代产业体系，全面深化改革，推进乡村振兴和新型城镇化建设，保障和改善民生等重点领域的立法。出台《四川省地方金融监督管理条例》《四川省纠纷多元化解条例》《四川省古树名木保护条例》等地方性法规19件。

四川省政府公开征集立法建议、开展公众投票、召开立法项目论证会，编制省政府2019年立法计划，明确2019年立法计划项目共97件，分为两类：一是制定类项目22件，其中地方性法规项目16件、省政府规章项目6件；二是调研论证类项目75件，其中地方性法规项目56件、省政府规章项目19件。立法计划突出三大攻坚战等重点领域立法，呈现三个特点：一是适应高质量发展需要，进一步突出重点领域立法。将全面创新改革、生态环境保护、企业权益保护、社会治理等方面的项目列入立法计划；二是突出四川特色，加快推进都江堰水利工程管理条例修改；三是突出修改废止项目、严格控制新制定项目，修改废止项目达14件。2019年，在制定类立法计划项目22件中，因形势政策调整暂缓制定1件，因项目不成熟调整为调研类1件，其余20件已全部完成。省政府制定、废止规章5件。全省市级政府已完成行政立法项目63件。

（三）切实提高立法质量

四川积极推进科学民主依法立法，采取多种措施，突出提高立法质量这个关键，确保地方性法规“立得住、行得通、真管用”。做到民主立法，建立了人大、政府、委托第三方起草的多元化法规起草模式。坚持开门立法，公开征集地方立法选题、立法建议和地方性法规草案意见建议，通过新闻媒体对关涉人民群众切身利益的重要法规草案进行公布并征求意见。注重基层单位意见，确定了17个基层立法联系点，组建地方立法评估协作基地。建立全省统一共享的立法专家库，聘请36位省内外立法专家，为科学立法、民主立法、依法立法提供了重要的专业支撑和智力支持。

推进科学立法，探索开展立法评估工作。严把立法计划立项关口，探索建立了立法计划立项评估论证制度，组织召开立法项目立项评估会，围绕14个立法要件对申报项目进行审查，创新建立“专家提问、申报部门现场答辩”的立法项目论证机制。积极开展地方性法规案例研究工作，按照“立法项目有特色、立法过程有经验、法规实施有效果”的原则，省人大牵头选取24件地方性法规进行案例研究，探索开展立法后评估的方法，为推动立法后评估工作制度化、规范化、常态化、科学化打下基础。

四　严格执法，加快推进法治政府建设

建设法治政府是全面依法治国的重点任务和主体工程。党的十九大强调，“建设法治政府，推进依法行政，严格规范公正文明执法”。围绕构建系统完备、科学规范、运行有效的依法行政制度体系目标，四川切实强化依法全面履行政府职能、坚持依法民主科学决策、推进严格规范公正文明执法、强化行政行为监督，加快建设职能科学、权责法定、执法严明、公开公正、廉洁高效、守法诚信的法治政府。

（一）依法全面履行政府职能

四川省政府认真贯彻中央和省委法治建设决策部署，制定《四川省人民政府2019年度法治政府建设重点工作安排》，各级各部门职责任务分工明确；召开省法治政府建设领导小组会议和全省法治政府建设工作电视电话会议，部署安排年度重点工作。

一是加快推进政务诚信建设。出台《四川省政务诚信评价工作实施方案》，研究建立政务诚信监测评价指标体系，研究制定《社会信用体系建设第三方考核评估办法》及公务员诚信评价指标体系，完善政务诚信监督体系和管理制度。建立政务领域失信记录和实施失信惩戒，治理危害群众利

益、损害市场公平交易等政务失信行为，注重信用权益保护和信用修复，不断提升公务员诚信履职意识和各地各部门诚信施政水平。

二是持续深化“放管服”改革。制发《四川省深化“放管服”改革 优化营商环境行动计划（2019～2020年）》，加快提升全省营商环境国际化、法治化、市场化水平。开展证明事项告知承诺制试点，印发《四川省开展证明事项告知承诺制试点实施方案》，确定4个市和5个省级部门作为省级试点单位，编制包含84项证明事项的清单。2019年，四川省试点市和试点部门共开展告知承诺试点证明事项63类，省级试点部门证明事项100%实现告知承诺，申请人共减少出具各类证明材料8.3万余件。纵深推进“最多跑一次”改革，深化“互联网+政务服务”，加强全省一体化政务服务平台建设，以设立行政审批局为切入点，深化行政审批制度改革。2019年，全省4个市（州）和167个县（市、区）设立了行政审批局，基本实现“一枚印章”管审批。探索建立覆盖项目招商、立项、审批、验收的一条龙审批服务联动机制，为项目审批提供全程指导、跟踪、督查服务，审批提速60%～80%。持续推动监管体制创新、全面推行“双随机、一公开”监管，双随机事项扩大至25大项69小项。推进“信用+监管”，印发《关于加快推进社会信用体系建设 构建以信用为基础的新型监管机制的工作方案》，重点推进公共资源交易、拖欠农民工工资等领域的信用激励和惩戒机制建设。

三是全面实施清单管理制度。按照权责一致原则，动态调整全省行政权力指导清单，印发《四川省行政权力指导清单（2019年本）》和《部分中央在川单位行政权力清单（2019年本）》。2019年，共清理规范省、市、县三级行政权力事项6346项。遵循“非禁即入”要求，全面实施市场准入负面清单制度。制定公布四川省2019年版行政事业性收费目录、涉企行政事业性收费目录、涉企经营服务性收费目录“三张清单”，持续强化收费目录清单管理。

（二）坚持依法民主科学决策

四川省政府深入贯彻落实《重大行政决策程序暂行条例》，严格执行

《四川省行政决策合法性审查规定》《四川省重大行政决策责任追究暂行办法》，切实发挥决策咨询机构作用，健全完善重大决策合法性审查机制和公众参与机制，着力把行政决策权力关进制度笼子，确保政府决策依法科学民主。一是建立健全行政机关内部重大决策合法性审查制度，对外公布重大行政决策事项范围和审查标准，不断优化审查流程，切实把好合法性审查程序关口，未经合法性审查或经审查不合法的事项不得提交讨论。出台《关于全面推行行政规范性文件合法性审核机制的实施意见》，建立省、市、县、乡四级政府三级合法性审核机制。2019 年，省、市、县三级政府共审核规范性文件 2372 件，备案审查规章和规范性文件 1856 件。二是发挥各类决策咨询机构作用。完善公职律师参与行政决策的制度机制。强化法律顾问作用，完善法律顾问、公职律师、公司律师制度体系，充分听取法律顾问和公职律师在制定重大行政决策过程中发表的意见，不断提升法律顾问和公职律师服务决策的质量。三是健全完善行政决策公众参与机制。在重大行政决策事项中，充分听取人大代表、政协委员、人民团体、基层组织、社会组织的意见，围绕重大民生决策事项开展民意调查，切实发挥社会各界参与作用。

（三）推进严格规范公正文明执法

四川立足转变职能、理顺关系、优化结构、提高效能，着力构建权责一致、执行顺畅、监督有力的行政执法管理体制。深入推进市场监管、生态环境保护等 5 个领域综合行政执法体制改革，进一步理顺职能配置，大力提升执法效率和监管水平。在 2 个市（州）和 161 个县（市、区）设置了综合行政执法局，推进“一支队伍管执法”。深入推进行政执法标准化、信息化建设，开展“行政执法标准化建设年”和“年度全省行政执法优秀案例（卷）评选活动”。构建包含行政执法用语标准、流程标准和文书标准等内容的行政执法标准体系，努力实现“教科书式执法”。印发全面落实行政执法公示制度、执法全过程记录制度、重大执法决定法制审核制度的实施意见，全面推进行政执法“三项制度”。成都试点开展了行政执法不予处罚事项、减轻处罚事项、从轻处罚事项“三张清单”制度，大力推进行政执法信息化建设，积极部署行政执法综合管理监督信息系统的运用，并在试点城市建立综合执法智慧服务平台，提升全省行政执法和执法监督智能化、智慧化水平。

（四）强化行政行为监督

四川着力强化行政行为的司法、审计和社会监督，不断健全完善行政行为监督体系建设。

一是强化行政复议与行政诉讼工作。健全行政机关负责人依法出庭应诉、尊重并执行法院生效裁判文书制度，全省行政机关负责人出庭应诉率上升至86%，依法履行人民法院生效判决率100%。加强行政复议工作，出台了《四川省人民政府行政复议委员会非常任委员管理办法》和《行政复议与行政诉讼工作联席会议规定》，不断完善行政复议委员会工作制度体系；加强行政复议机构与审判机关常态化沟通联系，构建府院联席会议机制，优化行政与司法互动方式，推动复议审查与司法审判有机衔接。推进行政复议程序规范化建设，确定眉山市、崇州市为试点地区。进一步加强了行政复议办案指导，发布“四川省行政复议十大典型案例”，涉及与人民群众日常生活息息相关的土地征收、信息公开、工伤认定、行政处罚、行政强制、行政确权等六大类案件，全年各级行政复议机关依法受理7048件，已审结6398件，综合纠错率34.39%。

二是发挥审计和政府层级监督的作用。2019年，全省审计机关共审计（调查）5684个单位，向司法、纪检监察机关移送事项683件，涉及人员355人，涉及金额24.92亿元。加强政府层级监督，围绕事关社会安全稳定大局、人民群众切身利益的医药卫生、食品安全等重点领域，深入开展执法监督检查；全年全省行政执法监督机关办理行政执法监督案件3523件，纠错2463件。

三是主动接受社会监督。切实保障人民群众知情权、参与权、监督权，固化、提升四川开展基层政务公开标准化试点成果，编发9项政务公开地方标准，覆盖了政务公开从组织、实施、运行到监督的全过程，着力从源头监督政府行政权力公开透明运行；印发《四川省2019年政务公开工作要点》，全面落实政务公开清单化管理，围绕打好“三大攻坚战”、推动经济高质量发展、持续优化营商环境及重点民生领域和群众关切等领域，细化信息公开的内容。加强政策文件解读，发挥微博微信和客户端等新媒体平台作用，采取新闻发布会、在线访谈等多种形式，及时回应社会关切。加强政府网站建设管理，注重网站内容建设和信息发布审核。推动政务新媒体与政府网站、一体化政务服务平台、12345 政务服务热线等信息资源共享共用。

五　公正司法，切实深化司法体制改革

司法是社会公平正义的最后一道防线。保障和推进司法公正是贯彻落实全面依法治国基本方略的关键举措。四川紧紧围绕推进政法机构改革、深化司法体制综合配套改革、大力推进政法智能化建设、深化诉讼制度改革、统筹破解司法工作难题等方面，创新思路、狠抓落实，推动四川省司法体制改革向纵深发展，切实提升司法公信力，确保司法公正高效权威，努力让人民群众在每一个司法案件中都感受到公平正义。

（一）统筹改革与法治，推进政法领域全面深化改革

四川坚持把推进政法领域全面深化改革与全面推进依法治省结合起来，统筹抓好改革任务和法治建设任务的落实，确保改革和法治共同推进。坚持和加强党对政法工作的绝对领导，完成省、市、县三级政法委机构改革，完善政法机关职能体系。积极稳妥推进省以下地方法院检察院人财物统管，建成全国首家跨区域、跨部门涉案财物管理中心，首创委托第三方专业机构保管新模式。

纵深推进以审判为中心的刑事诉讼制度改革。全省各级法院通过召开会议、组织调研、专题培训等方式，全面落实非法证据排除等制度；省法院、司法厅联合转发最高人民法院、司法部《关于扩大刑事案件辩护律师全覆盖试点工作的通知》，将试点范围扩大到全省，纵深推进刑事庭审实质化。刑事案件审判阶段通知辩护数 3302 件，比 2018 年同期增加 635 件，同比增

长23.8%。推进诉讼服务中心实质化运行，出台诉讼服务中心实质化实施意见和方案，加强对下级法院的指导和督促，有效节约司法资源。截至12月，全省法院建成诉讼服务中心201个、诉讼服务站799个、诉讼服务点1358个。做实案件繁简分流，省法院指导成都知识产权审判庭探索建立“基于‘两表指导、审助分流’的知识产权类型化案件快审机制”，入选国家发展改革委“全面创新改革实验百佳案例”，并作为四川独创经验，列入国务院在全国推广的“第二批支持创新相关改革举措”。

积极推进司法行政工作改革。司法厅按照《四川省健全统一司法鉴定管理体制实施方案》中确定的四个改革重点内容，印发并组织实施配套实施方案；加强监狱、戒毒、社区矫正执法联动，研究制定了《四川省司法行政系统刑罚执行一体化建设实施方案》，明确了刑罚执行一体化建设工作的目标任务和具体步骤。建立健全律师专业水平评价体系和评价机制，出台《四川省建立律师专业水平评价体系和评定机制试点工作实施办法（试行）》，促进律师专业化分工，探索形成律师队伍优胜劣汰的激励约束机制，并在成都、绵阳、德阳三市首先试点开展律师专业水平评价工作。推进公证参与诉讼辅助事务，加大基层法院与公证机构合作力度，扩大合作范围，系统集成破解诉讼法律文书“送达难”等问题，提高审判工作质效，德阳市旌阳区人民法院还挂牌成立了四川首家“公证参与诉讼辅助事务中心”。

（二）注重综合施策，深入破解生效判决执行难题

四川持续推进执行规范化建设，采取多项举措，深入破解生效判决执行难题。制定《关于加强综合治理　从源头切实解决执行难问题的实施意见》，建立健全党委领导、联席会议统筹协调、法院主体推进、有关部门各司其职的综合治理执行难工作格局，不断巩固综合治理执行难工作。深化信用中国（四川）平台建设，推动38家单位全面对接失信联合惩戒曝光平台，打破行业壁垒，对失信被执行人信息自动识别、自动拦截、自动惩戒。2019年，依托联合惩戒体系，全省法院共纳入失信名单12.29万人，限制高消费29.49万人次，司法拘留4537人，判处拒不执行判决，裁定罪54

人，惩戒规避执行的高压态势进一步增强。省法院出台《执行指挥中心实质化运行实施意见》，要求全省法院按照“一体化、数据化、信息化”、“信息交换中心、指挥调度中心、决策分析中心”和“有机构、有人员、有场地”等要求，成立执行指挥中心，建立上下级法院之间统一调度、统一指挥、统一行动的执行指挥中心领导机制，推进执行指挥中心实质化运行。省法院推动“四川智慧执行”系统与省综治网络平台数据互联，与省委政法委联合下发《关于开展综合网格员协助执行的通知》，将协助执行纳入基层网格化服务管理，协助法院开展执行案件查人找物工作，减少执行干警40%的工作量，缩短20%的办案时间。建立员额法官主导下分权、分流、分段“三分办案机制”，实行执行实施权与执行审查权分立、执行简案与执行繁案分流、执行实施案件分段，解决权力过于集中、程序脱节、流转不畅等问题，促进执行规范化。建成“点对点”网络查询系统，全面对接婚姻、不动产、公积金、矿产、股权登记、银行账户等信息，实现对被执行人主要财产形式和相关信息的有效覆盖。2019年，全省法院执结案件43.29万件，同比上升22.42%，执行到位金额607.43亿元。

（三）强化司法监督，健全新型司法监督管理机制

四川省委政法委对全省员额法官检察官惩戒工作进行深入调研，提出加强省法官、检察官惩戒工作办公室的组织领导和力量配置、拓宽惩戒工作案件线索来源、探索建立惩戒委员会委员参与案件质量评查制度等举措，推动惩戒工作尽快破局。四川法院系统探索建立定期报告非因正常办案需要、非正常时间地点会见案件关系人、非因履行职责过问案件情况的“三非”工作机制，进一步规范司法行为，堵塞廉政风险漏洞。

创新监督管理机制。四川法院创新建立静默化监管体系，通过智能监管平台，对办案流程中183个工作节点和68个监控节点进行监控管理，对审限“异动”或“休眠”等情形自动触发预警、催办提示和提请监管，构建起以期限为核心的程序管理刚性机制。推动院庭长办案常态化，印发《关于院庭长审判监督管理职责的规定（试行）》，建立定期公示制度，按月通

报院领导办案情况，充分发挥院庭长办案的示范引领作用，2019 年，省法院院领导办理案件 83 件，全省法院院领导共办理案件 9.71 万件，占员额法官办案总数的 7.64%。完善审判监督管理制度，将“四类案件”监管及类案检索纳入考核内容，强化院庭长审判监督管理职责。2019 年，全省法院通过“四类案件”监督管理系统实现 1.96 万件个案的监督管理，占全省法院案件总数的 1.44%。四川检察机关研发案件流程监控系统和案件质量评查系统，细化 68 项 288 个案件质量评查点位和等级评定标准。

加强法律监督工作。切实发挥检察监督职能，在全国首创检察建议公开宣告送达制度，做好刑事、民事、行政案件监督。2019 年，全省检察机关发出各类检察建议 8718 件，提出刑事抗诉 399 件，办结民事监督案件 4036 件，办理行政诉讼监督案件 990 件。在全国率先开展监狱“派驻 + 巡回”检察试点工作，建立检察机关与监狱管理部门工作协调配合机制，建立联席会议机制、采取“因地制宜”的巡回检察方式等举措，加强和完善检察机关对监狱的巡回检察工作。推进减刑假释案件规范化建设，制定《关于办理减刑、假释案件的实施细则》，搭建协同共享的四川减刑假释网上办案平台，2019 年，受理减刑假释案件 2.47 万件，审结 2.46 万件。高效完成特赦实施工作，全省法院裁定特赦案件占全国的近 6%。有力推进公益诉讼工作，加强与河长办、环保、国土、住建、网信、应急管理、审计等部门和其他公益保护组织的协作配合，推动与行政机关建立信息共享、情况通报、线索移送、证据收集、结果反馈等办案协作机制，推进公益保护跨区域协作，建立岷江等山川河流保护跨区域协作机制，会同周边省（区）建立长江上游、嘉陵江、赤水河、乌江流域保护跨区域协助机制。2019 年，全省检察机关立案办理各类公益诉讼案件 9738 件，同比增加 2.5 倍，其中 4 个案例被评为全国公益诉讼典型案例；发出诉前检察建议及履行诉前公告程序 4763 件，提起公益诉讼案件 408 件。

六　全民守法，扎实推进法治社会建设

党的十九大明确到 2035 年基本建成法治社会，为法治社会建设指明了

目标方向、提供了行动指南。四川认真贯彻中央决策部署，紧扣党中央“提高社会治理法治化水平”的法治社会建设战略，从推动全社会形成法治观念、推进多层次多领域依法治理、建设完备的公共法律服务体系和健全依法维权和化解纠纷机制四个方面，全方位推进法治社会建设。

（一）切实增强全社会法治观念

全面推进依法治国离不开每一位社会成员的积极参与，也要求全社会不断增强法治观念。增强全社会法治观念是法治社会建设的前提和基础，全民守法是法治社会的重要特征。四川始终把推进全民守法工作作为依法治省的长期基础性工程来抓，多措并举加强法治宣传教育，切实增强全社会法治观念，让尊法守法成为全体人民的共同追求和行动自觉。

一是深入推进“法律七进”。完善“谁来进、进什么、怎么进”普法工作机制，以国家工作人员、青少年学生等为重点对象，推行普法清单式管理。突出“互联网+普法”，构建“智慧普法”体系。2019 年以来，全省组织法治宣传活动 2 万余场次。以青少年学生为重点，开展“宪法法律进高校”活动，推进宪法法律宣讲进高校、法律服务进高校、法治文化进高校，实现全省 126 所高校全覆盖。全省中小学法治副校长（辅导员）配备率达 100%，700 余名法官、检察官担任副校长。落实法律顾问制度，全省县级以上机关单位基本实现全覆盖，村（社区）配备法律顾问 4.3 万余人，企业聘用法律顾问 2 万余人，培养“法律明白人”48 万余人。

二是严格落实“谁执法谁普法”责任制。落实执法人员、司法人员和律师“以案释法”制度，建立法治宣传与法治实践相结合，各部门各司其职、各市（州）共同推进的“以案释法”工作机制。省法院严格裁判文书制作和考核，确保阐明事理、释明法理、讲明情理、讲究文理，明确案件承办法官的判后释疑、以案释法主体地位，通过“以案说法”“以调释法”，引导当事人理解、尊崇法律规则，进而化解矛盾纠纷。省检察院指导地方检察院组织“扫黑除恶宣讲团”，通过进乡村、进社区，结合典型案例以案释法，开展专题法治宣讲。公安厅制定《四川省公安机关以案释法工作规定》，建立以案释法制度，印发《关于报送以案释法指导性案例的通知》，收集以案释法指导性案例。

三是建设社会主义法治文化。加强法治文化阵地建设，充分利用已建成的法治文化阵地开展互动体验式法治宣传活动。全省建设法治文化公园、广场、长廊等1720余个，法治教育基地1030余个。繁荣法治文化作品创作推广，充分发掘巴蜀文化资源，开发群众喜闻乐见、寓教于乐、贴近生活的法治文艺产品，打造具有影响力的优秀法治文化品牌。省法院组织创作法治微电影，在诉讼服务窗口、人民法庭及各新闻媒体平台播出，对群众开展普法宣传教育。

（二）完善基层社会治理体系

基层社会依法治理是法治社会建设的重要组成和关键环节。四川着力从三个方面完善基层治理体系。一是统筹开展多层次多领域依法治理。建立健全法治示范全域覆盖、动态管理、检查评估长效机制，着力推动“自治、法治、德治”相融合的基层社会共治体系。统筹推进县（市、区）、乡镇（街道）、村（社区）以及机关、企事业单位、寺庙、学校等九大板块法治建设示范创建，加快推进天府新区、中国（绵阳）科技城、国家自主创新示范区等五大法治示范区建设，创新开展生态环境、对外开放、乡村振兴、社区治理、科技创新和知识产权保护五个领域法治示范区创建试点工作。扎实开展法治政府建设示范创建活动，推进法治政府建设，向中央推荐6个法治政府示范创建单位。2019年，全省共命名省级法治示范县（市、区）48个、法治示范乡镇（街道）90个、学法用法示范机关（单位）145个。共创建市级法治示范县（市、区）61个、法治示范乡镇（街道）815个、学法用法示范机关（单位）1313个。

二是务实推进民族地区依法治理。推进藏区依法治理，召开全省藏区依法常态化治理现场推进会，研究部署藏区依法治理工作。常态化开展“宪法藏区行”“律师公证法律服务团送法进寺庙”活动，持续推广法律进寺庙“四进七有”工作模式；强化彝区依法治理，注重综合治理和源头治理，修订《四川省禁毒条例》，完善预防惩治毒品违法犯罪制度体系，在凉山州建立5个“爱之家”工作站，建立27个社区康复指导站，实现对禁毒防艾相关区域的社区戒毒与康复全覆盖。

三是深入开展扫黑除恶专项斗争。紧紧围绕“深挖根治”目标，两次召开专题会议推进工作，安排部署“抓市促县”工作。组织开展对重点市（州）专项斗争工作督导检查和重点行业领域的专项整治。健全涉黑涉恶线索发现移交、监管漏洞通报整改等机制，实现打击与防范、治标与治本有机统一，圆满完成中央督导“回头看”工作。建立律师辩护代理涉黑涉恶案件“五个机制”，实现政治效果、社会效果、法律效果三效合一。2019年，全省法院审理涉黑涉恶案件359件，涉及2706人；纪检监察机关立案审查调查涉黑涉恶腐败和“保护伞”问题1167个。

（三）推进公共法律服务体系建设

为人民群众提供公共法律服务是法治社会建设的核心环节。四川认真落实习近平总书记“加快构建覆盖全业务全时空公共法律服务网络”的指示要求，出台《关于建立健全基本公共服务标准体系的实施意见》，将公共法律服务作为全省十大基本公共服务之一，为持续推进城乡基本公共法律服务均等化、提升人民群众享有的基本公共法律服务质量和水平提供了重要保障。制定《四川基本公共法律服务项目和实施标准》等规范性文件，加速推进公共法律服务体系建设。出台《四川省基层法律服务队伍发展方案》和《四川省公职律师、公司律师制度改革实施办法》，整合公共法律服务资源入驻实体、网络、热线“三位一体”的公共法律服务平台，切实满足新时代人民群众多样化、多层次、可选择的公共法律服务需求。推进法律服务均衡发展，引导法律服务资源丰富地区向短缺地区合理流动，建立结对帮扶34个民族地区县（区）法律帮扶长效机制，与65个律师事务所签订帮扶协议。加强涉外法律人才培养，上线法律服务共享平台“丝法通”App，助力“一带一路”建设。组织开展“岁末年初为农民工讨薪法律援助专项活动”和“农民工劳动合同普查与体检”等活动，2019年，全省共受理农民工民事法律援助案件15680件，办结10605件，为农民工讨回欠薪、挽回经济损失5亿余元。

（四）加强多元纠纷解决体系建设

化解社会矛盾纠纷，依法维护社会成员合法权益是法治社会建设的最终保障环节。四川认真贯彻习近平总书记关于“社会治理的最好办法，就是将矛盾纠纷消解于未然，将风险化解于无形”的要求，坚持和发展新时代“枫桥经验”，健全多元纠纷解决体系，推动矛盾纠纷多元化解。

一是加强人民调解组织建设。建立四川省人民调解协会，健全相关工作制度，切实发挥行业自律组织自我教育、自我管理、自我服务作用。加强行业性专业性调解工作，截至2019年，四川在医疗、道路交通、劳动争议、物业管理等领域设立了行业性调解组织2186个，依托工商联、贸促会、行业协（商）会和其他社会组织建立了律师调解、商事调解等其他行业性调解组织1170个。

二是创新开展“诉源治理”工作。省委政法委组织召开省矛盾纠纷多元化解工作领导小组全体会议暨工作推进会议，总结推广成都等地法院“诉源治理”经验，并将“诉源治理”作为社会体制改革领域的重大创新性项目强力推进。四川省法院印发全面推进“诉源治理”实质化运行的实施意见，并召开现场推进会，厘清推动“诉源治理”实质化运行的工作思路和努力方向。2019年，全省法院新收案件增幅同比下降6.31个百分点，案件增长压力有所缓解。

三是持续开展防范“民转刑”命案专项行动。四川省多元化解办等8部门联合发文，组织开展防范“民转刑”命案专项行动，发挥派出所、村委会等基层组织调解机构职能作用，确保矛盾纠纷及安全稳定排查全覆盖、无盲区、无遗漏，着力预防和减少“民转刑”命案发生。稳步推进诉调对接工作，整合资源、合力化解矛盾纠纷，推进律师调解和公证参与司法辅助事务试点工作，全省180家法院设立律师调解室，引进41个公证机构和496个调解组织入驻法院参与调解等事务。2019年，全省法院调解案件

27.09 万件。其中，立案调解案件 11.82 万件，委托调解案件 9.97 万件，有律师参与调解案件 2.13 万件。

七　法治保障，队伍科技理论共同推进

“徒法不足以自行。”全面推进依法治国必须大力加强法治保障，筑牢法治中国建设的坚强后盾；离开了健全完善的法治保障体系，全面依法治国也难以推进。四川切实加强法治人才队伍、科技信息化、理论智库等方面的保障，为全面依法治省提供强大支撑。

（一）加强法治队伍建设

习近平总书记指出：“建设法治国家、法治政府、法治社会，实现科学立法、严格执法、公正司法、全民守法，都离不开一支高素质的法治工作队伍。”四川深刻领会习近平总书记关于法治人才建设方面的讲话精神，落实中央政法领域改革安排部署，不断健全法治人才招录培养、切实推进法治队伍教育培训、探索完善政法干警管理和职业保障制度，努力打造一支党中央放心、人民群众满意的高素质社会主义法治工作队伍。

一是健全法治人才招录培养机制。培养法治人才是法治工作队伍建设的奠基工程。四川省司法厅建立健全符合司法行政职业特点的省级统一招录、行业分类招录、特殊招录机制，实施司法行政机关政法专项编制公务员省级统一招录，司法机关面向系统所属院校定向招录，进一步充实基层社会治理力量。健全法学院校学生到司法机关实习常态化机制，探索建立司法警官院校学生到基层司法所实习长效机制，首批四川司法警官职业学院 237 名学生按时分赴 18 个市（州）、72 个县（市、区）、237 个司法所实习。

二是推进法治队伍教育培训工作。全省上下把学习宣传贯彻习近平总书记全面依法治国新理念新思想新战略作为重大政治任务，通过党委（党组）理论中心组学习会、专题学习会、报告会、培训会等多种形式，全面系统学

习，深刻领会把握其精神实质和核心要义。加强立法业务培训，组织120余名人大代表和人大机关同志，参加全国人大常委会举办的立法工作培训班。严把行政执法人员准入关，打造政治强、本领高、作风硬、敢担当的行政执法队伍，举行省、市、县三级行政执法人员执法资格统一考试，共4.5万余人参加。践行“律师队伍是依法治国的一支重要力量”要求，加强律师队伍思想政治建设，逐步实现律师行业党建工作从有形全覆盖向有效全覆盖转变。分两批对省、市、县三级法治建设议事协调机构300余名工作人员进行业务工作培训。

三是健全完善法官检察官员额管理。创新完善员额退出和交流机制，实现员额“进”、“出”和流动常态化。修订完善《省法官检察官遴选委员会章程》《省法官检察官遴选委员会会议规则》，积极组织开展2019年全省初任法官检察官遴选，促进了法官检察官上下良性流动；探索建立遴选递补机制，由遴选委员会审议确认的递补人员，可在下一批次遴选启动前直接填补本院员额退出后产生的空缺，大幅缩短空额递补周期，实现审判检察力量的常态增补。

四是完善法治队伍职业保障制度。在员额法官检察官按期晋升进入常态化的基础上，积极组织实施了首批择优选升工作。四川省委政法委、省法院、省检察院积极与有关职能部门协调对接，采取由省直相关单位联合发文的方式，推动员额法官检察官职业保障政策全面落实。省委政法委加强依法保护政法干警执法司法权威的工作协调联动机制研究。省法院制定了《全省法院法官权益保障委员会实质化运行实施方案》及年度工作要点，推动全省法院法官权益保障工作实质化开展。

（二）强化信息化保障

狠抓统筹谋划。制定出台《2019年全省政法系统网络安全和信息化工作实施意见》，积极组织开展《全省政法系统智能化建设五年规划》编制工作，着力优化政法智能化建设顶层设计，推进全省政法机关网络设施共建和信息资源共享，推进执法司法工作现代化。推进跨部门大数据办案平台建设，在大数据智能辅助办案系统取得阶段性建设应用成效基础上，聚焦加强跨部门办案业务协同、提升系统智能化水平、拓展系统应用范围、推广提捕阶段电子卷宗移送“单轨制”等，开展系统2.0版建设。助推政法工作现代化，大力推进政法大数据平台和辅助办案系统建设，完成法院端业务需求和技术方案编制。省法院建立“四川微法院”，为当事人提供掌上诉讼服务。2019年，全省通过四川微法院提交案件6.17万件，审核5.86万件。省检察院大力推进检察工作网建设，已在40多个县级院试点应用，有效提升了电子卷宗网上流转时效。公安厅大力实施大数据战略，按照公安部制定的大数据标准，对相关系统进行优化改造，不断优化完善辅助办案系统，加强对系统运行情况的监控，确保系统运行总体平稳。司法厅积极融入政法大数据平台和辅助办案系统建设，完成司法行政端业务需求和技术方案编制工作，在绵阳开展了试点，实现了社区矫正业务与省法院的数据对接并解析成功。

（三）强化理论研究

搭建理论研究平台，以四川省委党校为依托，开放性地建立了全面依法治省智库；推进智库组织机制创新，依托全省党校行政学院系统“3+5+10”智库协作体系，逐步探索了一套适合智库发展规律的管理制度，摸清系统内法学研究和法治实践的人才底数，依托学科体系和研究领域，统筹不同学科、不同领域、不同地区人才布局，建立健全专业法学法律人才库，更好地发挥智囊团和思想库作用。

健全理论调研机制，四川省委依法治省办与中国人民大学、四川大学、西南财经大学等科研院校，与省政府办公厅、省委组织部、民政厅、农业农村厅等省直部门，开展跨地域跨部门联合调研协作机制，在成都双流、绵阳绵竹、雅安芦山等地确定调研基地，就乡村法治建设、基层社会依法治理、市域社区“微治理”、县以下法治建设机构设置开展专题调研。开展“一带一路”法律服务保障平台建设课题研究，研发“丝法通”App，为相关企业提供优质涉外法律服务。发布依法治省相关课题74项，组织研究依法治省实践问题。组织召开全面依法治省理论建设暨四川法治蓝皮书编撰培训会，对法治工作队伍开展法治蓝皮书业务工作培训。

八　四川依法治省面临的问题与前瞻

四川坚定不移贯彻中央全面依法治国重大决策部署，切实加强党对法治工作的集中统一领导，坚定不移走中国特色社会主义道路，协调推进“四个全面”战略布局落地落实，把法治贯穿于改革、发展、稳定全过程和各方面。四川在依法执政、科学立法、法治政府建设、公正司法、社会法治建设、法治保障等诸多方面夯实基础，统筹谋划、协调推进，全面依法治省工作取得了良好成绩。但四川在推进依法治省过程中还存在一些困难需要克服、一些短板需要弥补、一些藩篱需要跨越，法治建设仍需努力。

（一）依法执政方面

四川在推进依法执政过程中，还面临以下几个方面的问题。一是有的地方对推进全面依法治省工作长期性、基础性的思想认识不到位，没有把全面依法治省放到“四个全面”战略布局的层面来认识，缺乏行动自觉。二是有的地方工作机制不健全、统筹协调作用发挥不明显、工作思路不清晰，各部门推进法治建设的体制机制不健全、不统一。三是有的基层机构设置不规范，仍需进一步优化机构设置、配强工作力量。有的市县党委法治建设日常办事机构没有设立专门工作机构，工作人员均为兼职；一些市县法治建设议事协调机构在本轮机构改革中没有编随事走、人随编走，法治建设机构缺编缺人现象较为突出，基层法治人才严重不足，专业性不强，与革命化正规化专业化职业化有较大差距，不能有效适应全面依法治省的工作需要。

对此，四川将从以下几个方面着力。一是进一步完善党领导立法、保证执法、支持司法、带头守法工作制度，进一步完善依法治省工作的统筹协调机制，不断深化依法治省实践。二是狠抓“关键少数”，推进落实党政领导干部年终述法制度，探索开展党政主要负责人履行推进法治建设第一责任人职责专项督察。三是加强从严治党、依规治党法规制度建设，优化党内法规前置审核工作机制，全面落实党委法律顾问、公职律师制度，加强备案审查平台建设，加强法治工作重要决定和方案的备案工作。四是建立健全依法治省优化协同高效工作机制，完善上下贯通、左右联动、内外协调、同频共振的法治四川建设大格局。

（二）科学立法方面

在坚持科学、民主、依法立法，不断提高立法质量和效率方面，四川还面临以下问题。一是一些法规规章与中心大局关联度还不够，针对性、实效性、可操作性还有待进一步提高，政府通过立法引领、规范、保障经济社会发展方面还需进一步加大力度。二是高质量立法、精细化立法的能力还有待进一步提升，立法任务繁重和立法队伍力量薄弱的矛盾还比较突出。三是个别地方性法规及时性还不够，少数地方立法的地方特色还不够鲜明。

四川将在以下几个方面着力。一是切实加强党对立法工作的领导，科学编制立法计划，将省委贯彻落实党中央大政方针的部署举措依法落实到位。二是围绕治蜀兴川再上新台阶，突出加强高质量发展、保障和改善民生、生态环境保护、弘扬社会主义核心价值观、成渝地区双城经济圈等领域立法。三是持续加强备案审查制度和能力建设，健全备案审查工作情况报告制度。四是进一步健全完善立法调研、起草、论证、协调、审议机制。五是加强市（州）立法权工作指导和衔接机制建设。六是探索区域协同立法体制机制，推动区域协调发展。

（三）法治政府方面

目前，四川法治政府建设仍存在一些差距和不足，主要表现为：一是个别干部的法治意识还不够强，依法办事能力水平不高，法律底线思维仍需加强；二是法治政府建设发展情况有待进行全面评估；三是“放管服”改革仍需进一步深化，法治化营商环境仍需进一步优化，政府职能转变还不够到位；四是个别地方和部门尚需进一步落实重大行政决策程序规定，仍需进一步加强合法性审查和风险稳定评估，还需进一步发挥法律顾问和公职律师作用；五是行政执法体制尚未理顺，制度还不够健全，一些地方仍存在执法乱象；六是有的地方还需要进一步规范行政执法程序、进一步加强执法监督、进一步落实执法责任制；七是少数地方尚需进一步加强行政权力的制约和监督，还需要进一步强化政务公开的实效性、针对性；八是一些地方仍存在破解行政机关负责人出庭应诉难题；九是政务诚信建设还需进一步加强。

下一步，四川将在以下几方面着力。一是探索建立领导干部年度学法情况通报制度，开展行政机关干部学法用法活动，全面提升行政机关干部运用法治思维和法治方式抓改革、谋发展、促稳定、防风险的能力。二是加强信息化建设，运用大数据手段，进一步加强全省一体化政务服务平台建设，构建覆盖全省依法行政工作职能化体系。三是加强行政执法规范化、标准化建设，持续加强执法监督力度，完善行政执法标准体系，全面落实行政执法“三项制度”，实现“教科书式执法”。四是建立行政复议重大案件审查制度、重大案件请示报告制度，推进行政复议案件审理规范化专业化。五是进一步健全常态化府院联席会议机制。六是探索破解行政机关负责人出庭应诉难题。七是进一步深化政务公开，持续推进基层政务公开标准化、规范化，增强政策的透明度和社会参与度，接受社会监督。

（四）司法建设方面

当前在推进依法治省司法领域工作中，还存在一些问题。一是推进司法改革任务的系统性、整体性、协同性还有待进一步增强。二是个别地方仍需进一步深化司法责任制改革，地方法院、检察院人财物省级统一管理制度仍需进一步健全。三是“两法衔接”信息平台还不够完善，移送标准还不够健全。四是生效判决执行难问题仍需进一步破解。五是以审判为中心的诉讼制度改革还需要进一步推进，刑事庭审实质化改革还需要进一步加强。六是司法公开还需要进一步深入，对司法活动的监督还需要进一步强化。

今后，四川司法建设将从以下几个方面努力。一是进一步推进政法机构职能体系优化，推进法院、检察院内设机构改革，统筹推进公安、国家安全和司法行政改革，进一步优化司法权运行机制。二是持续深化司法体制综合配套改革，全面落实司法责任制，进一步健全完善法官检察官惩戒制度和符合司法职业特点的司法绩效考评机制。三是持续深化以审判为中心的刑事诉讼制度改革，切实守住防范冤假错案的底线。四是健全完善党委领导、联席会议统筹协调、法院主体推进、有关部门各司其职合力破解执行难工作格局。五是进一步完善行政执法部门与公安、检察、审判机关的联席会议制度，深入破解“两法衔接”难题。六是健全完善领导干部干预司法活动、插手具体案件记录制度和责任追究制度。七是切实推进司法公开，完善人民陪审员和人民监督员制度，拓宽人民群众参与司法活动渠道，加强司法活动人民群众监督和社会监督。

（五）法治社会方面

在推进法治社会建设过程中，也存在一些不足。一是基层“关键少数”运用法治思维、法治方式化解矛盾纠纷的能力不足，个别仍然采取传统的简单粗暴管控方式，易于激发社会矛盾。二是公共法律服务管理机制还不够健全，统筹整合法律服务管理部门的程度还不够，条线化、碎片化的问题还较为突出。公共法律服务发展不平衡不充分、资源分布不均、产品供给不足。公共法律服务作用发挥不够充分，影响力还不够，人民群众对公共法律服务知晓率、首选率、满意率还不高。三是基层基础还不够牢固，乡镇（街道）依法治理职能有待强化，自治、法治、德治相结合的乡村治理体系还不够完善。

针对以上问题，四川将在以下几个方面着力。一是增强普法宣传的针对性实效性，提升民众理性维权意识。紧扣群众需求开展法治宣传教育活动，打造“法律七进”工作升级版；修订完善普法责任清单，推动“谁执法，谁普法”普法责任制全面落实，持续推进“以案说法”；加强法治文化阵地建设，持续开展法治文化作品创作推广和法治文化传播。二是推进基层协商民主，推进法治示范区建设。健全落实村（社）党组织领导下村民委员会、村务监督委员会、群众组织、农民合作社组织、社会组织广泛参与的规范化程序化的基层协调制度；健全完善基层法治示范创建全域覆盖、动态管理、检查评估长效机制，创新推进法治示范区建设。三是着力建设人民满意的公共法律服务体系。坚持融合发展，加快推进“实体、热线、网络”三大平台一体化建设；推动优质法律服务资源在城乡、区域、人群间合理流动，消除基本公共法律服务覆盖盲区，促进公共法律服务均等共享。推进公共法律服务供给侧改革，聚焦“共享”与“精准”，加快推进供给主体、供给产品、供给方式多元化，不断提高公共法律服务供给的质量与效率。聚焦防范和化解重大风险、实现脱贫攻坚和乡村振兴、推动经济高质量发展等领域，提升公共法律服务精准化水平。四是完善矛盾纠纷多元化解机制。坚持和发展新时代“枫桥经验”，完善人民调解组织网络，优化人民调解队伍结构和素质，健全管理制度和工作保障机制，强化行业性专业性调解指导管理，健全行政调解制度和律师调解制度，推动律师事务所、公证处等主体提供市场化矛盾纠纷多元化解服务，完善诉调对接机制，推广网上司法确认模式。

（六）法治保障方面

在推进法治保障体系建设过程中，仍存在以下问题。一是法治保障机制部门化、行政化色彩偏重，人财物保障还需要进一步加强，执法司法人员的职业保障制度还不够健全。二是民族地区法治专门队伍和双语法律人才队伍建设仍需要进一步加强。三是政法机关内部信息整合还不够，技术标准、工作要求、业务流程以及统计口径等仍需进一步统筹，还缺乏全省统一的法治信息共建共享共用平台。四是对中国特色社会主义法治在四川落地的实践做法的理论研究还不够深入，个别学校存在重专业轻素质的问题。

下一步，四川将进一步完善法治保障体系建设，着重从以下几个方面入手。一是进一步创新法治人才培养机制，建立健全政法院校与法治实务部门协同育人机制，支持政法部门业务骨干到高校任教，畅通立法、执法、司法部门干部和人才相互交流通道。二是探索建立法律服务人才向民族地区、经济欠发达地区、边远山区流动机制，着力破解基层法律服务资源不足和人才匮乏问题。三是健全完善教学练战一体化人才培养机制，深入开展岗位技能练兵比武，加强全员全方位全过程培训，切实提高政法干警素能。四是进一步推动政法机关信息基础设施建设，推动跨部门大数据办案平台建设，推进办案数据智能化运用。五是充分发挥各级法学会以及专门研究会的作用，建立健全参与法治领域工作机制，团结法律工作者和法学工作者协同开展法学研究、法学交流和法治实践。

人大建设

Construction of the People's Congress System

B.2
四川省立法引领和保障乡村振兴战略实施调研报告

四川省人大农业农村委课题组*

摘　要： 四川省人大常委会坚持以习近平总书记关于“三农”工作和对四川工作系列重要指示精神为指导，深入贯彻中央和省委关于实施乡村振兴战略的决策部署，推动制定乡村振兴条例，以良法促进发展，以良法促进善治。同时四川省人大常委会立足省情实际，依法履职、主动作为，加强其他涉农地方性法规的立改废工作，不断优化立法方式，突出问题导向，为加快推进“三农”领域法规体系建设，为推动农业农村高质

* 课题负责人：邓良基，四川省人大农业农村委主任委员。课题组成员：徐建群，四川省人大农业农村委副主任委员；李江，四川省人大农业农村委副主任委员；杜志仁，四川省人大农业农村委副主任委员。执笔人：曾英，四川省人大农业农村委办公室主任；王晓岸，四川省人大农业农村委办公室副主任；刘子平，四川省人大农业农村委办公室干部。

量发展，加快四川由农业大省向农业强省跨越作出积极贡献。

关键词： 乡村振兴战略 地方立法 “三农”

实施乡村振兴战略，是党的十九大作出的重大决策部署，是以习近平同志为核心的党中央从党和国家事业全局出发、着眼于实现“两个一百年”奋斗目标作出的重大战略决策，是决胜全面建成小康社会、全面建设社会主义现代化国家的重大历史任务，是新时代“三农”工作的总抓手。为全面贯彻落实中央的战略决策，四川省人大常委会坚持围绕中心、服务大局工作方向，立法先行、主动作为，在全国率先启动有关立法，推动制定四川省乡村振兴促进条例，为促进四川乡村振兴提供法治保障。

一 乡村振兴立法工作总体情况

实施乡村振兴战略是一项包罗“三农”工作方方面面的综合性、系统性、长期性工程，而处理好工农关系和城乡关系在很大程度上决定着现代化的成败。这要求必须通过加强顶层设计和系统谋划，深化农村改革，破除城乡二元化等制度藩篱，放宽人、财、地的有关限制，重塑城乡关系，走城乡一体化融合发展之路。打破政策障碍，提供制度供给，迫切需要立法保障。省人大常委会历来高度重视“三农”方面立法，通过多年来不懈努力，相继出台了一系列涉农地方性法规。目前，四川农业农村法规体系基本形成，“三农”工作有法可依。

（一）制定乡村振兴促进条例，良法促进发展、保障善治

省人大常委会作为立法机关，有责任、有义务通过立法程序，将中央和省委关于乡村振兴战略的重大决策部署法定化，并把“三农”工作具体实

践中行之有效的经验做法固定下来，为乡村振兴战略在四川落地落实提供有力的法治保障。乡村振兴立法不同于以往的农业农村领域立法，有更强的政治性、科学性、前瞻性和系统性要求，既要把握当下，又要立足长远，既要发挥优势，也要补足短板，其理念必须更新、层次必须更高、范围必须更广、内容必须更全，这就需要制定一部专门的、较为全面的、宏观综合指导性的地方性法规，并配套一系列具体的涉农法规，逐步充实完善并逐渐形成较为完备的地方性法规体系。2019 年，该条例的制定被省委常委会工作要点列为需要省委研究的重大立法事项，同时列入省人大常委会立法计划。

（二）加强对其他涉农地方性法规的立改废工作

乡村振兴不仅仅是制定一两部地方法规就能一劳永逸的，而应建立一个有主干有若干支撑的完备法规体系。目前，这个主干就是正在抓紧制定的条例，而分支就是其他调整范围更具体、针对性更强的相关“三农”法规。为此，省人大常委会一方面对现行有效的农业农村法规进行了梳理，积极做好相关法规的立改废释工作，及时修改、废止了一批不适应新形势发展需要的涉农地方性法规。另一方面，立足省情实际，在制定立法计划时加大有关涉农立法比重，制定了一系列与乡村振兴有关的涉农地方性法规。近五年来，省人大常委会先后审议通过了《四川省森林防火条例》《四川省村镇供水条例》《四川省野生植物保护条例》《四川省农村扶贫开发条例》《四川省河道采砂管理条例》《四川省大中型水利水电工程移民工作条例》等 6 件地方性涉农法规；修订（修正）了《四川省农业机械安全监督管理条例》《四川省〈中华人民共和国动物防疫法〉实施办法》《四川省〈中华人民共和国农业技术推广法〉实施办法》《四川省水利工程管理条例》《四川省〈中华人民共和国渔业法〉实施办法》《四川省农村能源条例》《四川省农作物种子管理条例》《四川省蚕种管理条例》等 8 件地方性农业法规；审议批准了 7 件成都市涉农地方性法规。

二 开展乡村振兴立法工作的做法和经验

（一）把好政治方向，坚持立法和“三农”工作基本原则

一是自觉坚持党的领导。习近平总书记多次强调，办好农村的事，关键在党。党的领导是全面推进依法治国治省、落实农业农村优先发展方针的根本政治保证。始终以习近平新时代中国特色社会主义思想为指导，坚持“党委领导、人大主导、政府依托、各方参与”的立法原则，把坚持和加强党的集中统一领导作为根本政治原则贯穿立法全过程和各方面。立法过程中，省人大常委会及时将相关立法推进情况报告省委，确保立法工作的正确政治方向。在草拟内容时，为发扬和发挥好党管农村工作的政治优势，在乡村振兴促进条例中，对进一步坚持党的领导、健全农村工作领导体制等作出规定，确保乡村振兴战略的实施始终沿着正确方向前进。

二是深入贯彻落实中央和省委关于乡村振兴战略的决策部署。认真对照中央、省委“一号文件”和乡村振兴战略实施规划，践行新发展理念，落实高质量发展要求，与改革决策相衔接，坚持农业农村优先发展总方针，把实施乡村振兴战略作为新时代“三农”工作总抓手，并将其融入立法，着力提高立法质量。

三是坚持以人民为中心。紧扣实践需求和经济社会发展需要，结合省情实际，突出目标引领和问题导向，从农村改革实际出发，从农民切身利益着眼，强化解决产业、人才、文化、生态以及制度保障等方面的重点问题，充分听取各方面的意见和建议，努力使乡村振兴促进条例更好地惠及广大群众。

（二）优化立法方式，提升乡村振兴有关立法工作的科学性

一是深入开展调研。省人大常委会多次组织开展相关立法调研，先后赴

浙江、广西、湖北、江苏和乐山、眉山、宜宾、泸州、雅安等地进行实地考察。省人大农业农村委等专委会多次组织调研、座谈，广泛听取和征求各地区、各部门、各方面专家的立法意见和建议，进而掌握实情、找准重点、厘清思路、借鉴经验，初步勾勒了立法大致框架，明确立法要多讲“四川话”“农家话”，要在实在、具体、管用上下功夫。

二是严密筹划部署。省人大常委会在全国率先将制定促进乡村振兴的地方性法规列入立法计划，多次召集省级相关部门及专家进行研究，制定了立法工作方案，成立了由3名省人大常委会领导任组长、副组长并包括25个成员单位的起草领导小组，建立了工作协调联系机制。

三是认真组织起草。成立了立法起草组，结合省内外调研情况，通过召开协调会、座谈会、论证会和书面征求意见等形式，多次征求省级相关部门、各市（州）人大和专家的意见与建议，结合相关意见对草案进行了十二稿修改，于2019年6月中旬形成了条例草案。

（三）突出问题和目标导向，切实增强有关立法的实效性

一是科学确定法规名称。14名四川省人大代表在省十三届人大一次会议上提出了关于制定“四川省乡村振兴条例”的议案（第1号）。省人大农业农村委广泛征求有关单位和代表的意见，经认真研究认为，制定乡村振兴地方性法规的立法目的是推进和保障乡村振兴战略的实施；同时借鉴全国人大常委会制定“乡村振兴促进法”的法律名称，建议省人大常委会将该地方性法规的名称确定为“四川省乡村振兴促进条例”。

二是科学确定框架结构和主要内容。这次立法不是对现行涉农法律法规进行简单罗列汇编，而是在深入研究中央、四川省委“一号文件”及乡村振兴战略规划等政策文件、总结改革开放40年来四川农村改革实践经验的基础上，着眼于推进新一轮农村改革，对标全面建成小康社会硬任务和农村改革发展新要求，推动四川农业全面升级、农村全面进步、农民全面发展作出制度设计安排。制定条例时，以习近平总书记关于实施乡村振兴战略的系列重要指示精神为遵循，重点围绕粮食安全保障、产业发展、人才队伍建

设、优秀农耕文化传承、绿色发展、农村人居环境治理、农村基层组织建设和社会治理等问题，制定产业、人才、文化、生态、组织五大方面的振兴促进措施，并设立了基础设施、公共服务、资金等方面的相关保障，以及监督、奖惩机制，增强条例的地方特色和可操作性。

三　面临的问题

农业农村工作总体上实现了有法可依，但受人的观念、历史欠账、内外部环境等多种因素影响，现有法规大多侧重产业发展和农村行政管理，乡村发展方面的规定还很欠缺。依法促进乡村振兴的法制基础不够牢固，主要存在以下障碍与薄弱环节。

（一）乡村振兴有关立法尚在起步阶段，缺乏对照参考和经验借鉴

目前，促进乡村振兴战略实施的国家法律尚未出台，只有中央、省委的指导意见、战略规划等政策性规定。四川乡村振兴地方立法没有直接的上位法作为立法依据，也缺乏兄弟省市的立法参考，而且调整的法律关系复杂多样，政治性极强，既要体现创新性又要最大限度降低立法的试错成本，成为创制性地方立法的难点。

（二）涉农立法供给不够充分，保障乡村振兴的配套性法规亟须加紧制定

由于工业化发展需求和长期的城乡二元分割，在过去很长一段时间内，立法资源在分配上更多向工业和城市倾斜，造成对“三农”工作发展中的情况变化缺乏调整，对乡村发展实践中的成功经验缺乏总结，许多涉农领域立法都存在空白，一些急需的法律法规尚未制定，保障中央农村政策落实、农民享有平等权利、农村集体土地所有权等方面仍有较大法制缺失。此外，随着国家改革不断深化，农业农村经济社会结构发生了巨大而深刻的变化，

相关立法难免滞后，立法未能及时充分反映乡村发展客观规律、未能与农业供给侧结构性改革实现良好衔接，制约了农村改革持续深化。

（三）作为探索性地方立法，尺度深浅难以把握

其一，实施乡村振兴战略刚刚开局，许多问题还在摸索和实践的动态推进过程中，不确定因素较多。立法具有稳定性、规范性、长期性的要求，用特点是“稳定”的法规去适应特点是“变化”的改革要求，难度很大。其二，四川既是农业大省、人口大省、地域大省，也是各地发展极不平衡的省份，“三农”情况十分复杂，乡村各地差异极大。立法太细，不能适应各地不同情况，容易造成“一刀切”、难落实；立法太粗，只作概括性规定，则太笼统，缺乏可操作性。其三，乡村振兴涉及产业振兴、人才振兴、文化振兴、生态振兴、组织振兴五大方面，内容庞杂，调整面广，立法面面俱到既不现实也不可能，而如何进行取舍，找准侧重点，很难把握。

四 未来展望

建立健全乡村振兴法规体系，对现阶段四川“三农”工作而言是当务之急、重中之重。省人大常委会将抓住时机，加快步伐，不断建立完善以“四川省乡村振兴促进条例”为基础的农业农村法规体系，努力推动各项涉农政策的制度化、规范化，确保四川乡村振兴战略实施纳入法治化轨道。

一是着力提高关于实施乡村振兴战略的思想认识，深入开展立法调查研究。坚持把深入学习贯彻习近平新时代中国特色社会主义思想、习近平总书记关于“三农”工作的一系列重要论述和对四川工作系列重要指示精神作为重大政治任务，准确把握中央关于现代农业发展、农村人居环境整治、培育新型职业农民等方面要求，深刻领会其丰富内涵和精神实质，研究贯彻落实措施，确保四川实施乡村振兴战略有关立法工作始终沿着习近平总书记指引的方向前进。始终把稳正确政治方向，坚持把“党委领导、人大主导、政府依托、各方参与”的原则贯彻到“三农”领域立法工作全过程，对照

中央、省委关于农业农村和乡村振兴等各项工作决策部署，结合四川实际与工作实际，深入开展调查研究，找准需要转化为地方立法行动的方面，合理筛选立法项目，科学制订立法计划，按照急用先立、通盘考虑、统筹兼顾的方法，有节奏、有重点、分层次、分步骤地搞好乡村振兴有关立法规划。

二是切实加大立法工作力度，进一步完善乡村振兴地方性法规体系。现阶段，四川正处于打赢脱贫攻坚战与实施乡村振兴战略的历史交汇期，要结合新的历史阶段，紧盯“三农”领域必须完成的硬任务，针对亟待解决的实际问题，加强重点领域立法，为四川乡村振兴战略实施提供法治保障。下一步，省人大常委会将继续抓紧制定“四川省乡村振兴促进条例”，吸收采纳各方面的更多意见建议，做好修改完善，进一步突出四川特色，尽量使用刚性条款，强化前瞻性、可操作性和严密性。此外，结合2020年脱贫攻坚将取得全面决定性胜利，及时对相关地方性法规进行调整，加强立法层面工作衔接，进一步通过法治力量巩固脱贫成效，防止返贫和新的贫困发生，为全面小康建成奠定坚实的法治基础。站在维护国家战略安全的角度，尽快制定“四川省粮食安全保障条例”，修订《四川省农药管理条例》，修改《四川省〈中华人民共和国农产品质量安全法〉实施办法》，切实扛稳粮食安全的重任。按照中央改革部署和省委要求，依据上位法，以农业供给侧结构性改革为主线，实现现代农业产业体系、生产体系和经营体系法定化，根据改革发展方向对实践中出现的新情况、新问题作出原则性规定。认真发现并总结“三农”工作特别是乡村振兴战略实施中的好经验、好做法，把各地创造的新鲜经验和实践证明行之有效的政策，适时上升为地方性法规。

三是改进立法工作方法，增强乡村振兴有关立法的科学性。实施乡村振兴战略，工作涵盖面广、涉及人群多、变化发展快，省人大常委会在开展有关立法工作时将更加尊重客观规律，从社会发展和地方实际出发，立足国情、省情、农情，进一步树立目标导向和问题导向，突出立法项目重点，增强立法的针对性、实用性、前瞻性和可操作性。坚持科学立法、民主立法、依法立法，坚持人民立场，畅通开门立法渠道，充分吸纳涉农各有关部门、专家和基层的建议，特别是一线农业工作者和广大农民群众的意见，确保农业农村改革举措有法可依，发挥立法对深化改革的保障和推动作用。

四是依法履行监督责任，确保乡村振兴有关法规得到全面有效实施。法律的生命在于实施，法律的权威也在于实施。省人大常委会将认真依法加强对乡村振兴及相关配套法律法规实施情况的监督，以此作为推进乡村振兴战略实施的重要抓手。一方面，督促政府及有关部门、企事业单位加大对乡村振兴有关法规的学习宣传，提高广大干部群众对实施乡村振兴战略的认识和对有关法律法规的知晓度，为贯彻实施营造良好氛围。另一方面，依法监督政府及有关部门切实负起责任，在强化依法行政的基础上，进一步做好统筹与协调沟通工作，细化各部门职责分工，形成齐抓共管的工作机制。加大对政府执法的支持力度，紧密配合、形成合力，共同推进乡村振兴战略落实。对照未来即将出台的国家有关上位法和中央、省委的新精神新要求和有关法规的具体执行情况，及时对四川的相关地方性法规进行调整，确保有关法规的作用得到充分有效发挥。

省人大常委会将紧密对接有关上位法，继续审议条例，并深入研究四川“三农”工作的基本矛盾、基本规律，针对四川实际，紧紧围绕乡村振兴的投入机制、农村产权制度改革、发展壮大农村集体经济等关键性问题进行制度设计与规范，制定出人民群众期盼和务实管用的地方性乡村振兴法规，以良法促善治，使条例成为上位法的很好补充，有力促进四川“三农”工作向纵深发展。同时，省人大常委会还将进一步增强依法保障乡村振兴战略实施的责任感和使命感，全面分析把握“三农”领域立法工作新形势和新使命，依法履职尽责；以推进乡村振兴立法和监督为主线，以加强耕地保护、保障粮食安全、促进农业产业发展、加强农产品质量安全等重要领域立法为重点；加快推进“三农”领域法规体系建设，为推动农业农村高质量发展、擦亮农业大省金字招牌、加快四川由农业大省向农业强省跨越作出积极贡献。

B.3

依法治州战略背景下甘孜州地方立法现状调查报告

中共甘孜州委党校课题组*

摘　要： 甘孜州民族地方立法经历了摸索起步阶段、积累经验阶段和稳步发展阶段。甘孜州通过立法保障了民族自治权利的实现，加快了地方经济发展，促进了民族事业的传承，提升了教育文化事业水平。目前，甘孜州在推动立法工作过程中，仍然面临立法质量不高、立法资源未能有效利用、地方特色不明显、立法宣传力度不足等问题。未来，甘孜州将会进一步提升立法质量，充分利用立法资源，增强地方立法特色，加强立法宣传力度。

关键词： 民族区域自治　地方立法　依法治理

中国的民族区域自治制度，是保护少数民族权利的重要政治制度，承载着民族自治和地方自治双重使命。民族区域自治地方立法权，不仅是中国地方立法的一种特殊形式和中国社会主义立法体制的一部分，还是民族区域自治权的核心部分，更是享有自治权的地方国家机关行使自治权的重要表现形式和方法。民族区域自治地方立法，是民族区域自治制度的核心，为民族地区定规矩，是民族地区管理地区社会事务、经济事务、文化事业等的重要依

* 课题组负责人：陈付芳，中共甘孜州委党校法学讲师。课题组成员：张刚、李强、胥晓莉、邓张明、张建琼。执笔人：陈付芳。

据，事关民族区域自治地区政治稳定、经济发展和民族团结。因此，重视和加强立法工作、提高立法质量是促进民族地区社会长治久安的重要举措。

一　甘孜藏族自治州地方立法现状

甘孜藏族自治州（简称“甘孜州”）建立于1950年11月24日，是新中国成立后第一个建立的专区级少数民族自治州。1980年甘孜藏族自治州人大常委会成立。当前甘孜州人大设置6个专门委员会、甘孜州人大常委会设立3个办事工作机构，其中，新设立甘孜州人大常委会法制工作委员会，下设法规科、备案审查科，核定行政编制5个，主要从事立法工作。

（一）甘孜藏族自治州地方立法历史沿革

1. 摸索起步阶段

1982年，甘孜州四届人大常委会第六次会议作出《关于制定〈甘孜藏族自治州自治条例〉的决定》，并经甘孜州委批准成立起草委员会及其办公室，民族立法工作由此拉开序幕。1986年《甘孜藏族自治州自治条例》经四川省人大常委会批准实施，甘孜州民族自治法规实现了零的突破。在摸索起步阶段还出台了《甘孜藏族自治州施行〈中华人民共和国婚姻法〉的补充规定》《甘孜藏族自治州计划生育办法》。

2. 积累经验阶段

从1990年到2000年，甘孜州民族地方立法工作累积了一定经验和立法技能，立法的质量和数量有了一定提升。《甘孜藏族自治州施行〈四川省土地管理实施办法〉的变通规定》《甘孜藏族自治州矿产资源管理条例》的制定和实施彰显了针对性立法的质量。《甘孜藏族自治州实施〈四川省义务教育实施条例〉的变通规定》《甘孜藏族自治州实行〈四川省《中华人民共和国草原法》实施细则〉的补充规定》《甘孜藏族自治州藏族语言文字使用条例》3部单行条例，凸显了立法内容的扩充，增强了地方民族特色。

3. 稳步发展阶段

以2000年《立法法》的颁布实施和2015年《立法法》修改为标志，甘孜州民族立法进入了稳步发展阶段。根据《立法法》的规定，制定了《甘孜藏族自治州立法程序规定》，对民族地方立法工作的起草、审议、报批等立法程序进行了全面规范，其标志性立法成果是对自治条例进行修改，制定了甘孜州第一部实体性地方法规《甘孜藏族自治州生态环境保护条例》，同时出台了《甘孜藏族自治州实行〈四川省人口与计划生育条例〉的变通规定》《甘孜藏族自治州草原管理条例》《甘孜藏族自治州突发事件应对条例》等13部单行条例，废止了《甘孜藏族自治州计划生育办法》《甘孜藏族自治州实施〈四川省义务教育实施条例〉的变通规定》《甘孜藏族自治州实施〈四川省《中华人民共和国草原法》实施细则〉的补充规定》《甘孜藏族自治州藏族语言文字使用条例》4部单行条例。稳步发展阶段立法工作最鲜明的特点是“立、改、废”和“开门立法”，甘孜州人大在维护国家法制统一的前提下，基本搭建起了以自治条例为主干、单行条例和地方性法规为支干的民族地方法规框架。

（二）甘孜藏族自治州地方立法概述

截至2019年12月，甘孜州人大先后制定自治条例1部、地方性法规2部、单行条例21部，修改单行条例6部，废止单行条例4部，取得了“24立6改4废”的立法成果。从立法的数量来看，《民族区域自治法》实施30多年来，甘孜州立法的数量是相对较少的，一年一部都没有达到；特别是1981～1991年十年间立法的数量只有3部；2010年以后立法的数量明显提升，基本达到了一年一部，其中2016年甘孜州提出并实施依法治州战略，立法的数量达到了4部。从立法的数量变化来看，立法受政策实施和党委部门决策部署影响较大。从立法的类别来看，立法的涵盖面比较窄，还不够全面，经济领域的立法相对较多，有5部，针对草原、矿产、水资源、林业都有一定的规制，在一定程度上促进了经济发展；文化领域和生态环境方面的立法较少，分别都只有1部；科教文卫方面的立法所占比例最高，有7部，在一定程度上规制和提升了地区民生质量；具有民族特色方面的立法，涉及文字方面的立法有2部；作为全民信仰藏传佛教的民族地方，关于宗教方面的立法《甘孜藏族自治州藏传佛教事务条例》2011年才制定实施。从立法的质量来看，甘孜州目前的自治法规、自治条例或单行条例、变通或补充规定，其规范的内容都存在某些弊端，立法存在互相抄袭、新法搬旧法，原文复制、脱离现实，缺乏针对性、没有凸显地方特色等情况，未能体现"当地民族的政治、文化和经济特点"，目前24部立法中10部立法是对上位法的补充规定和变通规定，没有完全真正体现民族自治立法的地方性和民族性特征。综上所述，甘孜州地方立法从立法的数量、立法的类别、立法的质量来看，虽然还存在这样那样的缺陷和弊端，但纵观甘孜州立法工作的实际和具体立法内容，甘孜州地方立法逐渐稳步有序推进，为加强甘孜州民主法制建设、推进依法治州进程、促进经济社会发展提供了有力的法治保障。

二　甘孜藏族自治州地方立法的实践价值

（一）保障实现了民族自治权利，彰显自治的真谛

甘孜州作为新中国成立的第一个专区级少数民族自治州，是贯彻执行党的民族政策和民族法律法规的实践者和受益者。1986年通过的自治条例对自治州管理本民族内部事务和民族干部人才使用培养作出明确规定，甘孜州历届州人民政府的州长均由藏族公民担任，在各级党委政府领导班子中都配有大量的民族干部，主体民族和其他少数民族代表占全州2万多名各级人大代表的80%以上，实行专业人才定向培养，民族干部和人才队伍真正成为全州各项事业的骨干力量。

（二）加快了甘孜州经济发展，切实造福地方百姓

自治条例立足加快发展甘孜州的经济，赋予自治州可以采取特殊政策

和灵活措施，来加速经济建设和社会事业发展。自治条例的制定立足甘孜州实际，实行资源有偿使用原则，自主管理自治州的经济建设事业，大力发展特色经济和优势产业。为配合全域旅游发展战略，制定实施了《四川省旅游条例》的变通规定，对加强甘孜州旅游业管理，规范旅游市场秩序，促进旅游业持续、快速、健康发展，发挥了重要作用。为促进特色优势资源开发，制定实施《四川省〈中华人民共和国水法〉实施办法》的变通规定，规定出让水能资源的开发权需以公开的方式，对资源出让收取补偿费，对依法收取水能资源费、保持水土设施补偿费、渔业方面增值保护费、河道（河堤）相关的维修管理费用和水电开发补偿费除上缴国家的部分，剩余的费用专款专项用于地方水资源保护、涵养、管理规划和高效开发。因此，对水资源开发进行了规范，在一定程度上促使地方资源向经济优势转变，将开发资源与造福地方结合起来，进一步增强甘孜州自身发展能力。

（三）促进了民族文化事业的传承，民族的根脉继续闪耀

甘孜州人大把文化保护与传承相关领域立法放在重要位置，在自治条例专门规定加快发展文化事业的基础上，相继制定《非物质文化遗产条例》和《藏族语言文字条例》。非物质文化遗产方面的立法是甘孜州大量珍贵的民族文化遗产面临失传背景下采取的法治保障措施，对民族文化遗产的保护与传承、弘扬与交流、开发与利用、奖励与处罚都作出了明确规定，有利于及时抢救和有效保护民族传统文化。《藏族语言文字条例》更好地贯彻落实了党和国家的民族语言文字方针和法律法规，继承和发展了藏民族的传统文化遗产，促进了甘孜州规范使用藏族语言文字，对传承保护民族语言文字起到积极作用。

（四）创建了社会主义新型民族关系，助力地方稳定

民族团结是中华民族得以延续五千年光辉历史的基础。为依法促进民族团结进步事业，甘孜州在全省范围内率先制定《民族团结进步条例》，从保

障措施、宣传教育、创新载体、民族文化繁荣发展、依法促创、督查考核等六个方面，保障和推动了甘孜州民族团结进步事业。条例促进了甘孜州民族团结宣传教育的开展和民族团结进步创建，推动了民族团结宣传教育进学校、进机关、进农村、进社区、进寺庙活动，促进了甘孜州形成各民族和谐相处、团结协作和包容发展的社会主义新型民族关系。

（五）加强了生态环境保护，留住绿水青山

甘孜州是长江上游生态保护屏障和“中华水塔”的重要组成部分。围绕生态文明建设战略，出台了《甘孜藏族自治州集体人工商品林管理条例》《甘孜藏族自治州草原管理条例》《甘孜藏族自治州实行〈四川省城乡环境综合治理条例〉的补充规定》《甘孜藏族自治州生态环境保护条例》等有关生态环境保护方面的单行条例和地方性法规 4 部。其中《甘孜藏族自治州草原管理条例》加强了草原生态环境建设，促进了甘孜州生产生活条件改善，对草原生态环境恶化起到遏制作用，促使草原再生能力提高，维护了草原生态环境；实施退牧还草举措取得成效，综合治理草原鼠害取得了成效，全州建成 13 个无鼠害示范区，防控无鼠害面积 1100 万亩，草地沙化和荒地治理达 2.69 万亩。为推动甘孜州生态文明战略、建设美丽甘孜提供了有力的法治保障。

（六）推动了教育文化事业发展，民众基本素质普遍增强

2012 年新制定的《甘孜藏族自治州义务教育条例》注重人的全面发展，规定发展教育文化、完善社会保障、关心健康事业、改变陈规陋习等内容。进一步加大了对教育的投入，提高教师水平，改善了办学条件，从提高教学水平、巩固双语教学、发展寄宿制学校、推广职业教育和成人教育等层面作出了相关规定。“三个增长”“两个提高”教育经费得到了保障，“两免一补”相关政策得到贯彻，教师保障经费实现逐年增长，拨付教育附加费切实用于教育事业，10% 的土地流转收益用于发展教育事业，45% 的农村税费改革转移支付资金全部用于教育事业，建立了高效快捷、

科学规范的拨付资金制度，为甘孜州教育事业发展提供保障，民众受教育程度普遍提升，基本素质普遍增强，恶性暴力案件、欺诈案件等数量逐年减少。

三　甘孜藏族自治州地方立法存在的问题

（一）民族地方立法资源利用不够，立法空间有待拓展

《立法法》修改后扩大了自治州享有立法权的主体范围，除原有的人大拥有制定自治条例和单行条例的立法权外，还赋予自治州人大及其常委会地方性法规制定权和自治州人民政府规章制定权，自治州立法主体范围得以扩大，立法的空间得以拓展。然而，2016 年甘孜州取得地方性法规和规章制定权后，仅制定了一部实体性地方法规，而政府规章的制定尚未起步。如何灵活运用好、充分发挥好单行条例、地方性法规、政府规章这三种立法资源，如何处理好单行条例与地方性法规之间、地方性法规与政府规章之间的关系，是甘孜州民族地方立法工作面临的新机遇和新挑战。

（二）民族地方立法成果运用不够，立法主张有待实现

《立法法》明确规定，民族自治地方所制定的自治条例和单行条例在不违背法律和行政法规基本原则的前提下，可以按照地方民族特色，对相关的法律规定作出一定的变通规定。但在立法实践中，民族自治地方的立法诉求和立法主张难以实现，尤其是资源权益得不到保障，拟变通的核心条文往往被一些部门以与部门规章或行业政策相悖为由否决。已经批准实施的单行条例，其中涉及利益分配等方面的条款执行起来更是困难重重。以《水资源开发变通规定》为例，虽然对水力发电按实际发电量和省政府规定的上限征收水资源费作了规定，但在实际执行过程中，因省里要求按照行业规定执行，变通规定初期未能得到有效实施。

（三）民族地方立法特色规定不够，立法成效有待增强

民族地方立法应当凸显民族特色、地域特色，紧密结合甘孜州实际，反映群众呼声。从目前制定的法规来看，仍有部分法规没有充分体现自治州的民族特色与地域优势，没有真正吸纳广大群众的意愿，部分条款存在照搬上位法问题，内容雷同，缺乏地方特色、民族特色，条款不能发挥实际作用。民族地方立法由系统性立法向“问题引导立法”“立法解决问题”方向转变不够。

（四）民族地方立法精细程度不够，立法质量有待提高

甘孜州现行有效的法规中，大而全的多，少而精的少。立法规划不够精细，部分立法项目的必要性、可行性缺乏深入调研和论证，导致与甘孜州实际、民情结合不够，变动性较大；立法体例贪大求全，立法内容不够精细，具体条文烦琐冗长，原则性、要求性、倡导性的条款较多，针对性、操作性、变通性的规定偏少。

（五）民族地方立法人才缺乏，立法能力亟待提升

立法工作要求从业者具有较强的专业性，不仅要掌握相关法律，弄懂方针政策，掌握立法程序，还要知道具体现状，勤于学习研究，勇于突破变通。甘孜州的立法人才现状是：立法力量薄弱，有待建设一支业务素质精良、态度严谨、具有工匠精神的立法工作队伍。立法机构设置不完善，人大法制委作为统一审议机构的作用未能充分发挥。立法专业人员配备不足、门槛偏低、法律素养不高、立法经验欠缺。常委会组成人员审议能力还需进一步提升，组成人员中有法治实践经验的比例较低，对法规审议缺乏真知灼见，较少提出建设性意见建议。

（六）立法宣传力度较弱，群众参与度不高

目前甘孜州的法治现状：一是群众普遍文化素质不高，不具备法律意

识，部分领导干部的法律意识淡薄，不具备法治理念；二是立法宣传力度较弱，群众对立法认知并不清晰，参与度不高；三是立法征求的意见途径相对单一，征求意见的平台主要是甘孜日报、政府网站、省级相关部门、县级相关部门等，有一定的局限性，民意征询作为立法参考的辅助环节并未发挥应有的作用，立法的效益和目的难以实现，违背了立法的初衷。

四　甘孜藏族自治州地方立法的建议

（一）坚持党的领导，保证立法的正确方向

中国特色社会主义最本质的特征是党的领导，也是实现法治最有力的保障。一是在立法过程中，始终坚持党的领导，主动向党委汇报立法工作的重大事项和重要问题，自觉保证党的领导贯穿立法工作全过程，把握立法工作的正确政治方向，确保立法工作充分体现党的主张。二是始终紧跟党委重大决策部署。坚持问题导向，坚持统筹兼顾，围绕促进发展、改善民生、维护稳定三件大事开展立法工作，科学确定重点立法项目，把推进经济社会发展的重大决策及在实践中行之有效、可以普遍推行的措施办法，通过法定程序转化为具有法律效力的行为规范。三是依靠党委加强组织保障。在党委的坚强领导和大力支持下，进一步充实工作力量、壮大队伍、优化结构，打造一支正规化、专业化、职业化的立法人才队伍。四是严格执行重大事项报告制度。按照党领导立法的要求，发挥常委会党组把好方向、管好大局、保证落实的作用，涉及主题重大、政治敏感、情况复杂、社会关注度高的立法工作情况及时向党委报告。

（二）保障人大主导地位，充分发挥引领示范作用

十九大报告明确指出要发挥人大及其常委会在立法工作中的主导作用。人大及其常委会要有更高的责任意识，通过“四个主导”实现“愿主导、会主导、能主导”。一要主导立法项目。构建促进立法项目征集、立法论证

的制度，在一定程度上扩大地方立法项目征集范围，实现从被动“等米下锅”向主动“点菜上桌”的转变。二要主导草案起草。对一些综合性强、涉及面广、协调难度大的法规草案，要建立综合起草机制，组成由人大专门委员会及其常委会工作机构、政府部门、相关行业协会和专家学者结合的法规草案起草班子。对专业性较强的立法项目，委托专家、教学科研单位、社会组织起草，避免和减少部门利益的干扰。三要主导草案审议。要保证充分的审议时间，确保常委会组成人员有充足的时间审议草案条文，发挥好常委会法规草案“三审制”作用。要明确各审次的审议重心，着重审议草案的体例、结构、焦点和关键条文。四要主导立法内容。要对审议中争议较大的重点难点问题，加大征求意见、调查研究、专门论证和沟通协调力度，必要时单独表决核心条款。

（三）切实把握地区特色，立法成果应该具有针对性和可行性

民族地区立法应该具有鲜明的民族特色，立法成果可执行、起作用、行得通，是民族地方立法的根本。一是重在立足甘孜州州情。围绕改革、发展、稳定、需求和民生，区分轻重缓急，确定立法任务，推进立法项目，体现调整范围的特定地域性和规范内容的独有性，充分发挥民族区域自治制度优势，准确把握甘孜藏区新时代历史方位。当前，应该积极开展《甘孜藏族自治州自治条例》修改的前期论证工作，为甘孜州地方立法提供强有力的保障。二是重在服务大局。把立法资源真正用到经济社会发展迫切需要、与人民群众切身利益密切相关的领域，围绕生态文明建设战略，制定《甘孜州河道砂石采砂管理条例》；围绕城乡提升战略，制定实施《四川省城乡规划条例》补充规定、《甘孜藏族自治州传统村落保护与利用条例》；围绕产业富民战略，制定《甘孜藏族自治州全域旅游条例》《甘孜藏族自治州藏医药发展条例》；针对民生等重点领域，制定《甘孜藏族自治州防震减灾条例》《甘孜藏族自治州牲畜屠宰条例》，修改实施《四川省人口与计划生育条例》的变通规定。三是重在问题导向。针对出现的新情况、新问题，坚守“不抵触、有特色、可操作”原则，有针对性地解决具体问题、现实问

题，增强法规的及时性、系统性、针对性、有效性，防止制定的条例出现“好看但不管用”的情况。要精挑立法项目，打造甘孜藏区的立法精品、体现甘孜特色和甘孜风格的立法名片。四是要精设法规内容，减少“号召性”“倡导性”规定，写清楚政府的权力与责任、行政管理相对人的权利和义务，最大限度体现立法的价值。五是要精简立法体例，采取“一事一议”，严守“成熟几条规定几条”原则，避免贪大求全，笼统立法。六是更加重视法规中关键条款的作用，集中力量进行整合、提炼、推敲，做到有几条立几条、管用几条立几条，避免立法资源浪费。

（四）谨守立法为民信念，提升公众立法参与度

十八届四中全会决定指出，要谨守以民为本、立法为民理念，贯彻社会主义核心价值观，努力让每一项立法都契合宪法精神、反映人民意志、得到人民拥护。一是进一步加强民生领域立法。要尊重人民主体地位，把实现好、维护好、发展好最广大人民的根本利益作为立法工作的出发点。县级人大常委会、乡（镇）村（居）民委员会、企业、院校等单位和组织建立基层立法联系点，充分发挥社会团体、行业协会、立法咨询专家、基层立法联系点的作用，让人民群众真正成为立法活动的参与者、实践者、受益者。二是进一步创新人民群众参与立法的形式，继续运用好论证会、座谈会、听证会等传统方法，探索使用好新媒体等新方式，搭建人民群众参与立法的宽广平台，拓展人民群众参与立法的广度和深度。

（五）多维度探索立法项目，促进立法质量提升

十八届四中全会决定指出，建设中国特色法治体系，立法务必先行，发挥立法的带动和引领作用，需把握好立法质量这个枢纽。一是探寻构建立法项目库。改变以往立法规划预见性不强、变动性较大、规划实施率不高的状况，将通过各种途径征集到的立法项目建议纳入立法项目库，加强对立法项目库中立法项目的可行性、必要性论证，在条件成熟时适时纳入年度立法计划。二是探索建立一审的可行性、必要性表决机制。通过一审可行性、必要

性表决，对经一审表决通过的项目进入立法的下一环节，对表决未通过的项目予以终止，防止立法资源的浪费。三是探索建立甘孜藏区立法研究服务基地。与相关法律从业机构、高等院校开展地方立法的校企、校地合作，签署校企、校地合作协议，利用法律从业机构、高校资源，对接高层次法学人才，就地方立法的咨询、评估、研究、人才培养等开展深度合作。

（六）注重立法人才队伍建设，提升立法队伍素质

在立法人才的选用和培养上，既要在存量上增加，也要在增量素质上提升；既要在现有人员的培养上下功夫，也要在未来人员的引进上下功夫；既要在造血功能的发挥上着力，又要在输血机制的健全上着力。一是常委会组成人员的立法能力需切实加强。优化人大常委会人员结构，增加有法治实践经验专职委员的比例，保障常委会组成人员在立法中更好地依法履职。二是切实发挥人大代表在地方立法中的领导作用。加强人民代表大会的立法职能，拓宽人大代表参与立法的途径和渠道，将代表参与立法贯穿法规立项、起草、修改等环节。三是加强地方立法队伍能力建设。建立法制委员会统一审议法规机制，明确模式统一的审议方法、程序条件和委员使命；提升立法参与人员素养，加强立法技术培训，每年组织开展一次立法工作培训；建立立法工作队伍人员交流机制，畅通立法机关与执法、司法部门干部和人才交流通道，寻求从律师和法律研究学者中招录立法从业者。在队伍建设阶段，按年度立法计划的项目数量，将立法专项经费纳入财政预算，为民族地方立法提供经费保障。

（七）多管齐下的配套举措，助力法规的践行落实

法规的生命力在于落实，法规的权威更在于落实。一是加强法规宣传。在立法过程中，通过对审议热点问题的宣传报道，引导公众关注、参与地方立法；在法规批准后，对新颁布的法规进行集中宣传，对涉及广大民众切身利益的条款，通过报刊、电视、网站以及微信公众号等媒体重点解读。当前，将自治州的法规作为“七五”普法宣传重点，坚持“谁执法谁普法”，

提高民众对法规的知晓率，为法规实施创造良好的条件。二是加强法规监督。坚持和围绕立法中的关键条款、实施中的突出问题开展“点穴式”执法检查，对法规实施情况“跟踪问效”。三是加强法规配套。督促政府及时制定法规配套办法，防止“立法白条”和“执法真空”，促进法规的全面有效实施，保证立法的完整性和严肃性。

“立善法于天下，则天下治；立善法于一域，则一域治。”在甘孜州依法治州的战略背景下，以良法推动善治，才能为甘孜藏区长治久安厚植基础。因此，要切实发挥立法对甘孜州高质量发展的引领和推动作用，努力开创民族地方立法工作新局面，为建设美丽生态和谐小康甘孜提供更加有力的法治保障。

法治政府

Law-Based Government

B.4

成都高新区行政争议源头化解机制探索

成都高新区党工委全面依法治区委员会办公室课题组*

摘　要： 如何有效预防和化解行政争议是当前法治政府建设的一个重要课题。近年来，成都高新区立足实际，积极进行探索实践，在源头预防和化解行政争议方面，坚持立足抓早、抓小、抓苗头，从源头上预防和减少行政争议的发生并取得了一定成效，同时进一步探讨了有效开展行政争议源头化解工作。

关键词： 行政争议　源头化解　机制建设

---

* 课题组负责人：杨东，成都高新区党工委副书记、政法委书记、党工委全面依法治区办主任。课题组成员：樊晓峰、白波、鞠友志、吕佰树。执笔人：吕佰树，成都高新区政法委、应急管理局司法法治处工作人员。

当前，社会经济快速发展导致原有利益格局剧烈变动，行政相对人法律意识和权利意识不断强化，行政争议层出不穷。在国家层面全力推进国家治理体系和治理能力现代化，推动政府向服务型、法治化转型的大背景下，成都高新区坚持以习近平新时代中国特色社会主义思想为指导，坚持问题导向、目标导向，坚定运用法治思维和法治方式深化改革、推动发展、化解矛盾、维护稳定，积极推动全区加强行政争议源头预防化解工作，把矛盾和纠纷解决在基层、化解在源头，有力维护了社会稳定，为建设高质量发展示范区和世界一流高科技园区营造了良好的环境。

一　成都高新区行政争议现状分析

成都高新区现有托管和共建区域面积共657平方公里，形成“一区四园”总体布局，其中新经济活力区（高新南区）面积87平方公里；电子信息产业功能区（高新西区）43平方公里；成都天府国际空港新城（高新东区）托管建设面积483平方公里；成都天府国际生物城（与双流区合作共建，社会管理职能由双流区负责）规划面积44平方公里。2019年，成都高新区实际居住人口150余万人，聚集市场主体18.25万余家。成都高新区作为体制新区，一直以来都是推行“小机构、大服务”管理模式，面对管辖范围扩大、管理人口和市场主体增多，执法事务大幅增加的严峻现实挑战，成都高新区创新工作机制，全力推动行政争议源头化解，实现了行政争议比例逐年下降，源头化解工作取得了一定成效。

（一）行政争议数量分析

从统计数据分析，成都高新区行政执法案件数量常年维持在5万~6万件，2017年4月1日，简阳市12个乡镇由成都高新区托管，管辖范围由130平方公里增加至613平方公里，执法案件数量也从2016年的63335件快速增长至2017年的148702件，2018年为209191件。但从行政争议导致行政复议、行政诉讼的数量来看，行政争议数量总体平稳，保持在低位运行，

2016年为103件，2017年为190件，2018年为174件。与行政执法案件大幅增长的态势相比，行政复议、诉讼案件数量比例呈逐年下降的良好趋势，行政争议占行政执法数量的比例从2016年的1.62‰逐步降低为2017年的1.21‰、2018年的0.83‰。从全市范围来看，2016~2018年，成都高新区管委会作为被复议对象的案件共14件，因争议引发的复议案件数量在全市偏少，远远低于双流区、温江区、都江堰市400件以上的案件量，略低于青白江区、蒲江县等远郊区40件左右的案件量，成都市政府均作出了维持或者不予受理或者驳回的决定，相较于海量的行政执法事项，发生行政争议的数量少、比例低（见表1）。

表1 2016~2018年行政执法案件统计

单位：件

年份	行政许可	行政处罚	行政强制	行政征收	行政给付	行政检查	行政确认	行政奖励	行政裁决	其他行政权力	总计
2016年	17830	2876	54	79	2625	20461	18311	0	0	1099	63335
2017年	119999	1044	283	421	1125	1315	1570	1737	0	21208	148702
2018年	154061	3040	9	120	9964	19563	4529	58	0	17847	209191

（二）行政争议类型分析

2016年、2017年、2018年、2019年行政复议和行政诉讼案件的统计数据表明，高新区内行政争议排名前3位的行政机关分别是成都高新区公园城市局213件、成都高新区市场监管局和生态环境城管局256件和成都高新区社区发展治理和社会事业局100件（见表2），分别占涉及争议总数的31.05%、37.31%、14.58%。2016年至2018年案件类型主要集中在土地类案件和因此引起的信息公开、工商行政登记、劳动和社会保障行政给付，分别占上述年度涉及争议总数的22.91%、22.48%、12.41%（见图1）；其中，涉土地的信息公开案件集中出现在2016年，工商行政登记、劳动和社会保障行政给付案件集中出现在2017年、2018年。2019年复议案件争议类型主要集中在市场管理中职业举报人的投诉举报、违法建筑行政处罚、信息公开，分别占该年度复议总数的26.67%、23.33%、11.67%，这和政府征地拆迁历史遗留问题有待解决、市场主体和从业人员集中、《政府信息公开条例》的广泛宣传以及公民知情权意识的提升有关。

表2　2016～2019年成都高新区行政复议、行政诉讼案件排名前三位情况

单位：件

单位	类别	2016年	2017年	2018年	2019年	合计
公园城市局	行政复议	11	2	14	6	33
	行政诉讼	47	80	27	26	180
市场监管局和生态环境城管局	行政复议	4	9	6	31	50
	行政诉讼	21	62	55	68	206
社区发展治理和社会事业局	行政复议	3	5	9	4	21
	行政诉讼	10	35	21	13	79

（三）行政争议发生后处理结果分析评价

2016年至2019年，成都高新区管委会共收到行政复议申请164件，经审查后共受理114件，通过撤销、确认违法和责令履行等直接纠错49件。从类型上看，主要集中在政府信息公开、行政处罚、劳动和社会保障行政管理方面，案件内部纠错率从2016年的29.4%提升到2019年的51.9%。从行政应诉方面来看，2019年，高新法院审结的159件诉讼案件中，行政机关败诉15件，较上年同期减少6件，败诉率9.4%，同比下降7.2个百分点（见表3）。从行政机关败诉案件类型来看，主要集中在企业工商登记、工伤保险待遇给付、行政处罚三类案件，与2017年、2016年的败诉案件所涉行政机关及领域基本一致。同时，行政相对人主动撤诉有所增加。其中，成都高新区生态环境城管局、成都高新区社区发展治理和社会事

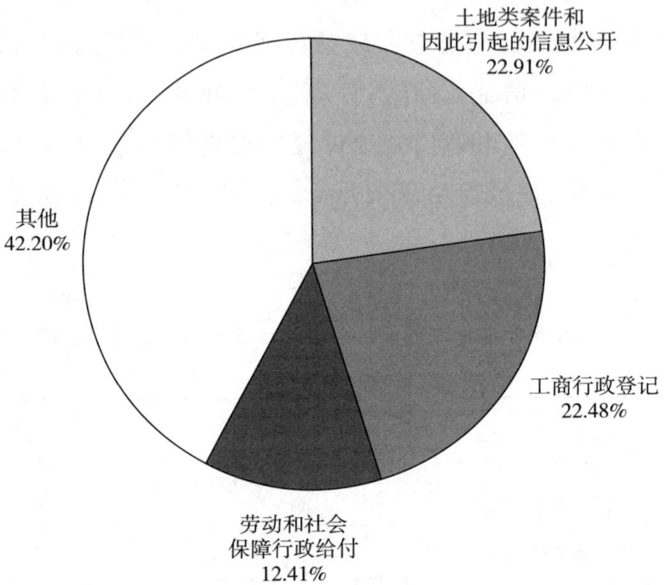

图1　2016～2018年行政复议、行政诉讼案件类型排名前三位情况

业局的争议化解案件数量上升，呈现街道、派出所、乡（镇）政府积极化解争议的良好态势。

表3　2016～2019年行政复议、行政诉讼案件统计

年度	复议案件数/诉讼案件数(件)	复议纠正数/诉讼败诉数(件)	复议纠正率/诉讼败诉率(%)
2016年	17	5	29.4
	82	13	15.8
2017年	17	7	41.1
	155	33	26.4
2018年	30	14	46.6
	126	21	16.6
2019年	52	27	51.9
	159	15	9.4

二　行政争议解决的探索

面对行政执法案件数量和行政争议持续高速增长的新形势，成都高新区结合部门集中、案件类型多样的工作实际，积极探索源头化解工作新模式，多元共治化解行政争议相对人的利益冲突，基本形成了“事前防控、事中检验、事后审查、多元互动、标本兼治”的行政争议化解新模式，对区域内行政争议的实质性化解和从源头减少、防范行政争议起到了积极推动作用。

（一）聚焦三个方面，事前有效防控

一是聚焦立法保障方面，为依法行政破解体制障碍。成都高新区不是行政区，管委会不是严格意义上的一级政府，在与经济发展密切相关的农村征地拆迁、城市房屋征收、规划审批等诸多方面，现行法律法规均要求以县级以上地方人民政府作为法律主体，依法行政中常常遇到一定障碍。为彻底解决这一难题，2015 年，成都高新区在获批国家自主创新示范区后，积极启动立法工作，经过多方长期努力，2018 年 12 月，省人大常委会审议通过《成都国家自主创新示范区条例》，于 2019 年 1 月 1 日正式施行。条例将成都高新区三十年来的发展成果以立法的形式确立起来，破解了困扰多年的法律主体地位不明、管理权限不清的体制机制障碍，有效减少了因此产生的各种行政争议，确保成都高新区的各项建设管理工作有法可依，在法治轨道上有序运行。

二是聚焦能力建设方面，打造专业执法队伍。通过进一步推进行政处罚权、行政强制权的相对集中，构建了更加符合高新区实际的执法管理体制。协调省、市司法行政部门，增加了执法人员数量，拓宽了执法证件的执法类别，确保每个执法领域都有相应的执法人员，执法人员数量大幅增长，为成都高新区机构改革后新部门的执法工作提供了坚强保障。建立了制度化的培训学习机制，推行了导师指导制度，由业务熟练的执法人员对口指导 2～3 名年轻执法人员，加强执法过程指导，提高执法水平；建立以案说法制度，

成都高新区环城局等部门从执法实践中选取典型案例，结合现有法律条文对案情进行深入剖析，解说依法执法过程中的办案技巧，通过周密组织、精准出击、固定证据等执法要点进一步强化依法执法、规范执法、严格执法，提升执法人员的执法水平。行政执法案件的社会效果和法律效果不断提升，行政执法案件的争议转化率不断降低。

三是聚焦执法流程方面，实现执法过程规范化。制定了部门行政执法三项制度工作操作办法，行政执法公示明确了公示的载体和名录，执法全过程记录明确了行政执法全过程的起止点，重大执法决定法制审核明确了“重大”的范围以及对重大执法决定采取相关措施等关键内容。对执法流程进行了梳理规范，构建“一套标准”，做到“七个明确”，即“明确执法依据、明确执法主体、明确执法岗位、明确执法职权、明确执法标准、明确执法程序、明确执法责任”。逐步实现执法方式由粗放型向精细化转变，由被动响应向主动预防转变，由经验判断向科学决策转变。环境保护与城市综合管理执法局建立了局行政处罚案件分级审议制度，印发了《成都高新区环境保护与城市综合管理执法局行政处罚案件审理工作暂行办法》，成立了一级案件审理委员会和二级案件审理委员会。公安分局采用“五级审查”机制，建立办案民警初步审查、法制员二级审查、办案单位领导三级审查、法制大队四级审查、分局领导最终审查的审查机制，确保案件质量。在餐饮服务执法方面，环境保护与城市综合管理执法局打造了餐饮服务智慧监管共享平台，涵盖基础数据查询功能、餐厨垃圾信息化管理系统、明厨亮灶平台和农村群宴信息化管理系统，实现了食品经营可溯源、监管执法实时化。在国土建设方面，建立了“规划国土建设局业务审批系统”，该系统设置了办件时限预警模块，提醒各级操作人员及时办结，确保行政执法不超时。

（二）建立三个机制，事中内部检验

一是建立常态化运行的执法监督机制。为规范行政执法行为，加强行政执法监督，成都高新区出台了《进一步规范行政执法行为　加强行政执法监督的实施意见》，加强和规范行政执法人员管理，严格执法资格准入，按

照“司法行政部门主管 + 部门主责”的方式加强行政执法证件方式管理，选取重点领域重要环节定期进行执法培训；落实重大行政处罚备案制度，要求各部门在规定时限内做到“应备尽备”，2019 年共备案 20 件，备案率达 100%；开展行政执法案卷评查，通过不定期抽查行政执法卷宗的方式进行监督，2018 年共组织评查工作 3 次，抽查各类案件数百件，对发现的问题进行及时通报；积极开展个案监督，对某楼盘延迟交房投诉、某餐饮店环保执法等案件进行调查核实，及时纠正执法中发现的问题，及时向行政相对人释法说理并取得理解和认同；建立了行政执法评议与年度目标考核相挂钩、行政复议纠错报告、行政诉讼案件通报制度，行政执法监督工作纳入成都高新区法治政府建设（依法行政）考核内容，并定期通报案件办理情况，切实提高各执法单位的重视程度，有效提升各单位执法水平，减少行政争议的发生。

二是构建争议发生后的首办首问机制。成都高新区印发了《关于进一步加强和改进行政应诉工作的实施意见》，建立了成都高新区行政应诉体系，确立了以管委会司法行政部门为枢纽，各部门、街道（乡镇）以及顾问律师参与的三级应诉网格体系，实行“谁审批、谁担责”“谁主体、谁应诉”，实行责任到人的“包案制”。强化被诉行政行为承办机关行政应诉主体责任，具体负责证据收集确认、答辩举证、出庭应诉等工作，管委会司法行政部门在应诉工作中充分发挥组织、协调、指导作用，加强对重大复杂案件的工作统筹。一方面，加强了具体执法人员的执法责任意识；另一方面，可以在具体案件复议、诉讼过程中不断总结、反思，切实提高执法水平。2016 年以来，以管委会为被告的 115 件行政诉讼案件胜诉率达到 100%。以各部门、各乡镇街道为被告的行政诉讼案件败诉率降低了 9.2%，败诉案件数量从 2017 年的 33 件减少到 15 件，绝对数减少了 18 件，减少率为 54.5%。

三是建立诉源治理纠纷多元化解机制。印发了《深化“诉源治理”完善矛盾纠纷多元化解机制　保障高质量发展的实施意见》，构建了“党政主导、综治协调、源头防范、诉非联解、多元共治、司法保障”的城乡社区“诉源治理”工作格局，形成预防、解纷和修复并重，政府治理与社区自治并举，诉讼与非诉讼方式并行，多元主体共同参与的“诉源治理”体系。各级“大调解领导小组”调整更名为“矛盾纠纷多元化解工作领导小组”，健全完善了办事机构。政法委牵头协调司法调解、行政调解、人民调解、公安接访、群众信访五大中心。全面加强“诉调对接”“检调对接”“公调对接”，将行政管理、复议、诉讼、执行中的行政争议一并纳入调解范围，通过政府与司法机关协同，将行政争议多元调解前置。成都高新区肖家河街道创新开展“线上线下多元共治”矛盾纠纷预防与化解工作，探索运用“互联网+”模式，通过实现线上与群众诉求无缝对接，线下构建街道、社区、院落（单位、街区）三级调解组织体系，推进政府公共服务、社区自治组织服务、社会组织社会化服务、专业机构专业化服务有机融合，使各类诉求转为矛盾纠纷的概率得到有效控制，辖区矛盾纠纷数量呈逐年下降趋势，无涉法涉诉信访案件和重大群体性事件发生，并在调处矛盾纠纷过程中摸索出了一些破解物业小区纠纷老难题的经验，有效实现了“小事不出院落、难事不出社区、大事不出街道”的工作目标，并获得省级优秀创新项目。社会事业局建立了集体劳动争议案件应急调解机制和快速仲裁特别程序，探索形成了工伤保险诉源治理“三段式”工作模式，首创“小手拉大手”工伤预防进学校、“互联网+工伤认定”、工伤行政审判进社区等，得到了人社部的高度肯定。市场监管局加强12315体系建设，推动行业协会、商会组织设立“消费维权服务站”，联合消费者协会建立解决消费纠纷的绿色通道。各社区建立了矛盾纠纷多元化解工作站，发挥社区工作者、网格员、人民调解员、小区业主委员会和“五老”乡贤作用，畅通社区群众参与纠纷预防和化解的渠道。

（三）强化三方联动，事后阳光审查

一是行政机关阳光处置。成都高新区党政主要负责人切实履行作为推进法治建设第一责任人职责，做到对法治建设重要工作亲自部署、重大问题亲自解决、重点环节亲自协调、重要任务亲自督办。针对行政机关负责人出庭率低的问题，党工委召开全面依法治区委员会会议，要求管委会领导和各部门负责人带头出庭应诉，定期通报行政机关负责人出庭应诉情况，并将该情况纳入依法行政责任目标考评，推动行政机关负责人出庭应诉。对涉及重大公共利益、社会关注度高或可能引发群体性事件的重大案件发送“负责人出庭建议书”，引导行政机关负责人高度重视出庭应诉工作。目前，管委会行政负责人出庭应诉率已达到95%。普遍建立了法律顾问制度，在政法委的推动下，各街道、乡镇、部门均聘请了法律顾问，据不完全统计，目前为成都高新区各部门提供法律服务的律师已达上百人。法律顾问对各单位的行政执法、合同签订、行政决策和规范处理行政争议等各方面提供了重要的法律支持，确保依法决策。针对因第三人侵权导致的工伤案件，成都高新区社会事业局主动作为，与成都高新区人民法院建立了司法行政联动工作机制，积极与法院搭建良好的沟通平台，在法院的指导下联动化解纠纷，通过上下协同和部门联动，从诉讼源头解决跨地域、多层级职能部门的案件纠纷，避免了大量单一重复的行政诉讼，切实减轻了经办机构的应诉压力、提升了政府职能部门依法办事效能。

二是复议机关阳光审理。2018年以来，成都高新区创新工作方式，在全省率先开通了“行政复议邮政绿色通道”，对行政复议申请人实行专人专柜办理，免费邮寄，进一步畅通了行政争议的解决渠道，自开通以来，共收到行政复议申请、送达各类法律文书百余份，极大方便了人民群众，创新做法入选成都高新自贸试验区改革创新案例。建立了“4个1”成都高新行政复议案件办理模式，即确定1名法律顾问跟案提供法律咨询和律师意见书，全处组织1次案件集体讨论制作案件讨论笔录，行政复议案件组织申请人和被申请人进行1次调解制作调解记录，听取1次申请人的意见制作意见听取笔录，同时规范了行政复议案件证据提交模式，办案质量明显提升。充分发挥行政复议的纠错功能，将纠纷化解在行政程序内部，通过主动纠错、调解、和解等方式，取得行政相对人的理解和认可，既化解了矛盾，又避免行政资源的浪费。复议机关在办理某小区住户复议环境保护与城市综合管理执法局强制拆迁案件时，通过审查证据材料发现环境保护与城市综合管理执法局对12户小区住户的执法程序存在问题，未依法有效送达相应法律文书，违法建筑的认定证据不足，复议机关决定依法撤销。同时了解到该局针对该小区的数百名住户也按照此程序开展了相应执法，为避免产生大规模的行政争议，复议机关及时向该局发出行政复议意见书，要求该局及时进行自我纠正，避免了矛盾纠纷的扩大化。在“散乱污”治理过程中，复议机关收到14家企业递交的复议申请，为切实化解矛盾，复议机关及时组织企业和行政相对人进行沟通，取得理解和共识，14家企业撤回行政复议申请，及时化解了行政争议。高新区办理的环保设施未经验收即投入生产行政处罚案、某物流公司申请行政复议案等4个典型案例入选《成都市行政执法案例选编》和《成都市行政复议案例选编》，入选数居成都市各区市县第一。

三是人民法院阳光审判。成都高新法院正式出台《关于打造“两平台三中心”构建诉源治理新格局的总体方案》，将“诉源治理”理念贯穿行政审判全流程，与20个区级机关签订争议化解备忘录，构建行政（环资）争议化解机制，成立行政（环资）争议调处中心，将人民调解、行政调解和司法调解有机结合，推行案件全流程多渠道化解，最大化促成行政争议实质化解。2019年审结的159件诉讼案件中，经人民法院协调后原告撤诉的案件70件，撤诉率44.03%，较上年同期（撤诉38件）上升84.2%，行政争议化解率有较大幅度上升，远高于全市法院平均撤诉率19.3%。同时充分发挥人民法院延伸司法监督的职能作用，主动研判案件反映的问题，通过发布个案及类案司法建议，指出行政执法过程中应注意的事项，引导和规范行政执法工作，推动相应行政机关及时反馈和调整行政执法行为。发出司法建议前，主动与被建议单位沟通，消除被建议单位的顾虑和抵触情绪。建立回访机制，由发出司法建议的法官跟踪了解建议效果，主动了解相关单位对建议的采纳、落实情况，评估建议效果。

三　行政争议源头化解工作面临的问题

（一）执法活动中重实体、轻程序观念依然存在

从近年来行政复议纠错和行政败诉案件来看，大多数是因为行政行为存在程序性违法、程序缺失或程序瑕疵导致具体行政行为被撤销或确认违法，尤其是在征地拆迁、行政强制、行政处罚以及征地拆迁衍生出的信息公开等领域表现较突出。当前，在成都高新东区，天府国际机场、空港新城和天府奥体城正掀起如火如荼的建设热潮，需要加快土地规划调整和征地拆迁，面临的交地任务较重，这就要求把“程序与实体并重”落实到征地拆迁、落实到依法行政全过程，增强程序意识，避免因程序不规范影响行政行为效力。

（二）政府信息公开工作还需进一步提升

以 2018 年受理的 30 件行政复议申请为例，政府信息公开类 12 件，占 40%，其中纠错案件 7 件，占比达 58.3%。这一方面代表了时代的进步，说明群众法治意识不断提升，对自身享有的知情权、管理政府事务的参与权、对政府工作的民主监督权有了更深的认识，但同时也反映出政府行政管理活动中的一些问题。一是有些部门没有吃透《政府信息公开条例》的立法精神。“以公开为常态，不公开为例外”，是条例强调的一个重要理念，行政机关应在不泄密的前提下尽量为申请人提供方便，但有些部门存在排斥公开的意识，习惯于自我保护、过分提高警惕，害怕向群众公开了某些信息成为日后“软肋”，抱着能推则推的态度开展工作，反而因此经常被提起复议或诉讼，导致诉累。二是随意答复，简单处理。被申请人收到信息公开申请后，不能准确把握申请人的真实意思，往往按照便于自己处理的方式随意回复，对于不在本单位的信息明知应该在哪个单位申请公开却仅以“申请的信息不在本单位”为由敷衍了事，不告知群众具体申请部门，增加群众知晓难度。

（三）行政应诉工作仍存在一些问题

一是对行政应诉工作不够重视，在配合法院行政审判工作方面还存在差距，有些部门对出庭应诉不重视，没有完全落实行政机关负责人出庭应诉的规定；二是尚未和法院形成常态化沟通协调机制。目前，各个部门往往是因为个案分别同法院进行沟通交流，被动性较强，但很多问题是行政审判中共同存在的，有共通性，因为没有常态化的沟通机制，造成一些共性问题时常发生，案件审判对实践的指导意义打了折扣。

四　行政争议源头化解工作展望

一是增强基层治理法治水平，夯实法治政府建设社会基础。全面推进依法行政，建设法治政府，重点在基层，难点在基层，力量最薄弱的也在基层。加强基层法治队伍建设是从源头上把好行政决策、行政行为关口的重大举措。基层党组织离老百姓最近，基层治理与老百姓最密切相关。提高区域内各乡镇人民政府、各街道办事处依法行政的意识与水平，努力将行政争议化解在基层，化解在初发阶段，化解在行政执法过程中，是推进区域治理现代化和加快建设法治高新区的关键。在高新区推进机构改革、下放执法权限的过程中，仍然需要帮助各基层组织提升基层干部法治观念、强化基层法治队伍建设、提高基层依法办事能力，积极引导群众在法律的框架下主张权利、解决纷争。

二是加强区域内行政与司法的良性互动。区域内行政机关对区域内行政执法与行政诉讼的功能定位、两者的相互衔接与优势互补，以及对预防和化解行政争议的重要性认识不够，就无法发挥两种纠纷解决渠道的整合优势，造成国家行政资源和司法资源的浪费，官民矛盾很难得到及时预防和化解。区域内行政机关应积极参与到司法与行政的良性互动机制建设中，积极配合人民法院开展行政争议多元化解决，查找行政执法漏洞，回应行政相对人诉求，及时纠错促进行政争议实质性化解。对人民法院通过行政裁判、司法建议等方式指出的行政执法与应诉问题应高度重视并切实加以整改，建立司法建议反馈制度，充分发挥司法建议对行政执法漏洞的警示和弥补作用，促进各机关执法水平和执法能力的提升。

三是自觉增强服务意识，提高行政争议风险防控能力。《行政复议法》《行政诉讼法》的立法宗旨在于对行政机关的法律监督和对行政相对方的司法救济。尽力消除和化解行政机关可能面临的行政复议、诉讼风险，要求行政机关加强自身的法治化和规范化建设。行政争议风险防控与依法行政原则以及对行政相对方权益保障的目的相契合。依法行政的理想状态是行政机关通过自我约束加大降低涉诉的机会，大量的行政复议、诉讼案件“止于未然”，区域内行政机关要树立行政争议的预防和化解意识，加强服务理念，建立与服务型政府相适应的工作模式，将以前单纯依赖行政命令、行政处罚、行政强制等刚性的传统行政管理方式，转变为通过行政民主化导向的行政管理创新，以机制创新和方法创新为主，体现参与性、互动性、协商性和可选择性的新型管理方式。同时应充分发挥现代科技手段对行政争议风险防控的推动作用，结合智慧治理中心建设，将区域内的行政复议、行政诉讼、信访、投诉等相关情况进行大数据分析，为行政争议预防和化解工作提供科学决策依据。

B.5

自贡市场监管领域行政审批服务“容缺受理”机制探索

自贡市市场监督管理局课题组*

摘　要： “容缺受理”体现了行政审批“最多跑一次”的要求，逐渐成为深化“放管服”改革、优化营商环境中简政便民的重要内容之一，被称为有温度、有智慧的改革举措，受到群众和企业的广泛关注和好评。由于行政审批“容缺受理”是一种机制创新，在实践中仍面临诸多问题，本文主要针对市场监管行政审批服务“容缺受理”的实践机制完善进行探索。

关键词： 市场监管　行政审批　容缺受理

党的十九大以来，自贡市场监管部门以习近平新时代中国特色社会主义思想为指导，加大转变政府职能和简政放权力度，以优质高效合规为原则，以更加便利企业和群众干事创业为导向，深入贯彻落实“放管服”改革、优化营商环境各项制度，围绕与企业和群众密切相关的行政审批政务服务事项，推动行政审批服务体制机制、作风理念全方位深层次变革，着力打造“宽进、快办、严管、便民、公开”的审批服务模式，最大限度减少企业和群众跑腿的次数。作出让群众“最多跑一次”的承诺，设立行政审批“绿

---

* 课题组负责人：乔勇，自贡市市场监督管理局党委委员、副局长。课题组成员：曹安乐、刘红波、涂文燕、杨哲鑫。执笔人：曹安乐，自贡市市场监督管理局行政审批科科长；涂文燕，自贡市市场监督管理局行政审批科科员。

色通道”，探索“容缺受理”便民措施。“容缺受理”逐渐成为简政便民的重要内容之一，有助于不断优化市场主体干事创业的营商环境，切实增强政府行政效率，提高在群众中的公信力和满意度，有助于推动政府治理体系和治理能力现代化，努力建设人民满意的服务型政府。

一　行政审批服务“容缺受理”机制背景

（一）“容缺受理”制度概念

基于守信联合激励和失信联合惩戒制度基础，积极探索行政审批“容缺受理”机制。“容缺受理”制度是指申请人基本审批条件已经具备，申请事项中主要材料齐全、符合法定形式，缺少非主要材料或材料存在缺陷、瑕疵的，经过申请人作出相应承诺后，先予以受理或办理，当场一次性告知需要补正的材料、补正的形式、时限和超期补正处理办法，申请人补正材料后，在承诺时限内及时出具办理结果意见，颁发相关证照。

（二）“容缺受理”机制的背景

当前大力提倡“简政放权、放管结合、优化服务”，减少对市场主体过多的行政审批等行为，降低市场主体的市场运行行政成本，激发市场主体的活力和创新力，已成为民之所望、施政所向。但当前企业和群众办事遇到的审批多、环节多、材料多、证明多、跑腿多、时间长等问题仍然存在，重审批轻监管现象还没有根除，“怕、慢、假、庸、懒、散”等突出问题没有得到根本解决，影响企业和群众的获得感和满意度。

当前个别地方和部门还存在官僚主义保守审批现象。为规避风险，办理各种行政审批事项时遵循“申请材料齐全且符合法定形式后再受办”的传统，导致相关行政审批无法及时办理、严重影响行政审批效率，优化营商环境无法落到实处。

当前经济欠发达地区相当数量的申请人对行政审批事项办事指南缺乏正

确理解，如应提交原件的用复印件替代、可提交复印件的未加盖鲜章等，不注重申请材料的真实性、合法性，甚至忽视授权委托等法定程序或未合理地进行审批前准备。往往一个小的疏忽，就会造成资料遗漏或瑕疵，需要群众多次往返才能补正资料办理，造成申请着急办、材料却在路上的尴尬。

二　自贡市市场监管行政审批服务“容缺受理”实践

（一）自贡市市场监管局行政审批基本情况

2019 年 3 月，原自贡市工商行政管理局、自贡市质量技术监督局、自贡市食品药品监督管理局按照机构改革要求合并组成自贡市市场监督管理局，原三个部门的行政审批事项集中统一为自贡市市场监管局行政审批窗口一窗受办。以往的行政审批工作中，为节约审批成本、提高办事效率，窗口工作人员在受办事项时，会同意申请人在某些不太重要材料缺失或对某些材料修改后再受理，在审核之前将材料补正，如企业设立登记时的经营范围不规范、涉及的表格章程修改、签字盖章位置有误、变更时公司公章漏盖等。为将这一创新规范化、制度化，同时顺应“放管服改革”新要求，自贡市市场监管局成立后，2019 年 5 月正式印发《自贡市市场监督管理局行政许可服务“容缺受理”暂行办法》，“容缺受理”机制步入制度化轨道。

原自贡工商系统行政审批事项主要有个人独资企业、股份有限公司、有限责任公司、合伙企业、非公司企业法人、农民专业合作社、外商投资企业及其分支机构的设立、变更、备案、注销、增补换照等。近三年企业登记办件情况见表 1。

原自贡质监系统审批业务主要包括：特种设备使用登记、特种设备作业人员资格认定、检验检测机构资质认定变更等。近三年办件情况见表 2。

表 1　自贡市市场监管部门 2017～2019 年企业登记办件情况

单位：件

事项名称＼时间		2017 总数	2017 容缺办件数	2018 总数	2018 容缺办件数	2019.01～2019.04 总数	2019.01～2019.04 容缺办件数	2019.05～2019.12 总数	2019.05～2019.12 容缺办件数
设立		5114	78	4901	72	1554	31	3509	397
变更		6231	120	5759	48	1947	18	4208	326
注销	一般注销	1939	55	1594	17	547	21	997	173
	简易注销	175	12	622	19	425	22	815	156
备案		998	51	520	32	153	20	232	59
换照		2620	64	704	18	124	13	244	47

表 2　自贡市市场监管部门 2017～2019 年特种设备办件情况

事项名称＼时间	2017 总数	2017 容缺办件数	2018 总数	2018 容缺办件数	2019.01～2019.04 总数	2019.01～2019.04 容缺办件数	2019.05～2019.12 总数	2019.05～2019.12 容缺办件数
特种设备使用登记	1376 件	19 件	5515 件	42 件	1689 件	55 件	2073 件	295 件
特种设备作业人员资格认定	1305 人次	0 件	1371 人次	0 件	533 人次	51 件	1990 件	0 件
检验检测机构资质认定变更	0	0	392 项次	19 件	94 项次	17 件	267 项次	45 件

原自贡食药监管系统行政审批业务主要包括药品零售经营许可、医疗器械经营许可、执业药师注册等。近三年办件情况见表 3、表 4、表 5。

表 3　自贡市市场监管部门 2017～2019 年药品经营许可（零售）办件情况

单位：件

事项名称＼时间	2017 总数	2017 容缺办件数	2018 总数	2018 容缺办件数	2019.01～2019.04 总数	2019.01～2019.04 容缺办件数	2019.05～2019.12 总数	2019.05～2019.12 容缺办件数
核发	125	5	90	6	38	9	104	13
变更	359	8	239	17	71	13	191	18
注销	45	3	31	4	9	3	69	7
换证	—	—	—	—	35	12	311	25
补办	5	2	5	1	1	—	0	0

表4　自贡市市场监管部门2017～2019年医疗器械经营许可办件情况

单位：件

时间 事项名称	2017		2018		2019.01～2019.04		2019.05～2019.12	
	总数	容缺办件数	总数	容缺办件数	总数	容缺办件数	总数	容缺办件数
核发	26	1	39	2	5	1	29	4
变更	22	3	19	1	2	0	20	5
注销	2	0	8	1	1	1	3	1
延续	3	1	16	1	2	0	7	2
补办	0	0	0	0	0	0	0	0

表5　自贡市市场监管部门2017～2019年执业药师注册办件情况

单位：件

时间 事项名称	2017		2018		2019.01～2019.04		2019.05～2019.12	
	总数	容缺办件数	总数	容缺办件数	总数	容缺办件数	总数	容缺办件数
执业药师注册	0	0	442	18	190	20	475	81

比对近三年的行政审批工作情况可以发现，“容缺受理”暂行办法实施以来行政审批事项“容缺受理”占比大幅提升。在推行“容缺受理”机制前，2017年1月至2019年4月，共办件50032件，其中容缺受理办件996件，占总办件的1.99%；2019年5月正式推行“容缺受理”制度以来，截至2019年12月底，共办件15544件，其中容缺受理办件1654件，占总办件的10.64%，降低企业运行成本的“容缺受理”行政审批办件占比提高8.65个百分点，有力助推了企业发展，得到申请人的一致好评。

（二）“容缺受理”主要做法

1. 厘清“容缺受理”机制的法律基础

《行政许可法》第6条规定：“实施行政许可，应当遵循便民的原则，提高办事效率，提供优质服务。”第32条第5款规定：“行政机关对申请人提出的行政许可申请应当根据下列情况分别作出处理：申请事项属于本行政机关职权范围，申请材料齐全、符合法定形式，或者申请人按照本行政机关的要求提交全部补正申请材料的，应当受理行政许可申请。”“容缺受理”是基于《行政许可法》的创新，具备一定法律支撑，符合便民高效的行政法治原则，具有一定的合理性。

2018 年 5 月，中共中央办公厅印发《关于进一步激励广大干部新时代新担当新作为的意见》，合理设定容错纠错的情形，切实为敢于担当的干部撑腰鼓劲，调动广大干部干事创业的积极性、主动性、创造性，为行政审批工作推行“容缺受理”机制注入了强心针。

2. 科学设置“容缺受理”机制的主要内容

自贡市场监管行政审批部门依据法律法规制定程序规范化、事项清单化、工作流程化的“容缺受理”制度，具体明确了以下内容。

一是明确具体适用“容缺受理”制度的事项目录和事项规定应提交材料清单，清单中明确记载哪些材料为可以“容缺受理”的，并且规定“容缺受理”的审批流程，并及时向大众公示。

二是明确“容缺受理”书面承诺的格式文本，具体承诺补正时限要求。申请人主动提出“容缺受理的书面承诺”，书面承诺应载明缺失材料内容及承诺补正时限，申请人须在承诺书上签字，以企业名义申请的，“容缺受理”承诺书可以加盖鲜章，也可以由指定代表或者委托代理人签字；申请人承诺补齐“容缺受理”材料的时限不得超过承诺期限。

三是明确申请人在承诺时限内不能补齐“容缺受理”材料的处置方法。申请人在承诺时限内不能补齐“容缺受理”材料，“容缺受理”事项应当终止办理，及时向申请人出具法律文书并将申请材料退回申请人。

四是明确窗口工作人员审查承诺补交材料时，重点审查补交材料与已受理材料的内容一致性、文件签署时间的逻辑关系等，审查通过后应将“容缺受理”承诺书原件归入登记档案。

（三）“容缺受理”机制主要成效

从近三年行政审批数据可以看出，市场监管行政审批事项较多、审批量较大，推行“容缺受理”机制主要取得以下成效。

1. 加快行政审批事项办理，降低企业运行成本

推行“容缺受理”机制，避免了申请人因非必要材料缺失而反复跑腿，降低了申请人办事难度。2019 年 5 月，某企业申请人向自贡市市场监管局提交药品经营许可换证申请，由于当事人提交的房产证和“药品经营许可证”载明的注册地址不一致，但申请人声称地址并未变更，相关部门出具有房屋地址同址证明，因自身疏忽，忘记提供同址证明，考虑到申请事项紧迫、路途遥远，多次跑腿增加企业成本，窗口工作人员采取“容缺受理”，申请人在现场检查时补齐了申请资料，最终在“药品经营许可证”有效期届满前取得新证。2019 年 8 月，自贡市市场监管局行政审批窗口受理一公司设立登记申请，该公司提交的申请材料存在表格填写有误、股东公章为复印件等瑕疵，但公司急需办理营业执照。窗口人员结合实际情况采取“容缺受理”，决定由企业经办人员填写“容缺受理”承诺书，并考虑到其中一名法人股东属外省企业，灵活放宽至 7 个工作日，同时给予受办。在承诺时限内，该企业及时补正资料，对“容缺受理”机制给予高度评价。

2. 提高行政审批效率，为窗口人员减负

推行“容缺受理”机制，避免窗口人员将存在瑕疵或欠缺非要件材料而未审查通过的资料退还申请人。申请人再次提交材料间隔时间过长或提交到不同工作人员，还会造成重新审查材料，既延长办理时间、降低办事效率，又增加行政审批工作量。

3. 降低工作安全风险，增强干事履职效能

推行“容缺受理”机制，避免因行政审批人员反复审查资料，主观麻痹大意从而产生行政审批工作责任事故的情形，降低工作安全风险，增强干事履职效能。

4. 切实优化营商环境，促进市场主体蓬勃发展

2019 年 1 ~ 12 月，自贡市新发展各类企业 4775 户、个体工商户 17040 户、农民专业合作社 122 户，新增注册资金 266.34 亿元。截至 2019 年 12 月底，自贡市市场主体总量突破 14 万户，达 148443 户，同比增长 9.16%；

其中各类企业 31121 户、注册资金 2089.15 亿元，同比分别增长 7.37%、20.43%，2017 年至今适用“容缺受理”2650 户。

（四）“容缺受理”运行中存在的主要问题

在行政审批制度改革中，单项制度不可能穷尽所有的便民措施，只有各项制度环环相扣，稳步推进，才能形成一个有效体系，发挥单项制度的最大功效。“容缺受理”制度作为有温度、有智慧的“放管服”改革措施，已经实施一段时间，如何使其效果好、常态化地落实下去，还面临很多实际问题。

一是行政审批部门理解有误，认为受理即是决定、容缺受理即是容缺决定，同时也担心影响案卷的完整性。

二是行政审批办公系统无法灵活修改，行政审批系统是全省甚至全国统一设定的，没有充分考虑“容缺受理”的情况，导致“容缺受理”目前无法在网上走程序。

三是与“最多跑一次”衔接不畅，很多时候申请人要“跑”来补件，与“最多跑一次”相矛盾，要实现“最多跑一次”，就必须拓宽“容缺受理”的形式。

四是“容缺受理”在时间上存在缺陷，即补正时间无法合法排除，这就导致补充容缺时限无法超过承诺时限或者法定时限。

五是对于有数量限制的行政许可，如果数个人的数个申请均符合法定条件和标准，根据《行政许可法》第 57 条规定，受理行政许可申请的先后顺序作出准予行政许可的决定，就会产生“谁在先”的先后问题，这会对审批结果造成严重影响，引起不必要的纠纷。

三　稳步推进行政审批服务“容缺受理”工作

行政审批服务“容缺受理”机制成为推进“放管服”改革、优化营商环境的有力助推器，应加强以下几方面的工作。

（一）加强顶层设计和机制建设

一是应在《行政许可法》等法律法规的基础上，至少在省级层面制定“容缺受理”相关实施办法或细则，做到行政审批“容缺受理”相对公平和统一。

二是“容缺受理”是简政放权的方式之一，简化受理环节不等于放松审查标准，应强化事中事后监管，确保申请人依法规范开展生产经营活动，维护正常的市场秩序。

三是实行“容缺受理”机制，应当主动接受监督，提升“容缺受理”工作的透明度，避免暗箱操作，实现行政审批公平公正公开。

（二）规范执行“容缺受理”制度

一是明确“容缺受理”制度设计，总体上要按照实质审查材料的内容逻辑，结合办事事项的具体要求，严格审查对行政审批事项有实质影响的主要材料，将次要材料列为“容缺受理”内容。审批事项要求提交的申请材料是动态的，应及时对“容缺受理”材料实行动态管理，合理规定可“容缺受理”的材料。同时，对可能涉及《行政许可法》第57条规定情形的，应在制度中明确处理办法，并及时公布。

二是完善审批文书制度，如收发、登记制度。实行“容缺受理”制度会在一定程度上增加档案管理难度及工作量，要避免出现丢失、争议等情况。完善的文书制度是避免“容缺受理”制度发生纠纷及诉讼风险的保证，对申请人申请材料及容缺补正材料等的收取发送作出书面告知，并让申请人签字确认。为减少文书量，可以将承诺书、补正材料通知书、受理通知书等文书多合一。

三是拓宽“容缺受理”方式，行政审批系统在建模时充分考虑“容缺受理”的情况，建立网上“容缺受理”模块，方便申请人在网上提出“容缺受理”申请，以达到“最多跑一次”甚至“一次不用跑”的目标。“容缺受理”承诺书等文书应上传至网络，方便办事群众下载。

（三）加大诚信体系建设力度

把申请人“容缺受理”与诚信建设结合起来。结合《国务院关于建立完善守信联合激励和失信联合惩戒制度　加快推进社会诚信建设的指导意见》《自贡市食品药品生产经营严重失信联合惩戒制度》等有关规定，在行政审批过程中，补正材料存疑或主观故意逾期未按承诺补正材料，造成行政资源浪费的，列入失信黑名单，一定时段内不再受理其相同申请，推动企业强化诚信意识和主体责任意识。

（四）加强行政审批队伍建设

通过加强培训和教育引导，在行政审批人员中形成可容缺的为民行政服务理念，特别是直接面对群众的行政审批窗口人员，他们要充分理解“容缺受理”的制度内涵、正确处理“容缺受理”事项和依法履职、为民履职的关系，打通为民服务的“最后一公里”。

（五）建立容错纠错包容审慎审批制度

改革往往没有先例可以遵循，发展也很难完全复制以前的经验。在改革创新、干事创业的过程中，会面临各种风险和挑战，不能期望每一项工作只成功不失败。“容缺受理”是一个系统工程，比较复杂，在便利申请人的同时，也增加行政机关窗口工作人员的工作风险，应该从制度上对窗口工作人员加以保护，让窗口工作人员在开展“容缺受理”办件时能“放开手脚”。

B.6
四川省打击电信网络诈骗犯罪的实践与思考

四川省公安厅课题组*

摘　要：　近年来，随着通信和互联网技术的快速发展，以电信网络诈骗为代表的新型违法犯罪活动来势迅猛，愈演愈烈，严重危害人民群众财产安全，严重扰乱正常生产生活秩序，已成为影响人民群众安全感和社会和谐稳定的突出犯罪问题，并对社会治理体系和治理能力现代化提出了严峻挑战。面对这一形势，在公安部的统一部署下，2019年以来，四川省组织开展了新一轮打击治理电信网络新型违法犯罪专项行动。当前，打击治理电信网络诈骗犯罪工作取得了一定成效，但依然面临巨大挑战。本文结合四川省工作实践，总结了具体做法和工作启示，并就如何进一步开展打击治理工作提出了建议。

关键词：　电信网络诈骗　社会治理　社会安全

一　背景与形势

（一）引言

每个社会发展阶段都会产生一定数量特定种类的犯罪，这是社会发展变

---

* 课题组负责人：王雄，四川省公安厅副厅长。课题组成员：王宏伟、杨林、冯艳伟、李文德、魏玉云、刘旭洋。执笔人：李文德，四川省公安厅刑事侦查局侦查二处副处长。

化的结果。电信网络诈骗犯罪是伴随社会技术进步逐步滋生并蔓延的一类典型犯罪。始于20世纪90年代台湾地区，21世纪初这一犯罪从台湾传入大陆并迅速发展蔓延。近十年，大陆电信网络诈骗案件每年以20%～30%的速度快速增长，2016年大陆公安机关共立电信网络诈骗案件63.3万起，同比上升5.3%，共造成经济损失197亿元[①]。电信网络诈骗不仅严重危害人民群众财产安全，严重扰乱正常生产生活秩序，而且严重败坏社会诚信，社会危害巨大，已经成为社会各界和广大人民群众普遍关注的社会热点问题。

（二）电信网络诈骗犯罪分类

从犯罪主体看，电信网络诈骗犯罪主要分为两个“派系”。一是“台湾系”，主要由台湾人组织实施，嫌疑人通常在东南亚国家甚至非洲、欧洲等地设立诈骗话务窝点，从大陆招募话务员，通过拨打网络电话冒充“公检法”实施诈骗。二是“大陆系”，主要由广西壮族自治区宾阳县、福建省安溪县等13个重点地区的地域性职业犯罪群体实施[②]。犯罪手法有QQ诈骗、中奖诈骗、机票改签诈骗等48种。

（三）与传统刑事犯罪区别

相较于传统刑事犯罪，电信网络诈骗犯罪有以下显著特点。一是作案过程非接触性。电信网络诈骗犯罪不同于传统犯罪中作案人与受害人面对面的接触作案方式，往往以电话、网络为渠道，在网络空间实施犯罪行为，它颠覆了传统犯罪的概念范畴，打破了犯罪的时空界限。二是作案手段的技术性强。传统犯罪一般技术含量不高，但电信诈骗犯罪分子或者利用电话改号软件，或者利用“木马”病毒等实施犯罪，技术性强。从骗术上看，诈骗分

① 王莹：《电信网络诈骗犯罪治理研究》，《公安研究》2019年第3期。

② 来自公安部刑侦局微信号：“10个电信网络诈骗犯罪、传统盗抢骗犯罪重点地区摘牌，启动第二轮重点地区挂牌整治工作。”第一轮尚未摘牌的辽宁省鞍山市、河南省上蔡县、湖北省仙桃市、湖南省双峰县、广西壮族自治区宾阳县、海南省儋州市、四川省德阳市。第二轮挂牌的福建省安溪县、福建省南靖县、湖北省孝昌县、广东省饶平县、广西壮族自治区陆川县、海南省东方市。2017年11月30日发。

子往往紧跟社会热点，精心设计诈骗剧本，迷惑性大，令人防不胜防。三是作案对象的不特定性。传统诈骗犯罪一般针对特定的对象。但电信网络诈骗往往针对不特定的对象实施犯罪，“广撒网”是其显著特点。四是洗钱手法复杂多样。犯罪分子充分利用现代金融技术，通过网上银行、第三方支付账户、数字货币等方式层层分解涉案资金，再由专业的洗钱套现团伙迅速取现，资金追踪和冻结止付难度极大。五是链条化、网状化犯罪，专业化程度高。犯罪分子依托互联网将犯罪过程分割成多个环节，拨打电话或网络聊天环节固然十分重要，但上下游有买卖公民个人信息、开贩银行卡（手机卡）、洗钱套现、为诈骗团伙提供通信线路、开发诈骗网站或App、制作木马程序等多个利益相互依存、业务合作紧密、人员组织相互独立的犯罪单元，各个环节衔接紧密、配合高效。

（四）犯罪形势分析

近年来，随着打击治理工作的深入，电信网络诈骗犯罪快速上升的势头得到初步遏制。但是，从四川省情况看，电信网络诈骗犯罪蔓延的势头还没有从根本上遏制。随着犯罪技术的迭代升级，电信网络诈骗犯罪呈现一些新动向、新特点。

一是案件总量处于高位运行态势，成为主流犯罪。统计部门数据显示，2017 年四川省发案 17156 起（占全部刑事案件的 6.08%），损失 4.7 亿元。2018 年发案 23202 起（占全部刑事案件的 9.08%），同比上升 35.24%，损失 7.52 亿元，同比上升 60%。2019 年，全省共立案 20938 起（占全部刑事案件的 9.24%）；损失 8.22 亿元，电信网络诈骗犯罪已逐渐成为主流犯罪。

二是高发类案形势严峻，“杀猪盘”案件损失惨重。2019 年，发案量前三位的案件类别是：代办信用卡、贷款类诈骗案件 6475 起，占总发案量的 30.92%；俗称“杀猪盘”的网络交友诱导赌博、投资类诈骗案件 2789 起，占总发案量的 13.32%；刷单类诈骗案件 2303 起，占总发案量的 10.99%。

三是网络社交促成犯罪通联，网络诈骗案件占比大幅上升。诈骗分子一改以往单纯使用一种通联工具与受害人联系的方式，变为交替使用网络、电话、短信进行作案，各类网络诈骗案件占比逐年提高，约占总发案量的70%。特别是“杀猪盘”案件中，犯罪嫌疑人以网络交友、恋爱为幌子，多通过世纪佳缘、珍爱网、抖音、陌陌等社交平台与被害人联系、交流，系典型的由网络社交引发的诈骗案件。

四是诈骗团伙向境外转移趋势明显，跨境诈骗犯罪日益突出。诈骗分子为逃避打击，境内诈骗团伙向境外转移趋势明显。据分析，90%以上兼职刷单类案件、50%以上贷款类诈骗案件和网络交友类诈骗案件，诈骗窝点设在东南亚国家以及中缅边境地区。四川省个别地方也出现人员赴境外参与电信网络诈骗犯罪的“苗头性”问题。

五是网络催生灰色产业，精准诈骗防不胜防。2019年以来，四川省先后打掉多个贩卖银行卡以及利用“猫池”设备群发诈骗信息的团伙。由于经济利益驱使，电信网络诈骗又催生出开办贩卖银行卡、发送诈骗信息等多种灰色产业。另外，还有专业团伙专门盗取贩卖公民个人信息进行牟利，诈骗分子买到个人信息后量身定制诈骗剧本，令人防不胜防。

六是四川省不仅是受害人大省，也逐渐成为诈骗窝点外溢地。由于人口基数大，四川省一直是受害人大省。2019年以来，达州、巴中、宜宾、泸州等地先后捣毁了多个高危地犯罪嫌疑人流窜到四川省设立的诈骗窝点。这表明，随着全国重点地区整治工作推进，诈骗分子被打散，流窜到全国各地实施作案，四川省已成为诈骗犯罪重要的外溢地，必须引起高度重视。

二　做法与启示

（一）做法

党中央、国务院高度重视电信网络诈骗犯罪打击治理工作，习近平总书记在2019年全国公安工作会议上深刻指出：“当前，影响群众安全感的问题依然不少，特别是传统犯罪加快向网上蔓延变异，电信网络诈骗等新型犯罪大量滋生，跨国跨区域有组织犯罪日益突出，给社会治安工作带来了新的挑战”。“无论什么时候，打的这一手都不能放松”，“同时，防的这一手也不能放松，要坚持打防结合、整体防控，专群结合、群防群治”。为贯彻落实习近平总书记系列重要指示精神，2019 年以来，公安部和四川省公安厅先后召开了多次重要会议对打击治理电信网络新型违法犯罪工作进行部署。四川省公安机关坚持以人民为中心的思想，站在保障民生、维护民生安全的高度，把防范打击电信诈骗犯罪作为保护群众财产安全、维护社会治安大局稳定的应尽职责，树立问题导向、注重系统思维，按照“打防并举、以打开路、以防为先”工作思路，对电信网络诈骗犯罪开展严厉打击，同时协同相关部门开展综合治理、源头治理，取得了一定成效。

1. 坚持以打开路，始终保持对电信网络新型违法犯罪的高压严打态势

四川省公安机关将打击电信网络新型违法犯罪列为迎接新中国成立 70 周年的重要攻坚行动，以公安部“云剑”、四川省公安厅“迎庆”专项行动为抓手，持续加大打击力度，在全省形成了你追我赶的打击氛围。一是破案、抓人数上升明显。2019 年，全省共破案 5201 起，同比上升 211.81%；抓获犯罪嫌疑人 5515 名，同比上升 184.87%。二是压实破案责任。通过组织开展“百县破案会战”，要求每个县（市、区）公安机关在 2019 年必须侦破 1 串（3 起案件）以上电信网络诈骗案件。三是重点督办重特大案件。省公安厅加大重特大案件督办力度，通过公安部挂牌、省厅挂牌督办一批重特大案件，同时对涉案金额较大的案件提级侦办。四是创新打法战法。针对境内诈骗窝点创建了“快打”战法，根据公安部线索部署，属地公安机关快速落地打击；针对境外窝点创建“人员流”战法，通过对出境作案人员深度研判分析，等人员回流后再实施落地打击。五是严厉打击黑灰产业犯罪。2019 年以来，先后组织侦办了“3·26”“9·4”等特大贩卖银行卡和对公账户专案，抓获一大批贩卖银行卡犯罪嫌疑人，缴获一大批银行卡、对公账户。省公安厅指挥宜宾市公安机关成功侦办“11·11”特大贩卖手机卡专案，查获电话卡 10 万余张。六是严厉打击境外犯罪。省公安厅专门派出工作组赴印度尼西亚打击境外犯罪，同时组织成都、乐山等地公安机关赴

中缅边境参加公安部“5·10”专案行动，抓获一大批违法犯罪嫌疑人。

2. 坚持机制引领，构建打防电信网络诈骗犯罪工作体系

针对四川省打击治理防控工作体系化不足的问题，省公安厅坚持问题导向，立足实战需要，不断完善反诈骗工作机制建设，逐步形成了打击治理电信网络诈骗犯罪“1+7”机制模式，即在四川省打击治理电信网络新型违法犯罪工作厅际联席会议制度框架下，进一步建立了四川省打击治理电信网络诈骗犯罪快速反应机制、电信网络新型违法犯罪涉案账户紧急止付和快速冻结机制、四川省打击防范电信诈骗犯罪协作机制、省际出入口诈骗电话防范拦截系统情报交换协作机制、四川省公安机关研判电信网络诈骗案件“三定”标准、四川省反电信网络诈骗中心合成作战工作机制、四川省公安机关侦办跨境电信网络诈骗案件工作机制等7项机制，有效整合了公安内外资源，基本改变了以往单靠公安单打独斗的局面，切实提升了全省打击治理电信网络诈骗犯罪的工作能力。

3. 坚持以专制专，不断提升技术反制能力和水平

电信网络诈骗犯罪具有犯罪分子高智商、犯罪工具高科技、犯罪手段高智能的特点，要求公安机关必须加强专业机构和能力建设，以技术对抗犯罪。为此，省公安厅坚持把反诈骗专业能力建设作为提升打击犯罪能力的重点。一是构建公安反诈骗体系，逐步形成了以省反诈骗中心为龙头，市州反诈骗中心为支干，集冻结止付、情报研判、防范预警和技术反制于一体的反诈骗工作体系。2019年，全省反诈骗中心共止付涉案资金20.24亿元、冻结15.83亿余元，同比均大幅度上升。二是建立防范拦截系统。全省先后投入5000余万元完成“930省际出入口诈骗电话拦截系统”一、二期建设，初步实现了对高危诈骗电话、诈骗网址、诈骗App的综合分析和监测处置能力，其中拦截诈骗电话量日均3000余次，月均9万余次。三是建立预警劝阻手段。全省反诈骗中心加快警企合作步伐，通过联合互联网企业，利用大数据预警系统，第一时间对正在被诈骗的受害群体进行劝阻，日均预警1000余人次。例如，2019年6月19日、7月10日，成都市反电信网络诈骗中心及时劝阻2名受骗群众，避免经济损失900余万元。

4. 坚持综合治理，切实提升源头监管能力和水平

按照“责任明确、快速响应、密切配合、齐抓共管”的总体要求，厅际联席会议通过细化梳理问题源头，把 28 项任务层层分解到各成员单位，做到责任共担、协同治理。省通信管理局、人民银行成都分行、省银保监局等成员单位依照职责进一步加大力度治理违规开办、贩卖手机卡、银行卡问题。省公安厅根据侦查工作中发现的金融机构、运营商管理和制度漏洞，主动提出工作建议，推动相关部门加强监督管理、堵塞漏洞。同时，按照“一案双查”要求，省通信管理局根据公安机关通报的手机卡违规办理线索，加大了对违规责任单位和责任人的行政处罚力度。根据公安机关查明的违法事实认定，人民银行成都分行依法对 60 余名省内个人实行 5 年内暂停相关个人银行账户非柜面业务、支付账户所有业务等惩戒措施。

5. 坚持强化宣传，严密防范电信网络新型违法犯罪案件

公安机关始终坚持打防并重的工作理念，把宣传防范置于重要位置，积极开展宣防、心防、技防、人防等形式多样的宣传防范活动。一是精心制作“反诈骗·护万家”系列宣传片，依托电视、户外大屏等，持续深入开展宣传，不断增强群众防骗意识；二是省公安厅携手互联网企业，开通“熊猫反诈”公众号，揭秘诈骗伎俩，并发起反诈骗挑战赛，累计播放量近 2 亿余次；三是省公安厅联合美团公司在全省启动反诈使者计划暨“百万骑手·千城亿户”反诈骗宣传活动；四是省公安厅会同共青团四川省委，以“青春护航”为主题，利用高校新媒体矩阵开展专题宣传。

（二）启示

客观来讲，近年来，在国务院部际联席会议和公安部的统一指挥下，四川省打击治理电信网络诈骗犯罪工作取得了阶段性成效，打击治理的具体实践带来诸多启示，归纳起来有以下五个方面。

1. 必须坚持党委政府统一领导

打击治理电信网络新型违法犯罪是一项复杂的社会系统工程，按照习近平、李克强等中央领导批示要求，2015 年以来，国务院和省、市、县先后

建立了联席会议制度，研究部署了综合治理、源头治理、系统治理的一系列工作措施，通过强化党委政府统一领导，整合各方面资源，集聚各方面力量共同开展综合治理工作，有效解决了公安机关和有关成员单位各自为战、低水平应对问题。

2. 必须开展跨界治理

电信网络诈骗违法犯罪是伴随着技术进步而滋生的一类新型犯罪，单纯依靠公安机关的打击往往事倍功半。联席会议制度建立后，全国从单纯的公安打击向调动多方力量、更加注重社会协同的现代治理方式转变，建立起包括公安、运营商、银行、互联网企业共同参与的共同治理方式，注重开展源头、系统治理，从行政监管层面完善了社会治理环境，铲除了滋生犯罪土壤。

3. 必须坚持以专对专

打击治理电信网络诈骗犯罪是一项专业性很强的工作，需要大量技术、信息、手段支撑，对侦查思维、方法和手段运用提出了新的要求。近年来，省、市都先后成立了反诈骗中心，同时公安厅加大了业务培训力度，全方位提升民警业务水平和实战技能，以专业化队伍应对职业化犯罪团伙。

4. 必须完善法律法规

针对电信诈骗犯罪不同于传统刑事犯罪的特点，最高人民法院、最高人民检察院和公安部先后制定出台了《关于办理电信网络诈骗等刑事案件适用法律若干问题的意见》《关于办理侵犯公民个人信息刑事案件适用法律若干问题的解释》《关于办理扰乱无线电通讯管理秩序等刑事案件适用若干问题的解释》等法律法规，完善了刑事法律体系，统一公检法司认识，避免司法实践中法律适用不统一的问题。

5. 必须坚持科技兴警

在打击治理电信网络诈骗犯罪工作中，必须依靠科技创新应对新的犯罪挑战。例如，通过省际出入口异常电话拦截系统，对源自境外的诈骗电话采取实时阻断措施，形成“关防式”防控能力。针对电信诈骗案件涉案资金快速拦截问题，由公安部和人民银行牵头，建立了电信诈骗案件涉案资金快速冻结止付平台，依靠思维和技术的创新，实现了对涉案资金的快速冻结止付。同时，加强与互联网企业的合作，建立警企联合实验室，依托技术手段发现疑似受害人信息，实施精准劝阻，实现了以科技应用对抗智能化犯罪。

三 问题与建议

电信网络诈骗犯罪高发态势不仅是公安机关打击犯罪面临的巨大挑战，同时暴露了当前社会治理能力的诸多问题和薄弱环节。由于对电信网络诈骗研究不够深入，经验积累不够充分，在打击治理工作中还存在一些问题和短板，需要认真分析研究，有针对性地加以解决，主要集中在以下五个方面。

一是思想观念还有差距。从总体上看，联席会议制度作用发挥还不够充分，有的成员单位主动参与、协作配合意识不够，有的单位对工作中暴露的短板和漏洞存在推诿、敷衍情况。从公安机关层面看，有的地方公安机关尤其是领导同志，还没有充分认识到当前信息化时代刑事犯罪的发展变化趋势，还在以传统案件发案、破案数来衡量当前的社会治安状况，对打击新型网络犯罪重视不够、投入不足、措施滞后。

二是公安机关打击能力还不强。电信网络新型违法犯罪对侦查思维、侦查方法提出了新的要求，公安机关打击电信网络新型违法犯罪的能力还不强，传统侦查取证手段难以发挥作用，一些侦查人员缺乏专业技能，办案经验不足。

三是综合治理还存在薄弱环节。电信、金融等行业还存在违法买卖电话卡、银行卡、对公账户等问题，“两卡”乱象严重影响打击治理实效。互联网已成为诈骗犯罪重灾区，各类诈骗网站、App 充斥互联网，一些不法分子通过网络社交平台交流犯罪手法、实施犯罪勾连，危害十分严重。个别互联网企业为追求短期经济利益而罔顾社会责任，不承担反诈骗社会责任、不履行网络安全保护义务、不切实采取技术措施防范网络违法犯罪。

四是技术反制难度加大。电信诈骗手法层出不穷，犯罪技术不断迭代升级，犯罪分子越来越多地使用人工智能、GOIP 网关[①]及猫池、卡池等新技术、新设备，溯源打击难度不断加大。由于现有的拦截系统算法模型老化，识别拦截能力不够，应变能力不足。

五是法律震慑力度不够。面对新型网络犯罪，公检法部门在案件管辖、证据认定等方面还存在较大分歧。有的地方检法部门还在以传统犯罪的审查标准看待电信诈骗新型犯罪，在省内各市州甚至一个地市不同县的公检法部门对法律适用认识不一致，存在“同案不同判”的情况。总体上看对电信诈骗分子惩处力度较轻，客观上导致法律震慑力度不够，放纵了犯罪。

六是宣传防范任重道远。公安机关虽然会同各成员单位持续不断开展形式多样的宣传防范活动，但群防群治的社会防范体系还没有建立起来，对重点环节、重点群体精准防范不到位，宣传防范还有死角；宣传防范形式多但效果有限，群众喜闻乐见、贴近生活的鲜活性不足。

可以预见，随着互联网技术的发展和日益普及，电信网络诈骗犯罪的势能在一定时期内仍将爆发式增长。公安机关和各成员单位必须把思想和行动统一到习近平总书记重要指示、批示和中央决策部署上来，用治顽疾用猛药的决心和措施，通过顶层设计、全域治理从根本上扭转被动局面。下一步，应继续坚持问题导向、系统思维，着力从以下五个方面努力。

一是提升政治站位，着力加强组织领导。公安机关和各成员单位要深入贯彻落实习近平总书记的重要讲话精神，坚持以人民为中心的发展理念，把打击治理电信网络犯罪作为民生工程、平安工程，作为“防风险、保平安、护发展”的重要内容，摆在打击犯罪、维护稳定的突出位置，切实加强领导，加大投入，不断推动打击治理工作迈上新台阶。

---

① Goip：是网络通信的一种硬件设备，通过通信嵌入式软件，可以介入 GSM、CDMA、WCDMA、LTE 频段的手机卡，基于 voip 的 gsm 语音网关。特点是实现 gsm 和 voip 之间的无缝对接。

二是加强反诈骗中心建设，着力构建反诈骗工作体系。反诈骗中心是打击治理电信网络新型违法犯罪的实战平台，其建设方向是资源整合的数据中心、研判打击的指挥中心和部门联动的协调中心。要按照“全国一流、西部领先”的标准统筹规划，遵循“错位发展，高位建设，区域带动，整体推进”的原则，确保人员充实、保障有力、功能顺畅、机制科学。各级反诈骗中心由刑侦牵头，技侦、网安等部门要派驻专人，提供数据和手段支撑；要创新警企合作方式，以警企实验室、购买社会服务等方式，整合互联网公司资源，切实提高技术反制能力。

三是加强公安机关专业队伍建设，着力提升专业能力。要按照“警力跟着警情走”和“以专对专”的原则，借鉴河南、广东、山东等省公安机关建立反诈骗专业队的做法，在省、市、县三级公安机关刑侦部门内设打击新型犯罪专业队，主要承担打击电信诈骗犯罪的职能，同时兼具新型犯罪研究和打击职能。要加强对此类犯罪特点和发展趋势的研究，加强大数据等新技术手段的运用，着力提升信息化、专业化建设水平。

四是夯实综合治理措施，着力共建职责清晰、责任共担的治理体系。要继续坚持综合治理、系统治理的方针，积极构建全社会防范、各部门联动工作体系，形成长效工作机制。要充分发挥联席会议的作用，凝聚各成员单位合力，综合施策，堵住漏洞。要通过公布指导案例、发布指导意见等形式，进一步统一公检法执法思想，对电信诈骗犯罪从严、从重处罚。要会同人民银行成都分行、省银保监局、省通信管理局、省网信办、省司法厅等部门强化协同配合，在落实实名认证机制、资金查控、支付接口、对公账户审核、关停涉案手机号、惩戒转卖租借个人手机卡的失信用户等方面开展综合治理、源头治理，真正形成职责清晰、责任共担的治理体系。

五是坚持打防并重理念，着力构建社会防范体系。坚持打防两手并重，以打促防，防范为先，以省、市、县联席会议制度为依托，组织动员公安机关和各成员单位广泛参与。要注重发挥基层群防群治力量作用，引导网格员、安全员、调解员、人口协管员、信息员、宣传员等积极协助公安机关开展防范电信诈骗宣传活动。要针对当前电信网络犯罪群体向“90 后”、“00 后”扩展的年轻化趋势，加大对在校学生以及电信诈骗人员重点流出地的普法宣传，既要提高防骗意识，也要提升法制意识。要加强技术防范的研究，加大技术投入，不断提升技术防范能力和水平。

B.7
对保健品会议营销宣传销售行为监管的几点思考
——以遂宁市安居区为例

中共遂宁市委全面依法治市委员会办公室课题组*

摘　要： 当前，中国人口老龄化形势日趋严重，老年人对医疗、保健等方面的需求日益提高，保健品会议营销问题日益凸显。在全面依法治国的大背景下，探寻一条针对会议营销行为有效监管的法治道路，是推动法治建设在基层落地见效的题中应有之义。本文以遂宁市安居区为例，剖析现有保健品会议营销监管中存在的问题，探索有效监管以会议营销方式宣传销售保健品行为的对策举措，为全面推进依法治国筑牢法治根基。

关键词： 会议营销　保健品　监管

2018年12月26日，一篇题为《百亿保健帝国权健和它阴影下的中国家庭》的文章将天津权健集团有限公司带入舆论旋涡，也再一次将保健品乱象推到风口浪尖。保健品不是药品，更不是“万能神药”，但违法行为人神化保健品功效、进行虚假宣传，导致患者产生误解甚至放弃正常治疗。从

* 课题组负责人：温勉光，中共遂宁市委全面依法治市委员会办公室主任、遂宁市司法局党组书记、局长。成员：敖强、何茂、何浩、张学智。执笔人：谢坚，中共遂宁市委全面依法治市委员会办公室秘书科副主任科员；王红，遂宁市安居区市场监管局法规股股长。

魏则西一家所相信的“高科技疗法”，到周洋一家所购买的“抗癌产品”，利用的都是人们对科学力量的信任。2019年初，13部委针对保健市场乱象开展联合整治“百日行动”。在保健品市场问题逐渐受到监管部门重视的今天，似乎一直有一块“法外之地”——保健品会议营销。据统计，会议营销已占据保健品市场20%的份额，其中约50%的会议营销缺乏有效的监管约束。这些潜藏于灰色地带的隐患，时刻威胁着人民群众的生命财产安全，需要监管部门加以重视务求根治。

一 保健品会议营销的基本情况及特点

（一）保健品会议营销的定义

所谓会议营销，是指通过将消费者（主要是老年人）组织起来，在指定地点以举办健康讲座或联谊会的方式向消费者提供产品与服务的销售模式。对于保健品行业而言，会议营销是一种主要的产品零售业态，也是一种销售渠道，这一渠道与直销、药店、电商、商场超市及专卖店等渠道并列存在。在遂宁市安居区，保健品会议营销主要表现为：营销者以关爱老人健康为名，打着专家的幌子，通过开展健康讲座、免费赠送礼品等方式，乃至组织所谓免费旅游、免费体检等活动，骗取老年人的信任，将高价保健食品或电子设备卖给已被“洗脑”的老年人，导致不少老年人既“伤身”又“伤财”。

（二）保健品会议营销的现状

伴随着“银发浪潮”的到来，2020年前后，中国60周岁及以上老年人口将占17%以上，预计总数会超过2.5亿。据统计，超过10%的老年人保健品消费数额超过1万元，且近半数老年人有非理性消费倾向。《中国健康管理与健康产业发展报告》指出，中国保健品市场规模预计将在2020年超过美国，达到1800亿元。伴随着老龄化社会的来临和保健品市场的蓬勃发展，会议营销也逐步发展壮大。会议营销始现于20世纪90年代，在2000年销售额和相关企业数量达到历史最高点，成为保健品的四大销售渠道之一。当前，从事保健品行业的企业约一半采用会议营销模式，保健品会议营销在全国各地得到迅猛发展，尤其盛行于中小型城镇。以遂宁市安居区为例，2017年至2019年，辖区主管部门共办理涉保健品案件63件，在食品药品案件中占比25.3%，其中最大涉案金额为120000余元，涉及受害群众100余人，每年40余人次向主管部门投诉相关案件，保健品会议营销问题已成为当前社会诟病的顽疾。

（三）保健品会议营销的特点

1. 行为对象特定化

遂宁市安居区位于四川盆地腹心、涪江中游，是典型的川中丘陵地带。辖区内有21个乡镇，总人口77.45万人，农村人口占绝大多数，为69.7万人，属于典型的对外输出劳务型地区。每年春节过后，返乡的年轻人再次外出务工，留守家中的多为60岁以上的独居老人、孤寡老人。由于老年人信息相对闭塞，对虚假宣传的辨识能力较差，且普遍存在“不给儿孙添麻烦”的朴素思想，在欠缺保健品知识的情况下，这部分老年人经常会受到不法营销分子组织的免费义诊、送小礼品等活动的诱惑，轻信虚假宣传保健品的功效，从而大量购买。即使事后发现上当受骗，大部分人往往存在自认倒霉、花钱消灾等消极心理，很少通过正当渠道维护自己的合法权益。从事保健品会议营销的组织者对这部分群体的心理特点有深入的了解，将独居老年人作为主要营销对象，针对该部分群体量身打造营销策略，以此获取大量的不法利益。

2. 行为模式传销化

在传统“传销”案件中，“传销”模式有北派、南派之分，北派“传销”惯于采用人身限制、暴力监禁等简单粗暴的行为模式，南派“传销”惯于采用利益引诱、“洗脑”授课等行为模式。遂宁市安居区在地理位置上属于“南派”模式范围，会议营销也具有较多的“南派”传销特征。一是利益引诱。保健品会议营销的组织者利用部分老年人“爱占小便宜”的心理，通过赠送小礼品的形式对老年人进行利益引诱，博取老年人的好感，建立对营销者的信任。二是精神控制。不同于在封闭空间限制人身自由进行行为控制的方式，保健品会议营销更多利用目标群体的心理和精神特点达到行为操纵的目的。不法营销分子通过开办各类讲座向老年人灌输日常健康知识，利用老年人追求健康生活的心态，对目标群体进行“洗脑”控制，达到让其冲动消费的目的。三是非法占有。不法营销分子的最终目的是实现对目标群体个人财物的非法占有，在保健品会议营销的包装宣传策略下，许多老年人无法理智地认清不法分子的险恶动机，掏出自己的养老钱购买所谓的保健品，既影响个人生活质量，还连带引发一系列家庭矛盾，其危害程度更甚于诈骗、盗窃等一般财产犯罪。

3. 营销手段套路化

在查办的违法保健品会议营销案件中，大部分作案手法具有高度的一致性，呈现较为固定的“套路”。以遂宁市安居区为例，出现最多的套路为“七天会销”模式，在查办的案件中占比65%。其具体模式如下。第一天、第二天开办讲座，讲授诸如预防癌症、健康养生等保健知识，并辅以赠送日用品、米、面等小礼品，逐步在小范围内培养人气。第三天，利用讲座之余宣传推送几千元不等的保健产品，承诺只用预付较低的定金，如不满意可以随时退换。第四天，当场交付保健品，并以红包形式在现场全款退还金额，以此举吸引大量听众购买，让听众建立对营销者的信任。第五天，利用听众对科学的盲从心理，在讲座中现场展示电解水等科学小实验，以证明周边居住环境受到严重污染。第六天，经过前期的铺垫，营销者已经成功骗取听众的信任，当天再次销售几千元不等的保健设备或保健食品，往往能受到听众的热烈抢购。按上百人的听众计算，一天能够收到购款十万元以上，但其成本总计不足万元。第七天，营销者继续开办讲座，并赠送手链、挂饰等礼品，进一步收拢人心，为下次营销活动做好铺垫。从“七天会销”的盛行可以推断，在固定地区流窜作案的不同营销组织存在相互沟通、借鉴经验的情况，并形成较为固定的行为模式，因此呈现“套路化”的特征。

4. 产品宣传夸大化

在保健品会议营销中，最常见的宣传方式是虚构或夸大保健品的成分、功能、产地、保质期、检验报告等关键信息，刻意隐瞒保健品的适宜人群，并宣扬保健品具有某种特殊的疾病预防和治疗功效。按照2015年起实施的《食品安全国家标准 保健食品》对保健食品的定义，保健品是“声称并具有特定保健功能或者以补充维生素、矿物质为目的的食品，即适用于特定人群食用，具有调节机体功能，不以治疗疾病为目的，并且对人体不产生任何急性、亚急性或慢性危害的食品”。由此可见，保健品并非适用于任何群体，保健品与具有疾病治疗功效的药品之间是有严格区分的，不可发生混淆。按照《食品安全法》第78条，“保健食品的标签或者说明书禁止涉及疾病预防与治疗功能”，说明保健品是绝对不能充当药品进行生产销售的。在遂宁市安居区，约40%的保健品会议营销案件会出现对保健品的外标识、外包装进行加工、改造以冒充具有特定医疗功效的药品，尽管服用后不会对人体造成副作用，但也违反国家关于食品药品的管理制度，属于宣传销售欺诈行为，更有甚者导致使用者延误病情造成身体上的损伤。

二 保健品会议营销监管存在的问题

在基层执法实践中发现，不法营销分子普遍具有较高的文化程度，其中一部分对现阶段的法律法规非常熟悉，他们通过研究现行法律规定，针对犯罪认定的构成要件，在可能涉及犯罪认定的环节进行更加隐蔽的设计，有意规避了相关的法律风险，让执法人员无法及时对其违法性作出准确判断。同时，在调查取证上制造种种障碍，让执法人员无法及时有效收集违法证据，导致主管部门对保健品会议营销进行监管时面临较大困难。除了行为主体制造障碍导致“监管难”以外，还需要深入剖析其制度性成因和客观法律条件，确保在后续监管中做到有的放矢、定位精准。

（一）从刑罚认定看，入罪标准难以明确

部分恶性保健品会议营销案件具有一定的类“传销”特征，主管部门在查办这类案件时，出于打击违法行为的目的，最佳方式是依据涉传销的相关规定进行惩处。在现行法律中，关于传销组织的立案追诉标准为“活动人员在30人以上且层级在3级以上”，追诉对象为“组织者和领导者”。保健品会议营销的组织者通过对传销制度进行小范围的修改，对传销管理模式进行扁平化设计，很容易规避这一规定，难以构成“30人以上且层级在3级以上”的标准。同时，按照目前组织策划传销罪的犯罪构成要件，犯罪主体方面针对的是“组织者和领导者”，但保健品会议营销在组织形式上往往包裹了“公司”“企业”等合法外衣，在进行营销活动时，其组织活动更为严密，管理模式更为高效，合作分工更为明确，不仅有“头脑人物”担当组织者，还形成了一套具备产品采购、宣传推广、活动策划等系统分工的经营模式。在开展营销活动时，除“头脑”以外的其他分工合作者也发挥了相当程度的作用。因此，在利用涉传销法律法规对保健品会议营销行为进行打击时，存在认定标准过高、打击范围太窄的问题，难以有效遏制违法行为人的嚣张气焰。

（二）从法律适用看，现有规定约束乏力

保健品会议营销普遍存在虚假宣传的情况，由于虚假宣传的法律认定涉及行政法、经济法等多种法律部门，这些法律法规从不同层面对涉嫌老年人保健品的虚假宣传行为作出规定，但在法律适用中存在两个方面的问题。一方面，针对保健食品的法律规定大多属于宣示性条款，缺乏实务可操作性，如《保健食品注册与备案管理办法》对于保健食品的夸大性宣传作出了禁止性规定，但在法律责任部分未提及具体的责任承担方式，行为人即便实施了虚假宣传行为，也无法诉诸法律。另一方面，现有法律作出的禁止性规范大多限于保健食品本身的缺陷或者是广告上的不当行为，而这些零散的规定在法律责任的承担方面是极其单一的，一般仅限于行政责任和民事责任。尤

其在行政责任方面，现有监管机制存在严格的边界和限度，遗留了许多制度性的监管空白，大大降低了违法者的违法成本，当可能获取的非法利益远远大于违法成本时，违法行为将会成为利益驱动下的一种常态行为，法律也将形同虚设。

（三）从行政监管看，执法方式欠缺力度

除了在法律制定方面存在缺陷以外，保健品会议营销的组织者对外披着合法的外衣，进行了企业经营登记，具备组织机构代码和独立的法人资格，以企业的名义进行组织活动。对于企业的违法行为，市场监管部门在行政处罚方面只能针对经营主体进行处罚，采取的往往是罚款、查封场所、停业整改等软性措施，难以形成威慑力，无法对参与的具体工作人员进行惩治。《治安管理处罚法》作为具备限制人身自由条款的法律，也没有针对性比较强的规定可以引用。即使执法部门想针对部分恶性违法行为加大惩处力度，也往往陷入“无法可依”的困境。对于那些保健品软性传销的组织者和参与者，由于监管手段较为薄弱，打击力度不足，导致保健品会议营销从业人数不断增长，不断在各个地区复制保健品会议营销模式。

三　遂宁市安居区加强保健品会议营销监管的地方实践

党的十八届四中全会将“全面依法治国”纳入“四个全面”战略布局。党的十九大后，法治中国建设迈入新征程，习近平总书记在中央全面依法治国委员会第一次、第二次会议上，再次对全面依法治国进行了系统性论述，形成了全面依法治国新理念新思想新战略。在中央全面推进依法治国的战略部署中，食品药品安全一直占据重要地位，先后提出“要依法强化危害食品药品安全等重点问题治理”“实施食品安全战略，让人民吃得放心”。四川省历来将保障食品药品安全作为推进全面依法治省的重要内容，早在2013年，就在四川省依法治省纲要中提出，“严格执行食品、药品、食用农

产品法律法规规章，建立最严格的覆盖全过程的安全监管制度，形成跨部门、跨区域的联动执法长效机制”。遂宁市紧跟中央和四川省决策部署，在市委市政府的领导下，把加强食品药品安全作为推进全面依法治市、建设法治遂宁的关键环节。遂宁市安居区深入贯彻落实中央、省委、市委决策部署，按照加强食品药品安全的工作要求，针对辖区内危害食品药品安全较为严重的保健品会议营销问题，探索形成“四点聚合，治乱打假”工作机制，营造打击违法保健品会议营销行为的高压态势，并取得良好成效。

（一）搭建组织支点，加强统筹领导

一是严格压实责任。加强对整治保健品会议营销工作的统筹领导，纳入党委工作任务，将整治工作与社会发展稳定同部署、同落实、同考核。结合整治“群众最不满意的10件事”活动，组织相关部门对辖区内保健品、保健器材虚假宣传、非法会议营销等欺诈消费者问题开展专项整治行动，将整治保健品会议营销乱象作为提升人民群众法治获得感的民生工程，让人民群众享受更多法治红利。二是细分工作职责。严格执行食品药品安全法律法规和事权划分有关规定，纵向厘清县区、乡镇两级监管部门之间，横向厘清区食品安全委员会成员单位之间的权力责任清单，建立科学合理、职责清晰、权责一致的监管制度，形成以市场监管部门牵头、多部门协作的联席会议制度。将保健品市场乱象治理和扫黑除恶工作充分结合，加大对制售假冒伪劣产品行为的检查力度，依法查处破坏市场经营秩序的行为。三是推行信息共享。搭建信息资源共享平台，建立保健食品虚假宣传欺诈消费问题联络员制度，明确各单位联络员并畅通沟通渠道，实现各成员单位资源共享、信息共享、线索共享，促进相关执法部门分工协作、履职到位，形成各司其职、互相支持、密切配合的工作格局。

（二）聚焦关键节点，促进规范经营

一是开展拉网排查，建立问题清单。坚持问题导向，健全食品药品风险隐患排查和预警防控体系，全面开展保健食品和会议营销经营企业质量体系

检查。建立特殊食品监管信息收集台账，对辖区 187 家保健食品经营单位按照“一户一档”的工作要求进行摸底排查。深入排查基层风险隐患，在全面掌握底数的基础上，对有案底的保健食品和会销行业经营单位建立问题清单，提出整改措施，明确整改时限，逐条督促整改。二是实施专项检查，及时排除隐患。制定《针对老年人售卖保健食品药品中虚假宣传欺诈消费问题专项整治实施方案》，由市场监管局牵头，与公安局、文广旅游局等部门联合成立专项整治领导小组，并结合“双随机一公开”工作要求，聚焦零售药店、商场、超市、专卖店等重点领域，开展为期5 个月的专项整治活动，检查保健品经营单位 554 家次，出动执法人员 244 人次，发现问题 49 家，完成整改 45 家，查处保健品案件3 件，逐步规范辖区内保健品市场秩序。三是实施精准打击，强化执法合力。按照层级负责、属地管理的原则，建立保健食品专营店突击检查和错时检查机制，设立保健品“会销经营”督查点 25 个，一旦发现苗头性问题及时通过信息共享平台通报相关部门进行联合查处。对非法会议营销场所实行靶向打击，2018 年 8 月至 12 月先后查处多起典型会议营销案，查获包括葡萄酒、冒牌家电、劣质手表、眼镜等假冒保健品 1150 余种，妥善处置老年消费投诉纠纷 38 件，为群众挽回经济损失 34. 8 万元。截至 2019 年 12 月，已实现辖区内保健品会议营销活动发生率同比下降 29%。

（三）突破问题堵点，推动重心下沉

一是精准掌握会销动态。针对部分地区违法分子流窜作案、反复犯案的问题，建立保健品会议营销片区监管制度，将辖区分为 7 个片区并成立监管小队，负责对辖区内会议营销活动的日常排查和数据统计，全盘掌握居民社区和农村地区的流窜性会议营销活动动向。二是溯本清源控制源头。探索建立会议营销经营企业保健品安全承诺制度，与会议营销场地提供者、会议营销经营者签订责任书，要求其在从事保健食品会议营销期间，应当依法申请并取得含“保健食品销售”经营项目在内的食品经营许可证，严格按照保健食品相关法律法规规定不夸大宣传保健食品功能，不以保健食品冒充药品并声称具有疾病预防、治疗功能。三是聚焦前端强化

处置。加大对群众举报线索的处置力度，一旦发现涉及“健康讲座”的线索，及时派驻执法人员蹲点守候，在会议营销组织者显现违法动机时抢占“宣传阵地”，及时揭露会议营销经营者的真实面目和险恶用心，向群众普及法律法规和科学知识，争取不明真相群众的理解和支持，进一步遏制不法营销者的违法倾向。

（四）围绕宣传重点，营造法治氛围

一是加强纵横联动，凝聚宣传合力。按照“谁执法谁普法”原则，各部门按照职能分工，加强对涉保健品法律法规知识的宣传普及，借助传统媒体和新媒体等舆论阵地，采取宣传“进小区”、宣传“面对面”等方式，分别对重点领域和重点人群开展保健品知识科普和食品药品安全法律知识普及，指导消费者树立正确的消费观念，形成全社会合力预防打击违法会议营销行为的态势，构建齐抓共管、群防群控、全社会参与共治的新格局。二是践行以案释法，拓展宣传形式。以宣讲典型案例为依托，编辑制作科普宣传资料、宣传海报，在人流聚集区域悬挂横幅、宣传展板画，邀请执法人员为群众现场宣讲发生在身边的真实案例，帮助广大消费者提高识假辨假能力。通过快检展示、集中曝光、实物辨识等方式，宣讲保健品防骗知识、示明消费维权渠道，帮助消费者提升自我维权意识和食品药品安全认知水平，培育科学理性的保健品消费观念。三是抓住关键节点，突出宣传实效。依托“3·15”消费者权益日、食品安全周、药品安全月等宣传活动，针对保健食品欺诈、虚假宣传易发时段和高危人群的特点，深入乡镇（街道）、村（社区）开展公益性法律宣传活动，发放保健食品宣传册300余份、虚假广告整治宣传单2000余份，营造浓厚的保健品法律法规知识宣传氛围。

四　经验与启示：保健品会议营销监管的对策建议

遂宁市安居区聚焦法治政府建设目标，紧扣食品药品安全主线，坚持创

新思维引领，积极开展基层法治实践，迈出破解保健品会议营销监管难题的第一步，在整治保健品会议营销乱象上取得一定成效，充分彰显法治作为国家治国理政的基本方式在推动基层社会治理能力和治理体系现代化中发挥的重要作用。但要巩固成效，仍需要结合基层实践经验，进一步改变监管思路，在更宏观的层面探索构建保健品会议营销监管机制，进一步规范市场经营秩序，维护人民群众合法权益。

（一）坚持党委领导，构建会议营销管控体系

保健品会议营销作为在当前社会中具有代表性的现象级监管难题，在探求破解之路时不能单独依靠某一职能部门，而应该作为一项跨地区跨部门的法治建设重大课题，纳入各级党委全面推进依法治国、依法治省、依法治市的重要工作内容予以统筹破解。一是加强高位推动。把保健品会议营销整治工作纳入党委工作的大盘子，作为推动法治政府建设的重要内容，建立由党委统筹的保健品会议营销整治联席会议制度，将各级职能部门纳入联席会议作为成员单位，定期召开联席会议，统一思想认识，明确工作任务，研究重大问题，推动形成“党委领导、政府负责、部门主办、社会参与”的保健品会议营销问题治理工作格局。二是加强组织联动。针对现有职能部门之间信息传达不畅、沟通不足的问题，探索建立保健品会议营销问题整治联络机制，在政法委、法院、检察院、公安、司法行政、市场监管、文化旅游等部门设立联络员，组建信息共享平台，定期收集数据、汇总情况上报各级党委政府，发挥承上启下的沟通联络作用，在各级部门之间搭建组织肌体，确保各项工作部署和信息数据反馈传达到位。三是建立督查机制。在党委层面建立健全考核评估为载体、责任追究为手段的工作推进机制，树立以制度机制倒逼工作落实的意识。将保健品会议营销乱象整治纳入各级党委目标绩效考核体系，有针对性地对治乱打假、法治宣传等重点工作开展专项督导，根据年度工作任务制定科学合理的年度考核评价细则，确保各项工作项目化、具体化、可操作、可考核，切实发挥好考核评价“指挥棒”作用。

（二）强化行业管理，促进会议营销合法经营

保健食品相较普通食品而言，在适用范围和剂量上要求更加严谨，普通消费者缺乏对保健品的正确认知，而会议营销组织者也正是利用这点，在销售过程中大肆鼓吹、神话保健品功效，达到虚假宣传、欺诈消费者的目的，而其中参与的普通销售人员起到了至关重要的作用。为保证会议营销健康发展，首先应从提升保健品从业人员素质着手，进而达到全面提升行业规范的目标。一是严格从业人员培训制度。组织保健品从业人员自行学习或参加相关机构统一培训，建立保健品从业人员学分制度，把保健品专业知识和相关法律法规作为学习内容，明确从业人员完成从业资格考试并取得从业资格证书后方可从事保健品经营，以提升销售人员专业水平和法律素养。二是健全从业人员管理制度。严格管理保健品从业人员，在保健品经营者申办食品经营许可证或提出备案申请时，要求其必须出具保健品从业人员培训合格证，并确保在经营过程中有食品安全管理员全程在场。三是建立从业人员信用档案。树立以消费者为中心的从业信用导向，将销售人员从业记录纳入信用档案，约束其严格遵守相关法律法规规定，一旦违反法律规定，在作出相应行政处罚的同时计入信用档案，对严重失信者实行终生行业禁入，树立正常的市场诚信经营导向。

（三）坚持源头治理，健全会议营销监管机制

对于保健品会议营销，不仅要监管具体营销行为，还要注重管控其生态产业链和市场环境。在过去的监管中，主管部门只注重对个案的侦办打击，容易忽视对外围生态产业的管控，常常导致违法会议营销死灰复燃。在构建保健品会议营销市场监管机制时，应着重建立健康有序的市场经营环境，从制度源头根除保健品会议营销违法行为的生存土壤。一是建立销售备案机制。对于以会议营销方式销售保健食品的组织者，应规定其到当地政府、市场监管部门、治安管理部门进行销售备案，并依法取得营业执照、食品经营许可证、医疗器械经营企业许可证，同时提供产品生产商资质、产品检验合

格报告，便于主管部门及时对会议营销活动进行管控，实时辨别经营单位主体资质合法性，从准入源头约束市场主体，营造良好的经营秩序。二是建立广告审查制度。加大对“会议营销”广告行为的管控力度，明确要求组织者在营销活动前提供保健食品广告审查批件，签订不进行虚假宣传、不误导诈骗消费者保证书，承诺在进行保健食品广告宣传时，广告内容应与市场监管部门批准的保健食品标识、说明书一致，不得出现夸大功能范围、宣称某项特定功能、虚构产品信息、发布未审查内容等情况。三是建立价格监督制度。严格按照保健品定价机制对经营者进行日常监督管理，督促其按照《价格法》规定，在定价时遵从公平、合法和诚实信用原则。同时，在日常监管中加大对保健品销售价格的监管力度，按销售价格是否符合正常市场规律、是否严重偏离正常的定价机制来判断商家所为是合法的经营行为还是违法的诈骗犯罪行为。

（四）倡导全域参与，织密会议营销防治网络

保健品行业涉及食品药品安全这一重要领域，在健全部门监管、行业管理的基础上，需要进一步加强氛围营造，帮助社会公众树立健康科学的保健观念和主动维权意识，在全社会构筑预防打击违法保健品会议营销行为工作体系。一是增强宣传实效。以“法律七进”为契机，联合社区、老年机构组织、医院以及社区卫生服务中心等机构，定期邀请医护人员到村、社区开展医疗知识普及讲座，讲解日常保健知识，普及国家规定的保健食品批准文号以及查询方式，帮助老年群体区分保健食品和药品，正确认识保健食品功能，做到不盲目轻信保健品，时刻警惕保健品骗局。二是畅通举报渠道。鼓励社会公民、组织、媒体对非法“会销”、虚假宣传等行为进行举报。分别对提供线索、有效证据、证词证言等行为设立等级奖励，破解会议营销取证难题。鼓励群众在遭遇、发现保健品欺诈、虚假宣传等行为后，积极向监管部门举报投诉，进一步形成打击违法销售保健食品的高压态势，实现全民监督的新局面。三是健全“两法衔接”制度。针对保健品会议营销案件建立双向移送机制，明确行政执法部门与刑事司法机关在发现涉嫌犯罪或行政处

罚的案件时，及时移送对应主管部门，并规定随案移送的案件材料种类、受理期限等，确保案件移送高效、顺畅。在各职能部门间建立案件信息共享平台，由检察机关承担平台监督管理职责，督促行政部门和司法机关及时上传移交办案信息，实现行政执法和刑事司法在平台内互联共享。同时加大对有罪不罚、有案不移等渎职行为的监督检察力度，确保“两法衔接”高效运转。

B.8
内江沱江流域市场准入负面清单调研报告

中共内江市委党校课题组*

摘　要： 近年来，为优化营商环境，中国连续出台多项重要政策，其中负面清单制度极大推动了法治化营商环境建设。但是出台负面清单制度，并不意味着法治化的营商环境水到渠成，负面清单制度能否得到落实是一场持久战。内江结合沱江流域发展规划生产、生活、生态的“三生共赢”思路，从负面清单的适用角度，加快二次市场准入“三线一单”编制，搭建环境管理信息平台和企业信息平台，为内江营造法治化营商环境，推动内江沱江流域市场准入负面清单的贯彻落实提供思路。

关键词： 法治化　沱江流域　负面清单

《市场准入负面清单（2018年版）》的印发，意味着市场准入负面清单制度在全国范围内拉开了序幕，实现了向“有限政府”的跨越性转变。习近平总书记多次在重要会议中指出，“法治是最好的营商环境”，这是因为政府通过遵守法治、遵守市场经济发展规律，可以厘清政府和市场边界，让市场在资源配置中更好地发挥决定性作用。

---

* 课题负责人：姜博胧，中共内江市委党校讲师；课题组成员：申福建、陈勇、钟继红、刘建。执笔人：姜博胧，中共内江市委党校讲师。

2019年5月，为深入贯彻落实省委、省政府决策部署，加大改革力度，提效率、增便利、激活力，进一步优化市场营商环境，全面开展“营商环境提升年”活动，内江市人民政府办公室印发《内江市开展“营商环境提升年”活动 进一步优化营商环境的二十条措施》（内府办函〔2019〕22号），其中第一条明确提出，要提高市场开放程度，全面实施《市场准入负面清单（2018年版）》。

内江属于严重缺水的城市，集中表现为水质性、工程性和资源性缺水。同时，内江是沱江流域内唯一一个饮用水必须依靠沱江的城市，对于内江而言，沱江的重要性远超沱江流域其他城市。内江市委七届二次全会审议通过了《内江沱江流域综合治理和绿色生态系统建设与保护若干重大问题的决定》，全面启动沱江流域（内江段）的综合治理工作。为实现内江经济发展与生态保护的协调和平衡，制定并实施内江沱江流域市场准入负面清单制度有两个方面的重要意义：一是沱江流域是长江上游生态屏障建设的重点区域和成渝城市群建设的重要承载，持续推动沱江流域内江段的环境治理与生态保护，是深入贯彻中央、省委绿色发展和生态文明决策部署的务实举措，也是加快建设长江上游生态屏障的重要举措；二是“十三五”时期，中央明确提出推进“一带一路”、长江经济带建设和实施区域协调发展战略，内江地处川南经济区“一带一轴一区”的交汇点，全面推进内江沱江流域综合治理和绿色生态系统的建设与保护，并以此统筹经济社会发展，对于内江发挥区位优势、争创省域副中心城市，全面融入国家“一带一路”和长江经济带建设具有重要意义。

一　市场准入负面清单的研究现状

（一）市场准入负面清单的内涵

“负面清单”这一概念最初应用在国际贸易与投资领域，是一种旨在促进各经济体相互联通和开放的管理模式。中国将负面清单的概念、适用范围进行了引申和拓展，建立了符合国情的市场准入负面清单制度，即对境内外各类主体采取一致性管理措施，也就是在对外资准入实行负面清单管理的同时，对内资准入也实行负面清单管理。具体而言，就是通过列清单的方式，营造出一种透明、公平、开放、依法的市场准入环境，实现清单外公平开放，清单内透明依法。

（二）实施市场准入负面清单的必要性

市场准入负面清单制度是中国政府依法对市场准入进行管理的重要探索和尝试。纵观世界各国，市场准入管理已成为经济规制的重要内容，通过市场准入管理，政府可以对各类主体进行市场准入规制。从理论层面看，政府干预在降低自身失灵概率的同时，能够有效避免或减少“市场失灵”产生的风险。因此，实施市场准入负面清单制度是完善社会主义市场经济体制的题中应有之义，不仅能对政府权力进行规范，还能弥补市场的不足，主要表现在以下三个方面。

1. 激发市场主体活力，进一步发挥市场在资源配置中的决定性作用

一是清单之外的业务、行业、领域坚持“法无禁止即可为”，即对清单以外的市场主体不再根据身份和性质的不同而规定不同的准入要求，各类市场主体均可平等依法进入，尤其是民营资本能够更广泛地参与市场竞争，从而摆脱“玻璃门”“弹簧门”的束缚。二是通过“一单尽列”的方式列明所有禁止和限制准入的措施，使各类主体在进入市场时便明确其权利义务、遵守的法律法规和达到的标准要求，从而有效降低各类主体进入市场的潜在风险和各类成本。三是在一定时期内，负面清单内禁止和限制的条目是固定的，而新业态和新领域被排除在清单之外，这将为创新创业营造良好的市场环境和预期。

2. 构建现代治理体系，进一步发挥政府作用

市场准入制度能够帮助政府进一步厘清其在市场准入中应发挥作用的边界，通过汇总和明确分散在各类法律法规中有关市场准入的禁止性和限制性规定，能有效对政府自由裁量权进行规制，也就意味着相关部门无法再随意对行业准入进行限制。同时，市场准入管理模式能减少市场中“劣币驱逐良币”现象的发生，使政府回归“市场环境的营造者”“市场秩序的裁判员”的本位，在推动政府“定好位”“不缺位”和“防越位”的同时，通

过释放行政资源加强事中事后监管，实现从“重审批、轻监管”向“轻审批、重监管”的转变。

3. 参与更高水平的国际竞争，进一步构建开放型的经济新体制

随着中国开放的大门越开越大，越来越多的主体参与到更高水平的国际竞争中，除了产品、技术、产业竞争外，制度竞争也成为竞争的焦点。负面清单管理不仅有利于进一步增强中国市场经济体系的吸引力，促进国内外要素的有序自由流动、资源的高效配置和市场的深度融合，而且能够使中国市场经济体系在多方面与国际通行规则接轨，从而有利于中国与其他国家在更高水平与标准上签署、升级双边投资协定和自由贸易协定。

二　内江沱江流域市场准入负面清单建设情况

（一）沱江流域内江段概况

沱江干流内江河段上自资中县球溪河入沱江口，下至内江市市中区龙门镇甘家渡，属沱江上游中段，河道长154.5公里，流域面积5155平方公里，占全市面积的95.71%。境内汇水面积大于100平方公里的小河流有28条；总流域面积超过1000平方公里的河流有7条（沱江、球溪河、濛溪河、大清流河、威远河、越溪河、旭水河，其中越溪河、旭水河境内仅有少部分）；境内较具代表性的支流有球溪河、濛溪河、大清流河、小青龙河、乌龙河、麻柳河、龙市河、威远（釜溪）河等8条（见表1），境内流域面积3851平方公里，河长547公里。

表1　沱江流域涉及乡镇

河流	县(市、区)	乡镇	乡镇数量(个)
球溪河	资中县	发轮、龙结、罗泉、配龙、球溪	5
濛溪河	资中县	孟塘、龙江、骝马、马鞍、太平、狮子、龙山	7
小青龙河	东兴区	大治、双桥、新店、高粱、太安、同福、田家、高桥	8

续表

河流	县(市、区)	乡镇	乡镇数量(个)
大清流河	东兴区	新江、小河口、郭北、平坦、石子、顺河、苏家、杨家、永福	9
麻柳河	资中县	走马、高楼、鱼溪、铁佛、金李井	5
乌龙河	资中县 市中区 威远县	公民、双河、陈家、全安、朝阳、东联、永安、凌家、伏龙	9
威远河	威远县 资中县	界牌、新店、镇西、靖和、龙会、庆卫、铺子湾、高石、山王、新场、黄荆沟、观英滩、连界、宋家	14
龙市河	隆昌市	界市、迎祥、周兴、普润、石碾、渔箭、龙市、金鹅、石燕桥、响石、李市、山川、圣灯、云顶、胡家	15

（二）内江沱江流域市场准入负面清单建设概况

2017 年 12 月 31 日，内江市出台了《内江市沱江流域综合治理和绿色生态系统建设与保护规划（2017～2020 年）》（内委办〔2017〕54 号）（以下简称《沱江流域综合治理规划》），其中《内江沱江流域市场准入负面清单》（以下简称《负面清单》）是文件的附件之一。《负面清单》根据内江沱江流域周边不同的区域划分，共分为 9 个板块，包括主体功能区、公园分景区、文物保护区、城市集中式饮用水水源保护区、乡镇集中式饮用水水源保护区、乡镇基本农田区、禽畜规模养殖禁养限养区、沱江流域干流管控区以及公益林。其中，主要涉及的法律法规包括《水法》《环境保护法》《水土保持法》《水污染防治法》和《四川省取水许可和水资源费征收管理办法》等。《负面清单》明确规定，对不符合要求占用岸线、河段、土地和布局的产业，必须无条件退出；对于在沱江流域的主流与干流区域的重化工企业和园区建设要严格控制在岸线 1 公里以外，对于城市河流周边的商业开发要控制在岸线 200 米以外的范围。据核算，到 2020 年沱江流域内江段的化学需氧量和氨氮排放量均削减 8%，即化学需氧量从 53254.9 吨降至 48994.5 吨，氨氮排放量从 5975.41 吨降至 5497.38 吨，总磷排放量削减 20%，即从 2906.06 吨降至

2324.85 吨，城镇生活污水处理率达到 90%，城镇生活垃圾无害化处理率达到 99% 以上，农村生活垃圾处理率达到 90% 以上，农村生活污水处理率达到 30% 以上，流域森林覆盖率达到 35%，治理水土流失面积达到 320 平方公里。

（三）沱江流域综合治理的创新和典型做法

1. 长远规划，统筹管理

《沱江流域综合治理规划》确定了两个发展目标。一是近期目标，预计达成时间在“十三五”收官之年。按照内江市 2016 年初提出的“一增一减一治”① 城乡环境治理要求，规划期间内江要全力推动沱江流域内江段的污染治理和生态保护，“十三五”过后内江干流出境国控考核断面水质力争达到Ⅲ类水质；流域治理从根本上发生变革与突破，在生态、环境以及资源处置中成效显著，实现沱江流域内江段范围内产业的整体转型升级，探索走一条丘陵地区水环境综合治理与可持续发展的新道路。二是远期目标，预计达成时间在“十四五”收官之年。规划要求确保内江段的干流与主要支流水质在考核断面达到不低于Ⅲ类水质的标准，生态补偿与排污权交易实现自由市场化，完善流域内环境治理和保护的相关制度，全民共治格局基本形成，探索可供复制的经验模式；绿色生产生活方式深入践行，现代产业体系、现代城乡形态、现代交通枢纽全面建成，全方位融入“一带一路”及长江经济带建设，一个经济繁荣、绿色生态、疏朗开放、灵秀博雅的滨水宜居大城市在成渝城市群中卓然崛起。

从规划的时间跨度看，由近到远层层推进，贯穿整个“十三五”时期，主题鲜明，两个目标之间的时间设置合理，且目标设置时间与全面建成小康社会相契合，整体规划步骤明确。从规划的目标看，近期目标主要集中在水环境治理以及水资源利用，远期目标则是在持续保护水资源和水环境的基础上，探索一条可推广可复制的全民共治模式，绿色生产生活方式深入经济社会的各个方面，最终建成人与自然和谐相处的美丽内江，目标设置由简到

① “一增一减一治”：指的是增树增绿、减排减污、环境治理。

繁，从低到高，兼顾科学性和递进性。

2. 多规合一，全面发展

实现全面发展，关键在平衡。内江在环境与经济的博弈中小心拿捏，把握方寸，在均衡发展中不断向前。一是为实现经济效益、社会效益和生态效益的统一，努力实现生产、生活、生态的“三生共赢”，发展绿色产业，以水定产，建设清洁型农业、新兴工业和高端服务业；发展绿色交通，强化绿色交通设计，构建绿色交通系统，大力倡导绿色出行；建设绿色城镇，完善城镇体系，建设“双百”城市，创建绿色城镇和“四好”村。二是打造水资源、水环境和水生态“三位一体”，以农业节水灌溉、工业节水和循环用水实现水资源的节水利用，以坚守环境质量底线，统防统治农业源、生活源、点源污染，实现水环境的污染防治，实行生态用水管控，建设湿地，修复岸线恢复水生态功能。三是在具体操作中实现政府、企业和公众的“三方共治”。完善河长制，搭建工作中枢，细化考核机制，加强环境管控，探索区域协同保护机制，深化 PPP 等市场运作模式，同时加强政府、企业和公众参与，真正促成社会共建。

3. 创新公众参与，提升流域治理

一是征募民间河长，作为对体制内河长的补充。通过把有热情、有专业、有觉悟的公民征募为河长助手，弥补政府河长在时间、精力和专业方面的不足。同时市、县两级的河长办组建了民间巡河队，以生活在河边的居民为巡河队员，方便河长掌握水流动向。二是加强水生态文明宣传教育。将传统“大千品牌”城市文化和“沱江 · 母亲河”水文化相融合，宣传水生态文明建设的理念、政策、制度、项目、技术及内江水生态文明建设的活动、成就等。通过梳理生态文明政绩观，普及节水减污知识，提升群众对水环境保护的认识。三是正确引导社会环保组织，推动公众参与健康发展。在现有的“保护母亲河　甜青在行动”志愿服务队、内江义工的基础上扶持非政府组织发展，引导公众参与环保工作，同时引导社会富余的慈善资金以公益基金形式支持环保社会组织开展工作。

4. 创新流域治理，探索项目融资新模式

一是加大地方财政支持力度。整合专项资金，确保沱江流域内江段环保基础设施建设；制定生活污水和垃圾处理的费用标准，确保征收费用可以满足相关设施设备的最低运行标准；从征收的城市维护建设税、城市基础设施配套费、国有土地出让收益中适当抽取费用，用以城市污水和垃圾处理的工程建设。二是增加内江银行的绿色信贷规模。环保、农业部门与内江农村商业银行、宜宾银行、农村信用社等金融机构联合发力，推进“绿色信贷”发展。强化对涉水企业的监督，把涉水企业的环保守法作为贷款审批的重要条件之一，必须严格限制环境违法企业贷款。三是设立沱江流域综合治理专项基金。通过基金对全市的沱江流域进行统筹规划管理，以贷款、补贴、奖励、贴息等方式促进企业开展节能降耗、污染物减排、绿色发展等工作，为农业经营主体提供补助，提供科学施肥服务，提供有机肥、配方肥以及高效缓释肥等服务。

三　内江沱江流域市场准入负面清单适用中面临的问题

（一）“三线一单”还未完成

在中国，“三线一单”编制一般由省级部门统筹谋划，省内各市州相关部门协调配合，在通盘考虑全省的地理条件和环境因素后，划分出合适的政策单元。综合生态保护红线、环境质量底线、资源利用上线等管控要求，根据环境、生态、资源等将生态空间划分为优先保护区、重点管控区与一般管控区，不同的生态空间有不同的环境准入清单，从而为“三线一单”的真正落地落实打下坚实的基础。其中，管控单元一般有三种区分标准：一是根据生态空间区分，可分为一般区和红线区；二是根据自然资源类别的不同区分为一般区、重点区和优先区；三是根据环境要素，分别提出对应的准入清单。环境准入清单属于非禁即入类，在提前详细罗列各种禁止环节的基础上，只需把控住关口，任由市场充分发挥作用即可。

二次准入的环境准入负面清单，对内江实现全面均衡发展至关重要。根据内江市生态环境局提供的资料，内江市“三线一单”的编制主要依托四川省“三线一单”统筹规划和安排。根据时间安排，2019 年底完成“三线一单”的编制工作，在全市流域实现市场准入之下的环境二次准入，对相关涉水企业的准入审批也将更加严格。根据《内江市长江经济带战略环境评价工作协调小组办公室关于征求长江经济带战略环境评价“三线一单”编制初步成果意见的通知》（内长站办〔2019〕1 号）文件精神，内江在积极配合四川省长江经济带战略环境影响评价领导小组办公室开展编制工作，因此当前阶段“三线一单”的空白并非本地政府部门不作为，而是为早日完成“三线一单”编制的最后冲刺。

（二）缺乏环境信息管理平台

环保事业的发展对环境信息采集、管理、发掘、加工不断提出更高的要求，作为环境保护重要技术支撑之一的环境信息技术发展也越来越被人们重视。当前中国很多省市的环境信息化水平还处于环保数据的基础应用上，要想应对新时代新局势环保发展问题，需要对相关技术进行深层发掘。

调研显示，内江目前没有环境信息管理平台。从信息技术的应用看，更多是在污染源环境监管信息公开、环境违法曝光、环境空气质量监测以及重点监控企业污染源监测信息发布等方面。就目前的技术应用看，一是没有形成环保部门和市场监管部门的联动，对于机构改革已一年的内江来讲，行政效率的提高还有很大空间。二是环境信息技术引用的单一化和简单化，内江环保部门对环境信息更多是前期的监测和监控，缺乏事中处理手段和事后结果公示等流程。在无纸化和网络化办公的今天，这一环节的缺失无疑是对环境管控作用的弱化。

（三）缺乏企业信息平台

根据内江市场监督管理局的调研，目前内江市没有建立企业信息平台，市场监管系统失信企业负面清单建设主要依托国家企业信用信息公示系统，通过信用信息公示手段，增加企业失信成本。为促进市场健康有序发展，减少企业被列入“经营异常名录”的风险，内江市场监管局将列入“经营异常名录”的企业分为四个等级进行管控：一是隐瞒或者故意造假本应公示的信息；二是没有及时公示信息，并且被责令公示依然未公示的；三是没有报送年度报告；四是登记的场所无法取得联系。针对被纳入“经营异常名录”的企业，内江市场监管局根据等级不同制定了不同的监管措施，包括对企业实地检查、依法限制办理相关工商登记事项、限制评定荣誉称号等。在企业申请移出“经营异常名录”时，规定不同等级的企业要提供不同的资料，对提供虚假年报、不提供年报、所在地址无法联系等情形的企业均要求提供审计报告，履行自证义务，从而进一步规范异常名录管理。截至2019年12月，全市累计采集各类市场主体登记信息14万余户次，列入经营异常名录企业1558户、个体4039户、农村85户，累计移出企业525户，个体1679户、农村15户。

内江在失信企业的公示、监管以及申请移出“经营异常名录”程序方面，坚持分类监管、逐步推进的原则，对失信企业进行严格把控，增加企业失信成本。调研发现，内江目前还未建立体系完备、功能齐全的企业信息平台。一个完善的企业信息平台，能够实现行政机关、司法机关以及行业协会的全面贯通，不同的职能部门根据各自的领域在平台上发布失信企业的相关信息，不仅能实现部门之间的联动合作，还能加大对失信企业的监管力度。

（四）负面清单完整性有待提高

现行的《内江市市场准入负面清单》出台于2017年，尚未开展过与数据修订相关的工作，数据更新存在滞后性。例如，该清单第四部分城市集中式饮用水水源保护区关于市中区黄河镇水库的部分，没有对水库的供水量和位置进行标注，只在备注栏中写明了取水点位和供水量等。内江市第三水厂沱江对口滩水源地保护区和内江市联合水库都属在建项目，其预计供水量和位置都已标明，但已经建成投入使用的市中区黄河镇水库却没有对相关数据进行标明，可见数据更新存在滞后性。该清单第三部分对文物保护区进行了梳理，在管控方面引用的是《文物保护法》的第17条至第26条，划定了保护范围及建设控制地带116项，但未划定县（区）级重点文物保护单位的保护范围及建设控制地带，存在明显的不完整性。

四　内江沱江流域市场准入负面清单持续推进的建议

（一）加快进度，推动“三线一单”尽早落地

一是加强领导，及时调整组织结构。根据《四川省长江经济带战略环境影响评价领导小组办公室关于印发四川省长江经济带战略环境影响评价工作领导小组组成人员更新调整名单的通知》（川长战办〔2019〕9号）文件精神，及时调整内江市长江经济带战略环境影响评价领导小组组成人员名单，进一步强化组织领导，明确职责分工，落实工作职责。二是统筹规划，广泛征求各部门意见。内江市长江经济带战略环境影响评价领导小组办公室按照“三线一单”编制技术指南、技术审核规程等编制要点、工作要求，对《长江经济带战略环境评价四川省“三线一单”编制初步成果（修改稿）》和《长江经济带战略环境评价四川省内江市“三线一单”编制初步成果》进行认真研究，并以《内江市长江经济带战略环境评价工作协调小组办公室关于征求长江经济带战略环境评价“三线一单”编制初步成果意见的通知》（内长站办〔2019〕1号）为基础，广泛征求市级部门和各县（市、区）人民政府的意见。通过各部门、单位意见的汇总，再加上庞大数据的支撑，能确保最终决策的科学化、民主化和法治化。三是积极对接，推动编制工作顺利开展。为准确把握“三线一单”编制的总体思路、管控要点、准入要求等技术路线，内江市长江经济带战略环境影响评价领导小组办公室需要加强与省级编制技术单位的对接、交流与沟通，不仅要听取相关单位的意见，还要充分表达意见和诉求，确保内江“三线一单”成果科学准

确、落地可行、管控有效。四是增设专家咨询组，为“三线一单”编制提供保障。可邀请清华大学、四川大学、四川省生态环境科学研究院等高校、科研院所专家，国内外著名水环境治理领域专家以及内江本土熟悉沱江流域内江段水文水情的专家成立专家咨询委员会，为内江市“三线一单”的编制提供战略指导和技术咨询。

（二）建成环境信息管理平台，推动管控手段信息化

环境信息管理平台必须具备查询和分析功能，因为负面清单与地理环境存在一一对应关系。一旦一个功能齐全的平台建成，环保部门便可以通过建设项目的特点快速判断能否过检，管控效率将大幅提高。此外，分析功能能够确保负面清单得到及时更新，因为平台可以自动对内江市的产业布局以及资源环境进行比对分析。

在平台建设过程中，平台除了需要具备常规的环境地理信息查询功能以及环境质量和污染监控功能以外，还应该包括流域区域监管、环境风险分析、农村环保监管、清洁生产管理等环境评价业务，环境执法、监察执法、行政执法以及检察院的环境公益诉讼等执法司法业务，环境数据共享以及综合报警等业务，这样才能确保公众通过合理合法的渠道参与这项工作。调研发现，内江环境监测信息的调取与查询主要依靠四川省甚至国家层面的数据库，内江并未建立自己的环境信息管理平台。因此，构建内江市环境信息管理平台势在必行。内江市生态环保局有意向搭建环境信息管理平台，并已做了大量的前期工作，目前已促成环保部门、市场监管部门、检察部门以及水利部门的通力合作，大大提升了行政效能。

（三）构建企业信息平台，打击失信行为

一个完整的企业信息平台应该由 5 个部分构成：一是企业基本信息、二是市场准入负面清单明确禁止的市场行为、三是企业交易合作的失信记录、四是企业自身产生的债务情况、五是企业的刑事犯罪情况。以上这些信息都需要在保护商业秘密的前提下予以公示，对于有“老赖”行为的企业要特

别进行标注，利用企业信息平台的影响力达到震慑的效果，通过控制企业的失信行为逐步实现内江营商环境的法治化。另外，行业自治也不容忽视，可以参考政府负面清单适时推行行业负面清单，这样做有两个方面的好处，一是进一步细化禁止类和限制类事项，二是真正发挥独立于政府和企业之外第三方的监管作用。行业协会的失信清单配合政府层面的公示记录可以最大限度地激发市场活力，从而实现对不法行为的全面监控。负面清单的构建需要多方合力，就司法机关而言需要提供企业失信以及赖账记录，这样可以进一步稳定内江的营商环境。涉及严重违法行为包括刑事犯罪行为的，监管和通报要同时开展，审计和税务机关对此类企业要在内部备案，监管等级要高于一般企业。只有形成政府监管、行业自律、第三方监督三方联动的运行模式，才能保证负面清单落到实处，真正发挥法治优化营商环境的作用。

（四）完善《负面清单》，建立科学的评估机制

对于《负面清单》的完善，需要从多个角度考量。一是进一步梳理负面清单，对于清单中缺失明显的部分进行补充。例如，前文提到的市中区黄河镇水库的供水量和位置没有标明，县（区）级重点文物保护单位保护范围及建设控制地带没有明确等。同时，应明确时间节点，以3年或5年为期（考虑到有些在建项目和新建项目的建设周期），定期动态补充完善。二是《负面清单》关于主体功能区负面清单的部分仅明确要求“国家2011版现行《产业结构调整指导目录》中的限制类、禁止类，全部列入本负面清单，涉及的项目（企业）须在生产工艺、规模（或产量）、区位（或范围）、清洁生产水平、环保措施等方面符合国家和地方相关标准、管控要求”。这些只是概括性要求，建议对现行法律、行政法规、地方性法规、国务院禁止和限制性的投资措施进行全面梳理，在提升清单透明度的同时建立符合内江市情的负面清单。三是在完善负面清单的过程中，强化公众参与，特别是要发挥行业、企业协会的作用，让它们从自身角度出发，对一些需要纳入禁止和限制投资而尚未纳入国家法律法规和地方性法规的项目提出建议，经过第三方科学评估后纳入负面清单。

司法建设

Construction of the Judicial System

B.9

四川检察机关推进未成年人犯罪预防工作的实践与探索

四川省人民检察院课题组*

摘　要： 四川省检察机关立足法律监督职能，针对本省未成年人涉嫌犯罪的特点和趋势，多措并举，大力推进未成年人犯罪特殊预防和一般预防，促进全省未成年人犯罪案件总数明显下降。检察机关在开展未成年人犯罪预防工作实践中也发现，司法机关之间以及与其他担负未成年人保护职责的单位和部门尚未形成合力，未成年人保护社会支持体系有待进一步建立健全，特别是留守儿童犯罪问题必须引起高度重视并合理应对。

* 课题组负责人：罗春梅，四川省人民检察院副检察长。课题组成员：陈王莉、吴欢水、章俊、陶柏顺。执笔人：章俊，四川省人民检察院第九检察部四级高级检察官。

关键词： 未成年人检察 犯罪预防 特别程序

党的十八大、十九大以来，以习近平同志为核心的党中央高度重视未成年人健康成长，强调“孩子成长得更好，是我们最大的心愿”。四川省检察机关以习近平新时代中国特色社会主义思想为指引，把保护未成年人合法权益放在更加突出的位置来抓，将预防未成年人犯罪作为参与推进国家治理体系和治理能力现代化的重要内容和载体，在依法履行法律监督职责的同时，自觉强化责任担当和使命意识，监督协调相关部门共同构建全面、全程、全方位的未成年人司法保护体系，努力营造全社会共同关爱、呵护未成年人健康成长的良好氛围。

一 四川省未成年人犯罪的基本情况和趋势

（一）近三年检察机关办理未成年人犯罪案件的情况

2017 年度，全省检察机关未成年人检察部门共受理审查逮捕涉罪未成年人 2527 人，不捕率 42.3%；共受理审查起诉涉罪未成年人 3517 人，不诉率 23.9%。

2018 年度，全省检察机关未成年人检察部门共受理审查逮捕涉罪未成年人 2399 人，不捕率 47.2%；受理审查起诉涉罪未成年人 2994 人，不诉率 26%。

2019 年度，全省检察机关未成年人检察部门共受理审查逮捕涉罪未成年人 2168 人，不捕率 47.8%；受理审查起诉涉罪未成年人 2819 人，不诉率 23.4%。

以上数据表明，2017 年以来，全省检察机关受理审查逮捕和审查起诉的未成年人总数呈逐年下降趋势，不捕率逐年提升，不诉率总体呈上升态势。

（二）未成年人犯罪案件的特点

一是以16～18周岁未成年人为主。2019年1～12月，检察机关起诉的16～18周岁的未成年犯罪嫌疑人1719人，占起诉涉罪未成年人总数的90.8%。

二是文化程度较低者居多。2019年1～12月，受理移送审查起诉的涉罪未成年人中，初中及以下文化程度的1558人，占总数的55.2%。

三是非在校学生占绝大多数。2019年1～12月，受理移送审查起诉的涉罪未成年人中，非在校学生2547人，占总数的90.4%。

四是流动儿童、留守儿童犯罪占比高。2019年1～12月，受理移送审查起诉的涉罪未成年人中，留守儿童（指父母双外出务工）和流动儿童（指非本地未成年人）共1182人，占总数的41.9%。

五是共同犯罪情况突出。2019年1～12月，检察机关起诉未成年人犯罪案件1240件1893人，人数与案件数之比为1.53。特别是聚众斗殴、寻衅滋事等团伙型犯罪523人，占起诉涉罪未成年人总数的27.6%。

六是侵犯财产犯罪高发。2019年1～12月，检察机关起诉的未成年人侵犯财产类犯罪604件852人，占起诉未成年人总数的45.0%；其中涉“两抢（抢劫、抢夺）一盗（盗窃）”犯罪共计805人，占起诉未成年人侵犯财产类犯罪总人数的94.5%。

七是严重暴力犯罪案件时有发生。2019年1～12月，全省检察机关起诉未成年人涉嫌故意杀人罪16人，抢劫罪293人，强奸罪98人，故意伤害罪165人，共占起诉涉罪未成年人总数的30.2%。

（三）未成年人犯罪趋势预警

1. 低龄化犯罪呈增长趋势

根据《刑法》规定，已满14周岁不满16周岁的未成年人，仅对法定八种犯罪行为承担刑事责任。2019年1～12月，检察机关审查起诉不满16周岁的未成年犯罪嫌疑人175人，同比上升17.5%。

2. 涉毒犯罪屡禁不止

当前各类新型毒品不断问世，“嗨气球”“止咳水”等已悄然散见于未成年人中间，一旦身边有人涉毒，未成年人受好奇模仿、从众心理驱使，极易沾染毒品。此外，成年毒贩利用和控制未成年人运毒、贩毒趋势明显。2019 年，全省检察机关共起诉未成年人涉嫌贩卖、运输、制造毒品犯罪 65 件 84 人，占起诉未成年人总数的 4.4%。一些不具备刑事责任能力的未成年人反复参与毒品犯罪活动，成为治理毒品问题的一大难题。

3. 涉网犯罪形势严峻

对近三年未成年人犯罪现状的分析发现，未成年人涉网犯罪形势严峻，占未成年人犯罪总量的六成，主要体现在以下四个方面：一是为获取上网的工具和费用实施盗窃、抢劫、诈骗等财产性犯罪；二是利用网络获取作案手段和方法，或是通过网络销赃；三是通过网络通信软件如 QQ、微信等沟通犯意、邀约人员；四是网络暴力、网络冲突蔓延至线下生活时引发的现实争斗。

4. 校园欺凌引发的暴力犯罪频发

校园欺凌案件主要涉及故意杀人、故意伤害、寻衅滋事、聚众斗殴等犯罪行为。据调查分析，校园暴力犯罪以男性为主，女性中学生涉及聚众暴力伤害犯罪成为新的增长点，应予以重视。

5. 未成年人涉黑恶犯罪时有发生

2019 年，全省检察机关起诉涉黑恶案件未成年人 129 人。其中，起诉组织、领导、参加黑社会性质组织未成年人 22 人，2018 年同期数据为零。这与近两年来开展扫黑除恶专项斗争有关，一大批案件目前已进入诉讼阶段。

6. 民族地区涉毒、涉危害国家安全犯罪应予以警惕

除凉山彝族地区未成年人涉嫌参与毒品犯罪问题突出外，藏区内未成年人涉危害国家安全犯罪偶有发生。案件显示，藏区内分裂势力有向未成年人渗透的趋势，具有较强的社会鼓动性和现实破坏性，对国家安全和藏区稳定有较大的危害。

二　检察机关开展未成年人犯罪预防工作的主要做法

（一）严格落实特殊预防，教育感化挽救涉罪未成年人，预防其再犯罪

1. 打造专业化团队开展未成年人犯罪预防

本轮机构改革前，全省检察机关共设立有独立编制的未成年人检察机构128个，18个市级院设有未成年人检察处，近60%的基层院设有未成年人检察科；其他案件较少的地方也均在公诉部门下设未成年人检察办案组，全省在岗未成年人检察干警共463名，取得国家三级心理咨询师以上资质的干警共128名。在本轮司法改革中，省检察院设立了第九检察部，各市级检察院均设立了专门的未成年人检察机构，专司未成年人检察工作。目前，全省未成年人检察员额检察官共298人，建成有136个未成年人检察办案区。全省共成立了121个护航未成年人健康成长的专业未成年人检察品牌，涌现出成都“亮晶晶”、泸州“纳爱”、资阳“未检侠”、南充“知心姐姐”、阿坝“格桑梅朵”等一批蜚声全国的知名未成年人检察品牌，这些未成年人检察团队既苦练内功在办案中落实“少年司法”理念，又勤于外宣开展未成年人犯罪预防工作，以品牌树形象，有效提升了四川省未成年人检察工作的影响力。

2. 认真贯彻落实未成年人案件特殊政策和特别程序

全省未成年人检察部门在办案过程中严格落实“少捕、慎诉、少监禁”的刑事政策。在坚决对极少数手段残忍、情节恶劣的严重暴力性犯罪予以打击的同时，根据未成年犯罪嫌疑人涉嫌犯罪的事实、主观恶性、有无监护与社会帮教条件等，综合衡量其社会危害性、人身危险性，严格限制适用逮捕措施，尽量避免因羁押对未成年人造成不良影响。全省范围内，对未成年犯罪嫌疑人的不捕率呈逐年上升趋势。积极开展未成年人羁押必要性审查，对被捕未成年犯罪嫌疑人入所后服从管理、依法变更强制措施不致发生社会危害性，能够保证诉讼正常进行，经评估无继续羁押必要的，依法变更强制措

施。2018 年，全省检察机关办理的未成年人涉嫌犯罪案件诉前非羁押率达 64%。

细化工作程序，落实未成年人特殊检察制度。各地结合工作实际，逐步建立起一套符合未成年人成长规律、体现未成年人检察特色的工作体系。一是落实社会调查制度。四川省各地检察机关会同公安、法院等部门制定了规范社会调查报告的文件或意见，积极探索实施方式和方法，提高审查水平和能力，强化社会调查报告的真实性和可采纳性。二是健全合适成年人参与机制。四川省多地检察机关联合公安、司法出台了合适成年人参与未成年人刑事诉讼的相关办法，明确规定合适成年人应具备的条件、适用范围、参与刑事诉讼活动的职责、工作流程等相关内容，同时结合各地实际选任了一批心理咨询师、司法社工、大学生志愿者、公益律师，形成合适成年人资源库，并对聘任的合适成年人进行培训，切实保证合适成年人依法履责。三是认真落实法律援助制度。在办理未成年人犯罪案件中，通过引入值班律师、发出援助通知等方式，实现法律援助在审查起诉阶段的全覆盖。四是认真执行犯罪记录封存制度。近三年，全省检察机关对犯罪记录封存相关配套机制进行了规范和完善，实现了对涉案未成年人犯罪记录全封存，最大限度地减少对涉案未成年人的负面影响，为其顺利回归社会创造条件。

3. 监督撬动全社会的力量参与未成年人犯罪预防

2019 年，全省检察机关在未成年人检察工作中进一步规范检察建议的形式和内容，并以通报或宣告的形式增强检察建议的刚性。共向教育行政部门、中小学校、幼儿园、行政监管执法单位制发与保护未成年人相关的社会治理类检察建议 188 份，其中 170 份检察建议的内容被采纳并落实。从检察建议内容看，涉及校园安全 54 份，涉及宾馆、娱乐场所、网吧等接待未成年人问题 41 份，涉及食品药品安全 40 份，涉及校车安全 7 份，涉及未成年人其他密切领域 44 份。

4. 创新工作方式，着力解决未成年人犯罪的根源性问题

四川省检察机关充分发挥未成年人检察职能，大胆探索创新，不断总结

提升，推动建立了亲职教育、临界预防、未成年人检察公益诉讼等一系列未成年人司法办案、帮教救助、权益保护、犯罪预防等制度机制。集中打造5个“全国未成年人检察创新实践基地”，努力为未成年人权益提供全方位司法保障。2018年5月，省检察院决定在全省未成年人检察工作中推广“亲职教育”制度，这在全国尚属首例。各地检察机关通过对涉罪未成年人的监护人和存在家庭监护不力的未成年被害人的监护人开展“亲职教育”，督促监护人认真履行监护职责，不断提升监护能力。截至2019年底，全省未成年人检察案件中“亲职教育”覆盖率已超过90%。2019年5月，省检察院开展涉罪未成年人刑拘或逮捕期间与涉罪成年人混关混押情况的调研，对全省109个看守所中关押的711名未成年人是否存在混关混押情况逐一排查，并分析原因，提出对策建议。

（二）全面保护未成年被害人，预防其“恶逆变”

全省检察机关未成年人检察部门坚持双向保护原则，既重视保护涉罪未成年人合法权益，又注重保护未成年被害人的利益，预防未成年人因遭受侵害而产生“恶逆变”。一是探索“一站式”办案服务。会同公安机关探索适合未成年被害人身心特点的办案方式方法，推行“一站式”询问和同步录音录像制度，避免因询问、调查取证、出庭公诉等司法活动对未成年被害人造成“二次伤害”。二是整合民行、控申等业务部门力量，探索未成年被害人权益联动保障机制。通过发放救助资金、协助解决低保、就医、入学等困难、帮助未成年被害人家属联系解决工作等形式，切实解决未成年被害人的基本生活问题。三是加强与司法行政、民政、教育、卫生等相关部门及未成年人保护组织的联系和协作，共同做好未成年被害人的身体康复、心理疏导、法律援助、司法救助等工作，同时充分运用被害人救助、心理抚慰等科学手段，尽量抚平犯罪行为对未成年被害人造成的身心伤害。

以督导落实最高人民检察院关于“防范校园性侵”的“一号检察建议”为契机，积极开展校园安全整治工作。2018年11月初，省检察院向省人民政府和省教育厅通报了最高人民检察院“一号检察建议”的内容，督促四川省教育主管部门切实采取措施防范校园性侵。2019 年 3 月，省检察院部署在全省检察机关开展“一号检察建议”督导落实工作，并配合最高人民检察院工作组对四川省部分中小学落实“一号检察建议”的情况开展实地调研检查。2019 年 9 月，由四川省检察院牵头，省公安厅、省民政厅、省教育厅、团省委五部门会签并出台了《关于做好预防未成年人遭受侵害工作　促进“平安校园”建设的意见》，全省各地检察机关联合教育主管部门陆续出台强制查询、强制报告、从业禁止等防范校园性侵的长效工作机制，有力推动了平安校园和法治校园建设。

（三）破解“临界预防”难题，预防触法未成年人继续滑向犯罪深渊

未达刑事责任年龄涉罪等高危未成年人在司法实践中存在“发现难、处理难、监管难”的“三难”问题，因其长期缺乏有效监管，成为社会不安定因素，严重影响人民群众生命财产安全和社会治安稳定。针对这类未成年人群体，全省检察机关积极探索开展“临界预防”，通过多种途径帮助“高危未成年人”顺利复归。例如，四川省资阳市检察院借助信息化、大数据手段，从未成年人预防帮教社会化和网格化两方面着手，探索开展未达刑事责任年龄涉罪未成年人预防帮教工作。一是建立共享数据库，实施“三色预警”。对纳入数据库的未成年人，根据违法犯罪的严重程度以及违法犯罪记录，分黄、橙、红三个预警等级开展不同的帮教。二是整合各部门力量，构建社会化预防帮教体系。联合法院、关工委、教育局、妇联等 13 个部门成立未达刑事责任年龄涉罪未成年人工作领导小组及办公室，将预防帮教工作纳入预防青少年违法犯罪工作年度考核。三是借助网格化平台，积极探索网格化预防帮教模式。资阳检察机关在市委政法委的支持下，将罪错少年详细情况移送市综治办，由其安排户籍地或实际居住地的网格员进行协助监管帮教。资阳市检察院因该项工作被最高人民检察院认定为“全国未成年人检察工作创新实践基

地”。除资阳检察机关之外，四川省泸州、南充等地检察机关依托“网格化管理平台”和“未成年人犯罪预警平台”积极探索未成年人“临界预防”，已经取得了初步成效。

（四）大力推进一般预防，积极开展法治宣传教育，预防未成年人走上犯罪道路

1. 推进青少年法治教育基地建设，夯实工作阵地

近年来，省检察院要求各市级检察院争取在本市范围内至少建立一个覆盖全市的青少年法治教育基地，并依托法治教育基地做好未成年人司法保护工作。目前，全省检察机关共建设或联合相关部门建设（含在建）84 个青少年法治教育基地，构筑了面向广大未成年人开展法治宣传教育的新阵地，特别是四川省“三州”地区检察机关在推进基地建设工作上取得了显著成效。阿坝州检察机关结合当地特色建成了“格桑梅朵青少年法治教育实践基地”，利用基地开展了一系列法治教育、维稳、防灾等活动；凉山州检察机关也结合当地禁毒防艾工作，建成了“吉拉布特青少年禁毒防艾警示教育基地”和“乌拖尔库青少年禁毒防艾法治教育基地”，在禁毒防艾方面发挥了积极的作用。

2. 深入开展法治进校园活动

2016 年 6 月，根据最高人民检察院、教育部联合部署，四川省检察机关拉开了为期三年的“法治进校园”全省巡讲活动大幕，以拒绝毒品、防范校园暴力、加强自我保护等内容为切入点，广泛开展校园法治宣传。四川省各级检察机关积极响应，三年来，全省检察机关切实推进“法治进校园巡讲”活动和“检察官担任法治副校长”工作，积极构建检校合作长效机制。巡讲活动开展以来，共开展巡讲 3800 多场，覆盖学校近 5000 所，覆盖学生达 330 余万人。截至 2019 年底，全省共有 1612 名检察官担任法治副校长或法治辅导员。

3. 延伸预防工作职能，堵塞社会治安漏洞

减少和遏制未成年人犯罪，既要“惩治于既然”，更要“防患于未然”。

全省检察机关对在执法办案中发现的影响未成年人健康成长的普遍性问题和制度漏洞，积极向有关单位制发检察建议。主动引导或参与校园周边环境整治，联合相关部门对网吧、KTV 等场所进行执法检查，着力堵住影响未成年人健康成长的社会治理漏洞，为未成年人营造积极向上的成长环境。近年来，全省检察机关引导或参与校园周边环境整治、执法检查活动百余次，就校园安全管理、校园周边环境整治等问题向有关部门制发检察建议近百份，均得到整改落实。例如，“加强在校学生学籍信息管理”的检察建议、针对“牙签弩”事件开展的联合检察等，都及时消除了安全隐患。雅安市雨城区检察院共建“未成年人 110 指挥中心”、广元市利州区检察院构建校外培训机构长效监管机制被最高人民检察院在未成年人保护社会治理新闻发布会上作为典型案（事）例发布。

4. 帮扶救助“困境儿童”，全力助推脱贫攻坚

四川省未成年人人口众多，农村留守儿童、城镇流动儿童数量更是位居全国前列。在这样一个未成年人口大省，撬动多方力量，救助困难儿童、关爱留守儿童，是检察机关增进人民福祉、促进社会和谐、服务依法治省、提高法治水平的应尽责任。全省检察机关以未成年人检察工作为切入点，多次走进对口扶贫乡镇，在当地政府和学校的组织和配合下，结合当地刑事犯罪的特点，通过有计划有步骤地开展针对学生和家长的法治讲座、捐赠图书、赠送学习用品等扶智、扶志方式，积极参与脱贫攻坚活动。南充仪陇县人民检察院立足未成年人检察工作职能，针对工作中发现的大量父母虽健在但事实上无人抚养的未成年人（简称事实孤儿），无法享受国家相关福利保障的问题，牵头在全县范围内开展事实孤儿救助工作。该检察院在获得县委县政府支持后，协调法院、司法、公安、民政、教育部门，整合县、乡、村三级力量，对辖区内事实孤儿进行摸排建档，调查取证后进行分类救助。事实孤儿救助工作得到上级领导和群众的一致赞誉。

2019 年与 2016 年相比，全省检察机关受理的未成年人犯罪案件总数下降了 11.7%，涉罪未成年人数下降了 12.4%，全省未成年人犯罪占刑事犯

罪总量的比例由3.7%下降到2.4%，四川省未成年人犯罪预防工作取得可喜的成效。

三　存在的问题

一是未成年人犯罪预防各责任主体尚未形成工作合力。相对于检察机关未成年人检察工作的发展而言，四川省公安、法院、司法对未成年人保护工作推进迟缓，客观上形成了司法机关中检察机关一家单打独斗的局面，全省司法配套协作机制尚未建立，在社会调查、法律援助、分案起诉、亲情会见、犯罪记录封存等制度的贯彻落实上，存在不衔接、不协调的问题。未成年人检察机构发展较好的地区，通过联席会议、会签文件等形式，落实了配套协作机制，但大部分地区尚未形成制度化的协作模式，省级层面更是难以统一。同时，政府等相关职能部门具有未成年人保护职能的单位和部门较多，如关工委、妇联、妇儿工委、团委、未保委、预青办等，但各家独自发力，职能分散，尚未形成合力。在涉罪未成年人的帮教、涉案被害人的救助、犯罪预防等方面，各职能机关参与程度不高，合作机制不健全，大多停留于个案协调上，大部分地区尚未形成制度化的参与模式。

二是未成年人犯罪预防工作缺乏有力的社会支持。受省情限制，社会化支持体系建设任重而道远。未成年人问题是社会问题，预防未成年人犯罪是系统工程，需要大量的时间和精力，也需要专业化力量参与。例如，社会调查、未成年人帮教、附条件不起诉的考察、心理测评和行为矫正、被害人救助等工作，均需要借力社会化支持体系。近年来，检察机关一直致力于争取党委政府支持，撬动相关部门和未成年人保护组织，共同搭建未成年人保护和预防工作大格局。例如，成都地区借助“云公益”参与个案帮教，自贡借力灵犀社工、泸州借力“成长护航团”、资阳借力西部志愿者等多方力量参与帮教。受制于四川省经济发展状况，未成年人保护组织和社工力量相对北京、上海、浙江等发达地区明显不足。目前，除成都、泸州、自贡等地引入了专业社工力量外，其余地区均缺乏专业社工力量，社会化支持体系尚未完善。

三是当前预防工作尚不能覆盖全部未成年人。当前未成年人犯罪预防的重点对象是在校未成年人，尚不能实现未成年对象全覆盖。一是对不在校未成年人，如辍学儿童，因居住地比较分散，无法进行系统有效的法治宣传教育；对一些已满16周岁进入社会工作的未成年人，开展法治宣传教育更加困难。二是对一些特别边远地区的学校，如四川省三州部分县内的偏远中心校，因路途遥远、条件艰苦，检察机关难以长期系统地开展法治宣传，法治宣传作用较为有限。

四是留守儿童犯罪预防需要着力解决。四川是人口大省，未成年人绝对数量多，又是全国外出务工人数最多的省份，形成了大量留守儿童，占全国留守儿童人数的9.5%。当前，四川省未成年人保护形势不容乐观。第一，未成年人特别是留守儿童是遭受不法侵害的重要群体。留守儿童、流动儿童受到性侵、故意伤害等犯罪行为侵害的概率明显高于正常儿童。第二，未成年人特别是留守儿童的违法犯罪率高。由于监护不力或疏于管教，四川省留守儿童、流动儿童成为未成年人犯罪的高发群体。

四　下一步工作对策

未成年人检察工作既是重要的检察业务，也是检察机关服务大局、保障民生的重要内容。下一步，全省检察机关将深入贯彻落实党的十九大精神，不断强化未成年人检察工作，同时积极延伸职能，依靠各级党委领导，与民政、教育、共青团、妇联等密切配合，齐抓共管，共同保障未成年人成长成才。

一是切实推进未成年人司法保护“两条龙”建设，推动形成未成年人犯罪预防工作合力。推进“政法一条龙”建设，加强与公安、法院、司法行政等部门的配合衔接，联合开展专题调研和执法检查，进一步统一司法理念和办案标准。同时加强法律监督，对有关部门在未成年人保护中存在的普遍性问题进行梳理，提出检察建议，予以监督纠正。推进“社会支持一条龙”建设，结合四川省相关工作实际，重点加强与团委、教育、民政部门的沟通协调，强化对公益组织、司法社工的引导规范，将社会化支持体系力量广泛应用于观护帮教、亲职教育、社区矫正等未成年人特殊司法程序。

二是深入贯彻未成年人检察工作“走出去＋请进来”战略，扩大未成年人司法保护工作的覆盖面。深入推进未成年人检察品牌团队建设，用专业的人做专业的事，依托未成年人检察团队落实“走出去”战略，扎实开展“法律七进”，促进广大未成年人知法守法，增强自我保护能力。继续深化“检察官法治进校园”活动，促进法治课主体的多元化、专业化，进一步提升法治课的质量和内容的系统性。认真落实《四川省检察机关检察官担任法治副校长实施办法（试行）》，大力推进检察官担任法治副校长和法治辅导员工作，实现“法治进校园”常态化、制度化、规范化。以青少年法治教育基地为阵地，以开展“检察开放日”等宣传活动为契机，积极落实“请进来”战略。鼓励各地兴建青少年法治教育基地，并积极探索基地管理模式。通过政府购买服务或者招募志愿者，聘请离退休同志，邀请团委、关工委同志参与等方式，解决基地工作人员紧缺的问题。与妇联、团委等相关职能部门加强沟通协调，组织更多的学生、老师、家长到青少年法治教育基地接受互动式、体验式教育，满足社会法治教育需求，发挥法治教育基地在预防犯罪工作中的作用。

三是以办案为抓手，加强对特殊未成年人群体的全面综合司法保护。严厉打击侵害未成年人犯罪，提前介入、引导侦查，依法快捕快诉。始终坚持“教育为主、惩罚为辅”原则，认真贯彻“少捕、慎诉、少监禁”的刑事政策，严格落实社会调查、合适成年人到场等未成年人特别程序，切实维护涉罪未成年人的合法权益。围绕权益保护和成长需要，深入推进未成年人刑事执行检察、民事行政检察工作，以“留守儿童”“流动儿童”“失管儿童”“困境儿童”及涉罪未成年人等特殊未成年人群体为重点，着力改善影响未成年人成长的社会环境和家庭环境。充分发挥检察建议在社会治理中的监督作用，不断提升检察建议的刚性，针对执法办案中发现的影响未成年人健康成长的普遍性问题和制度漏洞，通过检察建议督促职能部门认真履职尽责。积极参与“平安校园”建设，长期督导相关单位认真落实最高人民检察院“一号检察建议”，促进四川省五部门发布的《关于做好预防未成年人遭受侵害工作促进“平安校园”建设的意见》落地落实。

B.10
监狱社区矫正一体化建设的探索与实践

成都市新都区区委全面依法治区委员会课题组*

摘　要： 监狱与社区矫正机构作为刑罚执行最重要的组成部分，在新一轮司法体制改革背景下，以习近平为核心的党中央高度重视司法改革工作，对刑罚执行改革提出了新要求，对指导实践有重大现实意义。本文以四川省司法行政系统刑罚执行一体化改革即监狱社区矫正一体化建设在成都市新都区的试点工作为例，大胆探索，总结经验，深入阐述了监狱社区矫正一体化建设的“新都模式”，力求为刑罚执行一体化改革探寻新路。

关键词： 监狱　社区矫正　一体化

“善人赏而暴人罚，则国必胜。”刑罚执行从古至今皆为治国重器，关乎国之稳、民之强。党的十八届四中全会明确提出，“要完善刑罚执行体制，统一刑罚执行制度”。2017 年 7 月，习近平总书记作出“要坚定不移地推进司法体制改革”的重要指示。2018 年 11 月 22 日，司法部部长在全国监狱社区矫正一体化建设工作电视电话会上要求：“在推进刑罚执行一体化建设工作会上，务必提高政治站位，坚持政治引领，党建先行；坚持问题导

---

* 课题组组长：许兴国，新都区区委书记，中共新都区委全面依法治区委员会主任。课题组成员：潘捷、刘刚毅、宋雄伟、潘兴建、钟宁。执笔人：刘开宇，司法厅派驻新都区挂职社区矫正科副科长；张亚秋，新都区司法局社区矫正科干部。

向，确保2019年刑罚执行一体化建设重点工作顺利完成。”由此可见，完善刑罚执行制度，是党对加强社会主义民主政治制度和推进法治中国建设作出的重大战略部署，它既为刑罚执行改革指明了方向，也为推动司法体制改革提供了政策依据和实践探索保障。

一 实施动因

司法行政系统在全国开展监狱社区矫正一体化建设，探索完善刑罚执行体系，形成可推广经验，为司法体制改革提供可借鉴样本，对开拓刑罚执行改革路径、提升刑罚执行效能、保证刑罚执行公平公正、惩罚和预防犯罪、创新社会治理、维护社会稳定、推动司法行政事业发展具有重要而深远的意义。

（一）监狱社区矫正一体化是适应轻刑化趋势，通过相互融合，实现“一体两翼”共同发展的需要

轻刑化是人类政治、经济、社会文明进步的体现。随着政治、经济的发展，社会的进步，刑罚制度也日趋文明进步；刑罚的谦抑性、人性化日趋明显，宽严相济的刑事政策日益为广大公众所接受，刑罚执行由严到宽，轻刑化发展已是大势所趋。

轻刑化发展直接影响的就是刑罚执行。监狱和社区矫正机构作为司法行政体制内执行刑罚的两套机构，如何实现“一体两翼”共同发展，通过相互融合，向地方社区矫正机构派驻民警指导并协同管理社区矫正对象，延伸监狱在社会综合治理中的功能及作用，监狱社区矫正一体化显得尤为重要。

（二）监狱社区矫正一体化是统一刑罚执行标准、提高司法公信力、实现社会公平正义价值的需要

刑罚执行作为刑事司法流程的终端环节，是保证社会公平正义的最后屏障。刑罚执行标准包含了管理、教育、改造等诸多环节，没有一个统一的衡量标准，势必导致同一刑罚执行的公正性下降，甚至损坏国家刑事司法的完

整性和权威性，破坏社会的安全稳定。如何提高司法公信力，提升广大人民群众的获得感、幸福感和安全感，充分体现社会公平正义，监狱社区矫正一体化建设意义重大。

（三）监狱社区矫正一体化是系统内优化资源配置、降低行刑成本、实现同建共享的需要

随着国家政治经济的发展，监狱和社区矫正机构已经跨越式地进入信息化时代，智慧司法、智慧监狱以及智慧矫正已经在快速建设的通道上，“互联网+”的飞速发展必将带来监狱与社区矫正工作的重大变革。在现行体制下，监狱与社区矫正机构都有一套类似管理系统，但系统之间极少实现互联互通。这种局面导致的结果就是体制内机构重复设置，行刑资源浪费，行刑成本不断攀升，但又无法形成合力，从而形成“铁路警察各管一段”的不良局面。因此，要实现资源配置优化、降低行刑成本，实现同步建设、共建共享，监狱社区矫正一体化势在必行。

二　主要做法

四川省司法厅于2018年7月开展选派监狱、戒毒民警参与社区矫正工作试点，新都区作为第一批试点地区，新都区社区矫正机构与监狱密切配合，大胆实践，探索出了一条符合四川省情的监狱社区矫正一体化建设道路。

（一）以政治为引领，强化共识，践行省司法厅关于“一家人，一条心，一个目标”的新理念

四川省司法厅在习近平新时代中国特色社会主义思想的指引下，在司法体制改革中率先提出了司法行政系统“一家人、一条心、一个目标”的理念，为监狱与社区矫正一体化建设创新性地指明了方向，为整合资源，解决当前困扰司法行政系统改革的诸多问题及未来发展提供了切实可行的思路，对司法行政系统机构重组、执行权重整具有重要的现实意义。试点期间，新

都区社区矫正机构与监狱认真贯彻四川省司法厅关于司法行政系统改革工作的新理念，以“一家人、一条心”理念强共识，紧紧围绕“一个目标”这一大局，主动积极推进监狱与社区矫正一体化建设。

1. 提高政治站位，凝聚思想合力

为贯彻落实好司法部、省司法厅关于做好监狱与社区矫正一体化建设的工作部署，抓牢“政治引领，党建先行”这一根本，新都区社区矫正机构与派驻监狱坚持把思想政治建设摆在首位，深刻认识监狱社区矫正一体化是贯彻落实中央决策部署和全面深化司法体制改革的重要内容，是维护国家安全和社会稳定的迫切需要，是完善和发展刑罚执行制度的必然要求。在实际工作中，新都区社区矫正机构与派驻监狱密切配合，凝心聚力，狠抓派驻民警和社区矫正工作者的政治思想工作，在树牢“四个意识”，坚定“四个信念”，做好“两个维护”，始终“不忘初心，牢记使命”上狠下功夫，提升政治意识和站位意识。

2. 聚焦民警保障，解除后顾之忧

新都区社区矫正机构与监狱共同努力，克服困难，聚焦派驻民警的生活、学习、工作及职务晋升等方面，为派驻民警提供强有力的工作支持和后勤保障，解除派驻民警的后顾之忧，使其安心、放心、用心工作。2018 年 8 月，任命 1 名派驻民警为成都市新都区司法局社区矫正科副科长；2018 年底，1 名派驻民警被评为 2018 年度优秀公务员。

3. 民警快速融入，助推工作效能

派驻民警在监狱及司法局的大力支持下，积极主动参加派驻单位的党组织活动和学习，把监狱先进的执法理念和管理经验与社区矫正工作相联系，参与社会安全稳定治理，服务群众、服务基层，其严谨的执法意识、良好的工作纪律、雷厉风行的工作作风为社区矫正工作注入了强劲活力。

（二）以试点为契机，凝聚合力，构建监狱与社区矫正一体化工作大格局

监狱和社区矫正都是党和人民手中掌握的“刀把子”，是国家安全体系

的重要环节，是维护国家安全和社会稳定的重要战线，承担着维护国家政治安全、社会大局稳定、促进社会公平正义、保障人民安居乐业的重要职能和使命。新都区社区矫正机构与监狱一道，以监狱社区矫正一体化建设为契机，强化领导、紧密配合、凝聚合力，逐步构建监狱社区矫正一体化大格局。

1. 强化领导，分工负责，坚持协同作战

新都区社区矫正机构与监狱紧扣组织体系一体化，加强党委（党组）对监狱社区矫正一体化建设的绝对领导，共同建立了监狱社区矫正一体化建设工作领导小组，以监狱和司法局主要负责人为组长，分管领导为副组长，政工及相关业务科室负责人为成员，分工负责，协同作战。同时，加强沟通交流，组织召开专门会议，研究和破解监狱与社区矫正一体化建设过程中遇到的难题，采取有效措施，积极应对，加快监狱与社区矫正一体化建设进程。2018 年7 月至2019 年12 月，领导小组共计召开研判会8 次，提出并解决了影响推进监狱社区矫正一体化建设的问题21 件。

2. 强化管理，完善制度，提升管理水平

结合社区矫正管理手段、方法和方式短缺，相关矫正管理制度滞后的实际，采取“拿出来、用得上、见成效”的方式，在《社区矫正实施办法》的基础上，结合社区矫正工作实际，对相关规定进行细化，制定了《成都市新都区社区矫正对象行为规范》《成都市新都区社区矫正对象请（销）假管理规定》等管理制度，对社区矫正的日常管理制度予以统一规范，基本实现了社区矫正由粗放式管理向精细化、科学化管理的迈进。

3. 强化培训，练好内功，提升管理能力

针对社区矫正工作人员和社区基层干部素质参差不齐，安全意识不强、执法意识薄弱以及管理方法、教育经验不足等实际，成都市新都区司法局利用派驻民警在这些方面的优势，由派驻民警任教师，对全区社区矫正干部、工作人员、社工和基层社区干部进行全覆盖培训，并制定《成都市新都区社区矫正工作指导手册》。2018 年 7 月至 2019 年 12 月，共计开展专题培训9 次，以会代训 13 余次，培训人员达 400 余人，提升了参与社区矫正工作人员的管理能力。

4. 强化转化，因人施矫，提升矫正质量

一方面，对一些因个人、家庭或其他原因经常违规、严重违规或有再犯罪苗头等的社区矫正对象，新都区社区矫正机构利用派驻民警的警察身份以及丰富的法律知识，对其分别进行个别训诫谈话教育，不抛弃不放弃，因人施矫，促其向好转化；另一方面，以派驻民警为桥梁，在成都周边3所监狱建立警示教育基地，将部分社区矫正对象分期分批组织进行“监狱服刑一日体验活动”，使其能够认识自由的重要性，增强其服刑意识，促进其积极改造，提升教育改造质量。对比近几年社区矫正对象违规率，可以看到试点以来，违规率明显下降（见图1）。2018年7月至2019年12月，派驻民警共计对249人次社区矫正对象进行个别谈话训诫教育，转化成功率达99%，有3起成功转化案例被《四川法治报》刊登报道，带来了良好的社会效益。

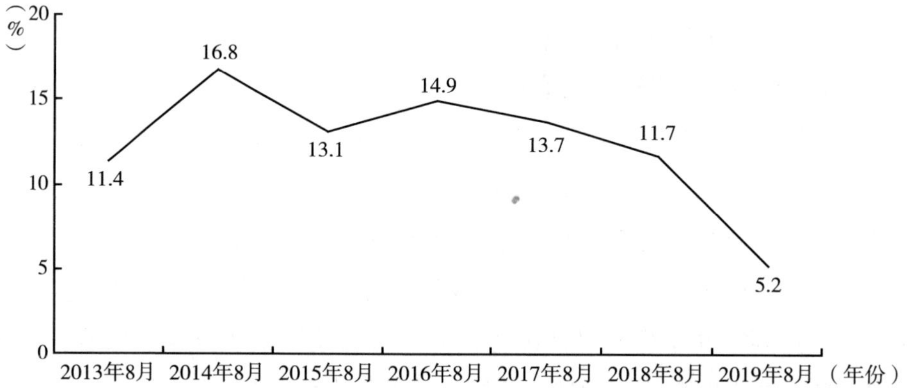

图1 2013年8月至2019年8月新都区社区矫正对象违规率情况

5. 强化管控，防患未然，确保安全稳定

一方面，以确保特殊人群稳定为目标，强化风险评估，将监狱风险评估细则针对性地用于社区矫正风险评估，重新细化风险评估标准和风险等级，制定风险评估管理制度，查找风险点、关键点，制定有针对性的应急处突预案。另一方面，以扫黑除恶、建平安社区百日攻坚活动等专项活动为抓手，强化重点人员梳理排查，确保安全稳定，已排查出重点人员 42 人，均实施了重点管控措施。

（三）以改革为驱动，创新发展，实现监狱与社区矫正资源共享，优势互补

改革是前进的动力，创新方有发展，为实现监狱与社区矫正双边共同发展，监狱与新都区社区矫正机构在资源共享和优势互补上狠下功夫。

1. 共同开展风险评估，修订改造计划

一方面，新都区社区矫正机构与监狱相关职能部门沟通协调，把撤缓收监罪犯、狱内罪犯犯罪前后在社区层面的具体情况（家庭、个人、经济、亲属等）及当地发展情况及时传递给监狱，共同组织对罪犯开展风险评估，制订和修改教育改造计划，开展必要的帮教工作，促使罪犯积极改造，增强其改恶从善的信心，加速其重返社会的进程，从而减轻监狱的监管压力，确保监管场所安全稳定。另一方面，监狱将假释、暂予监外执行和即将释放回归社会的罪犯在监内的悔改表现和改造情况及时提供给社区矫正机构，为其制定个性化和科学化的矫正方案提供依据，利于对社区矫正对象的监管教育工作，确保矫正质量。

2. 加快“智慧矫正”建设，提升信息化水平

新都区社区矫正机构注重社区矫正对象的日常监管，利用高科技做好社区矫正对象的日常定位工作，加快搭建“智慧矫正”平台，逐步加大对大数据分析中心的投入力度，提高社区矫正对象电子手环定位比例，并积极探索社区矫正对象日常管理和教育网络化。

3. 借力“智慧司法”建设，实现远程探视

一方面，新都区社区矫正机构和监狱加大“智慧司法”建设力度，积极与相关监狱沟通，在会见、帮扶、帮教领域利用“互联网 +”开展远程视频探视和教育，加快“智慧监狱”和“智慧矫正”建设进程。2018 年 7 月至 2019 年 12 月，新都区社区矫正机构和四川省邑州监狱紧密配合，开展网上远程探视和帮扶帮教共计 30 余人次，实现了罪犯家属探视“足不出户”，大大提升了教育改造质量。

（四）以问题为导向，坚守底线，不断发挥监狱与社区矫正在社会综合治理中的作用

监狱与社区矫正机构作为国家刑罚执行机关，担负着维护社会安全稳定、落实国家总体安全观的责任，确保服刑人员的安全稳定是所有工作的重中之重，筑牢安全稳定这一底线直接关系到人民群众的安全感、获得感和幸福感。在监狱与社区矫正一体化建设的过程中，新都区社区矫正机构与监狱一道，把好刑罚执行每一道关口，拓展在社会综合治理中的能力。

1. 把好“入口关”，实现“收得下”目标

一是互通信息，共同研判，确保评估质量。2018 年 8 月前，新都区社区矫正机构收到监狱提供的暂予监外执行、假释等服刑人员社会调查评估的委托材料（仅限于公函或简单的信息材料）；而社区矫正机构在调查评估时也仅限于对其家庭或直系亲属等作一些较为简单的问访，导致调查评估的科学性及准确性不高。2018 年 8 月后，通过派驻民警与社区矫正机构的共同努力，对原来接受监狱暂予监外执行、假释等服刑人员的调查评估进行了大胆修改，创新性地加入了监狱参与狱外调查评估，社区矫正机构参与监狱服刑罪犯的暂予监外执行和假释建议审定，并将内容也作了适当增加（监狱向社区矫正机构提供监外执行、假释等罪犯在狱内详细的改造情况、奖惩信息等，社区矫正机构向监狱提供监狱所需的社会认可度、受害人接受度、社会安全稳定度等），大大提高监狱对暂予监外执行、假释罪犯等调查评估的“含金量”，使其更加精准科学（见图 2）。

二是在对人民法院判决的缓刑、管制等服刑人员的调查评估方面，新都区社区矫正机构也对社会调查评估意见进行了深入分析和创新性修改，加入了罪犯犯罪行为的社会影响度、被害人可接受度、服刑地矫正环境报告等，便于司法机关及时分类、分地、因人而异对符合矫正条件的服刑人员进行矫正调整，提升矫正质量。

三是将入矫宣告制度改为入矫宣告训诫制度。入矫宣告是对社区矫正对象执行刑罚的“第一课”，相当于监狱对新接收罪犯的入监教育，“第一课”

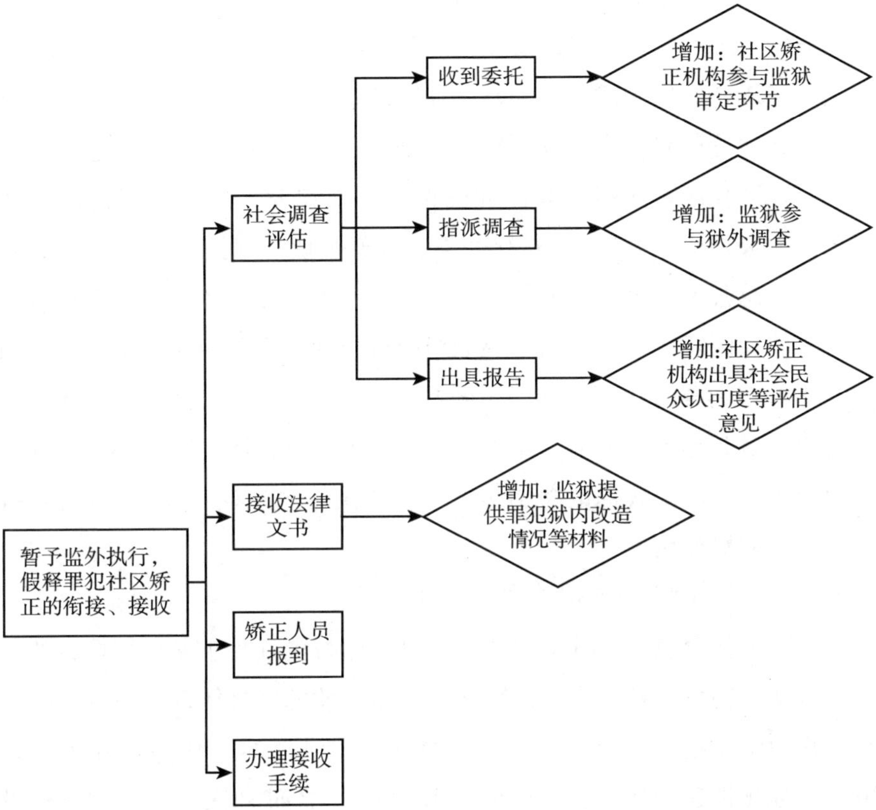

图 2　试点后暂予监外执行、假释罪犯的衔接、接收流程

的质量对服刑人员的身份转换、服刑意识以及今后对服刑生活的适应，强化特殊预防，为防止再犯罪有重大作用。2018 年 8 月后，新都区社区矫正机构充分发挥派驻民警的身份优势、经验优势和专业优势，将原有的入矫宣告制度改为入矫宣告训诫制度，虽只加入两个字，但极大地丰富了“第一课”的教育内涵，并制定了《成都市新都区社区矫正对象十必须、十不准》《成都市新都区社区矫正对象训诫令》，在“第一课”上予以宣讲训诫，使社区矫正对象从入矫第一天起就能明白自己的罪犯身份，强化自己的服刑意识，明确服刑期间的管理规定。2018 年 7 月至 2019 年 12 月，派驻民警对 278 名新社区矫正对象进行了入矫宣告训诫教育，大大降低了社区矫正对象的违法违规率，经入矫宣告训诫后的 278 名社区矫正对象，其违规率为零。

2. 把好“过程关”，实现“管得住”目标

试点工作开展后，成都市新都区社区矫正机构、派驻民警及相关监狱积极联系，共同分析研判当前社区矫正形势，严把“过程关”，奖惩分明。一方面，新都区社区矫正机构与派驻民警共同制定了《成都市新都区社区矫正对象计分考核奖罚办法》，对社区矫正对象表现情况按规定严格奖分和扣分，每月汇总公示。另一方面，对在矫正期间拒不接受监管，严重违规甚至违法犯罪的社区矫正对象，为确保刑罚的权威性，震慑犯罪，给予相应的处罚。2018 年 7 月至 2019 年 12 月，新都区社区矫正机构已累计对 50 余人予以了警告，对 2 人提请了治安管理处罚，对 5 名符合撤销缓刑条件的社区矫正对象依法向人民法院提请撤销缓刑、收监执行的建议，起到了惩罚一点、警示一面的积极作用。

3. 把好“出口关”，实现“教育好”目标

将犯罪人教育改造成社会守法公民是中国特色社会主义刑罚执行的重要目的，也是中国特色社会主义刑罚执行社会效益的直接体现。新都区在社区矫正工作中坚持把向社会和广大人民群众交出满意的“作品”作为重要工作方向，强化帮扶帮教工作，把牢“出口关”。监狱社区矫正一体化建设为帮扶帮教工作提供了大量的刑释人员信息，有利于帮扶帮教工作有的放矢，精准对接。2018 年 7 月至 2019 年 12 月，根据监狱提供的信息，结合社区矫正机构掌握的情况，在社会各界、社会企业的支持下，成都市新都区司法局已为 160 余名社区解矫人员和监狱刑释人员牵线搭桥，找到了相应的工作岗位，对建立“法治新都、平安新都、和谐新都”作出了应有的贡献。

三　主要成效

新都区社区矫正机构以对口派驻监狱及民警为平台和载体，与监狱一道，以安全为底线，以改革为动力，以深入贯彻新时代习近平总书记全面依法治国新理念、新思想和新战略，落实国家总体安全观为目的；抓牢一个统

领，打造两个平台，构建四个机制。对监狱社区矫正一体化建设进行了大胆、科学和深入实践，成功实现了“1+1>2”的工作目标，探索出了一条可操作、可复制和可发展“1+2+4”的“新都模式”（见图3）。

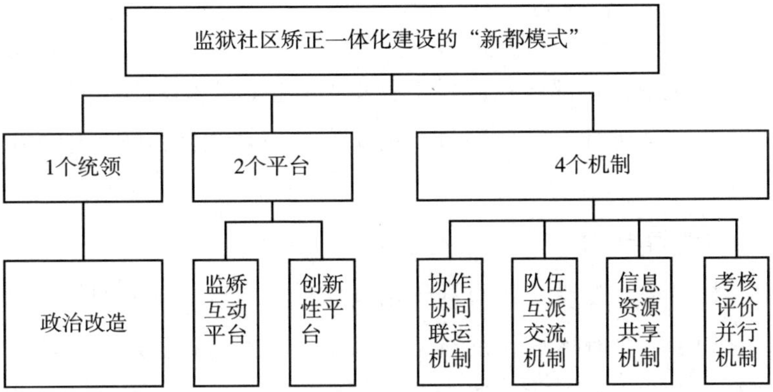

图3　监狱社区矫正一体化建设的“新都模式”

（一）坚持以“政治改造”为统领

为贯彻落实好司法部、省司法厅关于做好监狱与社区矫正一体化建设工作部署，监狱与新都区社区矫正机构在服刑人员改造上，坚持政治改造居于统领地位，明确政治改造目标，将思想上、情感上认同党的领导、认同伟大祖国、认同中华民族、认同中国特色的社会主义道路等作为考核服刑人员的首要内容，把政治改造贯穿于监狱和社区矫正改造工作的各领域和全过程。首先，社区矫正机构将服刑人员入监改造前的言论和行为及时传送给相关监狱，作为监狱实施教育改造的重要依据；其次，监狱将刑满释放、假释和暂予监外执行罪犯在监狱内的政治改造情况以专档的形式转送新都区社区矫正机构，新都区社区矫正机构利用监狱提供的罪犯政治改造情况对刑满释放、假释和暂予监外执行罪犯制定专门的矫正方案和帮扶计划；最后，监狱与新都区社区矫正机构一道，就以政治改造为统领的“五大改造”如何在社区矫正对象中开展进行专题研究，制定了派驻民警授课及互联网平台教育方案。2018 年 7 月至 2019 年 12 月，派驻民警对全区 500 余名社区矫正对象实施了以政治改造为统领的 23 次集中授课教育，在互联网平台发布时事教育共计 17 期、65 课时。

（二）打造两个平台

在试点工作中，新都区社区矫正机构始终把改革创新作为事业发展的动力，与派驻监狱及派驻民警共同打造监矫互动平台和社区矫正创新平台，具体做法如下。

1. 以效能为导向，打造监矫互动平台

监狱与社区矫正互动，既有利于增强监狱教育改造的针对性，做到有的放矢，又有利于提高社区矫正的科学化水平。新都区社区矫正机构在试点工作中，利用派出监狱及派驻民警两大有利资源，主动与关押新都区籍服刑人员监狱积极联系，打造监矫协调互动平台。互动平台打造以来，新都区社区矫正机构与 5 所监狱开展互动共计 11 次，互相传递信息 100 余件，开展帮教帮扶达 45 人次，监狱有针对性地对 100 余罪犯重新修订教育改造计划，社区矫正机构根据监狱提供的信息对 23 人制订了科学的矫正方案。

2. 以问题为导向，打造社区矫正创新性平台

社区矫正蕴含刑罚惩戒性与恢复性双重价值，由于社区矫正还处于建设发展阶段，队伍的专业化程度低、安全意识不强、行刑理念不足、管理手段缺失等问题都制约着社区矫正的发展。新都区社区矫正机构直面挑战，勇于攻坚，敢于克难，充分利用监狱社区矫正一体化建设试点机遇，强弱势、补短板，深挖社区矫正和监狱工作中的特色亮点，成立监狱社区矫正心理辅导工作室，打造违规惩戒反省室，建立帮教帮扶互补制度，建立警告谈话训诫制度，建立风险评估防控机制等，打造高水平的社区矫正管理创新性平台。

（三）构建“四大”机制

加强监狱与社区矫正的衔接、协调和配合，是监狱社区矫正一体化建设工作的主要目的，也是构建监禁刑与非监禁刑执行统一协调的刑罚执行体系

的重要内容。在监狱与社区矫正一体化建设工作中，成都市新都区着眼于保障社会的公平正义，着眼于社会安全稳定，利用派驻民警这一有利纽带，与相关监狱紧密联系，主动作为，积极互动，共同构建长效机制，对于做好监狱和社区矫正刑罚执行工作有重要保障作用。

1. 构建协作协同联动机制

新都区社区矫正机构与监狱成立了监地协作协同联动领导小组，建立了联席会议制度等长效机制，对不同阶段、敏感节点、特殊时期等可能出现的问题进行研判分析，形成决议（决定），精准出击，协同作战，确保监狱和社区矫正对象的安全稳定，为落实国家总体安全观注入强大动力。2018 年 7 月至 2019 年 12 月，新都区社区矫正机构与监狱共同召开联席会议、经验交流会议和安全稳定协调会议共计 18 次，提出长期困扰刑罚执行工作的问题 15 件，解决 15 件，成绩显著。协作协同联动机制的建立，打破了以往各自为政的束缚，社会治理力量进一步强化，治理能力进一步提升，治理面进一步延伸扩大，应对突发事件的处置能力进一步增强，由党委（组）领导、部门参与、社会协同的刑罚执行一体化体系在监狱与新都区社区矫正机构之间已经基本形成。

2. 建立队伍互派交流机制

在监狱社区矫正一体化建设试点工作中，成都市新都区紧紧围绕习近平总书记提出的政法队伍“革命化、正规化、专业化、职业化”要求，与相关监狱加大教育培训和实践锻炼力度，推行人才“双向交流”，构建司法行政机关与监狱单位队伍互派交流常态化机制。新都区以派驻民警单位为载体，向全省监狱辐射。试点过程中，已有 4 所监狱定期组织选派优秀民警教师、心理咨询师帮助指导社区矫正对象教育管理工作；开展业务交流研讨会 9 次，对 13 件典型案例进行了分析研判。下一步，新都区社区矫正机构还将根据情况分期选派司法干部到监狱跟班学习。队伍互派交流机制的建立，增强了司法行政系统内人才的流动性，派驻民警工作得到了进一步扩展，丰富了司法行政队伍建设工作内涵。

3. 构建信息资源共享机制

加快构建“一个平台、两个中心、三大支撑体系、四个智能化融合”的“智慧司法”体系架构，积极推进“智慧监狱”和“智慧矫正”建设，不仅是省司法厅关于“数字法治·智慧司法”建设的工作要求，也是党中央、国务院对政法系统改革和建设的总体部署。新都区社区矫正机构以监狱矫正一体化建设为契机，积极与全省监狱联系，加强资源整合，尽可能实现建设同步，共建共享，构建信息资源共享机制。目前，新都区已经建立连通三级网络，完善硬件设施9项，与1所监狱实现互联互通的远程视频探视，此项工作将与全省“智慧监狱”同步建设，最终全部实现与全省监狱互联互通信息共享。信息资源共享机制的建立，避免了重复建设和资源浪费，加强了与监狱的联系，有效降低了执法成本，减轻了监狱监管压力，方便了罪犯家属探视帮教，有利于监狱和社会安全稳定。

4. 构建考核评价并行机制

统一的考核评价并行机制是监狱社区矫正一体化建设的重要内容，新都区社区矫正机构与部分监狱积极探索。一方面，监狱将服刑罪犯狱内表现信息通报社区矫正机构，社区矫正机构则对其信息开展社会调查、收集资料。例如，走访社区、家属及当事人等，并就其信息进行甄别，形成意见，及时反馈给监狱；监狱根据社区矫正机构反馈信息，对罪犯改造进行再评价，并重新制订教育改造计划。另一方面，社区矫正机构将暂予监外执行、假释和刑释罪犯的矫正表现通报监狱，监狱根据社区矫正部门评价，决定对罪犯是否收监执行，以及对类似罪犯展开重新评价。2018年7月至2019年12月，监狱与新都区社区矫正机构互通信息达42人次，核实42人次。评价并行机制的建立有利于刑罚执行的公平公正，能够较大程度提升监狱与社区矫正的工作效能，提升改造质量。

四　面临的问题

监狱社区矫正一体化建设的“新都模式”在实践中取得了明显成效，但受主客观条件的制约，仍然面临几个亟待解决的问题。

（一）监狱派驻民警执法权的有限性和社区矫正执法工作需要之间的矛盾

监狱民警是指依法从事监狱管理、执行刑罚、改造罪犯工作的人民警察。按照法律规定，监狱民警只有在监狱内才有执法权，派驻监狱民警参与社区矫正工作，从监区到社区，从高墙内到社会中，从监禁管理到非监禁管理，虽然警察身份不变，但是执法权失去了运用的环境。社区矫正本质上是一种刑事执法活动，其主要工作内容就是依法对在社会上服刑或接受监管的犯罪人员的日常行为进行监督，对依法不许可的行为进行限制，及时制止和惩罚其不法行为。立足身份优势，监狱民警开展训诫教育谈话等固然可以震慑社区矫正对象，但是社区矫正工作中常规的送押撤缓罪犯收监执行、追逃等事项也需要在地方辖区公安机关配合下开展工作，一旦社区矫正对象中发生突发安全事件，监狱民警也无权执行拘留等限制人身权和自由权的事项，不利于快速处理问题、防止事态扩大。

（二）监狱派驻民警队伍的不稳定性与社区矫正工作的长期持续发展不适应

按照各省司法厅选派监狱民警参与社区矫正工作的文件规定，基本是每两年或每年轮岗一次，这样容易造成部分抽调监狱民警出现临时工作思想，也容易造成工作刚熟悉或刚进入状态，又要进行人员调整，不利于工作的持续推进和巩固发展。由于制度设计未对选派民警的考核晋升作出明确的规定，对于在社区矫正工作中表现优秀的选派监狱民警，原单位不能及时予以发现，并提拔或重用。

（三）专项经费的缺乏和深入推进监矫一体化建设要求不匹配

推进监狱社区矫正一体化建设需要经费保障，而上级文件没有明确有专项工作经费用于监狱民警到挂职司法行政机关开展社区矫正工作，目前各地司法行政机关社区矫正工作经费基本是按照每名社区矫正对象每年 1400 元的标准划拨，有些地方甚至不能足额保证，挂职民警在挂职期间参与社区矫正工作中所发生的费用均需由当地司法行政机关承担，无形当中加重了资金困难，使得挂职民警提出的改进工作的新方式新方法得不到有效实施，从而使得刑罚执行效果得不到更好体现。

五　未来展望

随着社区矫正的深入发展，监狱与社区矫正“一体两翼”的行刑构造已然形成，两种模式的交互发展成为行刑领域的变革趋势。随着《社区矫正法》的出台，《监狱法》的修订，可以预见未来刑罚执行体系顶层设计将更加完善。在此背景下，监狱社区矫正一体化建设的积极实践与探索，特别是其成果的深入推广，势必进一步推动监狱社区矫正一体化建设进程提质提速，推动监狱和社区矫正队伍深度融合，推动监狱与社区矫正沟通衔接更加顺畅，不仅对维护监狱、社区矫正对象稳定和全社会的安全稳定发挥积极作用，也将成为推动刑罚执行体制改革的一股强大动力，其意义重要而深远。

改革永远在路上，不会一蹴而就，改革者不仅要有对人民、对国家高度负责的担当精神，更需要有敢于触碰利益，直面困难、打破壁垒的强大勇气。刑罚执行“多元化”的弊端由来已久，要推进刑罚执行一体化建设进程，还需持之以恒，久久为功。

B.11 眉山市检察院认罪认罚从宽制度的探索与实践

眉山市人民检察院课题组*

摘　要： 本文从检察机关的视角，研究眉山市参照认罪认罚从宽制度精神开展试点工作的主要做法、效果，以及在犯罪嫌疑人、被告人自愿认罪并知晓法律后果的前提下，通过量刑协商，做到实体从宽和快速办案。试点工作中遇到的案件适用范围有待拓展、值班律师参与不够、从宽幅度把握不准等问题，需要进一步解决，以实现预期目的，形成有效的、可复制、可推广的眉山经验。

关键词： 认罪认罚从宽制度　刑事法治　刑事诉讼

一　眉山市参照认罪认罚从宽制度精神开展试点工作的主要推进措施

在被确定为试点院以后，眉山市检察院按照省检察院的要求，从实际出发，参照认罪认罚从宽制度精神开展试点工作。经调研汇总，主要采取的推进措施可归纳如下。

---

* 课题组负责人：陈卫东，眉山市人民检察院党组副书记、常务副检察长。课题组成员：彭林泉、周文彬、张学强、卢佳。执笔人：彭林泉，眉山市人民检察院检察委员会专职委员；张学强，眉山市人民检察院公诉一处副处长。

（一）争取市委政法委的领导、支持，统筹协调开展认罪认罚从宽制度试点工作

试点工作涉及面广，难度大，仅靠市、区（县）两级检察院难以整体推进，重点突破，达到预期目的。尤其是试点工作是在参照而非授权的情形下展开。有鉴于此，市检察院把争取市委政法委员会的领导、支持，作为搞好这项试点工作的前提。

2018 年 1 月，眉山市被省检察院确定为参照认罪认罚从宽制度精神开展试点工作的单位后，市检察院多次主动向市委政法委员会汇报，争取其领导和支持。市委政法委员会对此高度重视，同年 2 月，决定将眉山市开展认罪认罚从宽试点工作纳入全市 2018 年政法重点工作推进。3 月，在听取市检察院关于在全市开展刑事案件认罪认罚从宽制度工作情况汇报后，市委常委、政法委书记针对试点工作之初认识不到位的具体情形，诸如在中央未授权的情况下在眉山开展先行先试能否有推广价值的质疑，开展认罪认罚从宽处理是否与正在开展的以审判为中心的刑事诉讼制度改革有冲突的担忧，以及个别基层政法单位对工作不支持、不配合，甚至还有抵触情绪等问题，亲自组织检公法司等政法部门研究试点工作，统一认识，明确开展试点工作的必要性和重大意义，要求树立试点工作“一盘棋”思想，充分发挥市委政法委员会牵头抓总作用。同期，市委政法委员会成立高规格的试点工作领导小组，由市委常委、政法委书记任组长，政法各部门负责人任副组长，市委政法委副书记任召集人，政法部门分管领导为成员，并在政法各部门确定了 5 名联络员，领导小组办公室设在市委政法委，由执法督查室负责日常工作。领导小组负责试点工作的组织领导、统筹协调和督促指导。眉山市下辖的 6 个区县也比照成立试点工作领导小组。这为试点工作的开展提供了坚强的组织保障，打下了坚实的基础。

市委政法委主要领导先后 3 次亲自组织研究试点工作，6 次专题听取试点工作情况汇报，在充分肯定试点工作取得成效的同时，要求全市两级政法部门在党委政法委的领导下，以高度的政治责任感和紧迫感，再添措施、再鼓干劲、再出成效，力争由试点工作探索出全省可借鉴、可复制的经验做

法。市委政法委先后牵头组织召开2次推进会，提出明确要求，讲求实效，督促落地落实。

2018年3月6日，市委政法委员会牵头出台《眉山市开展刑事案件认罪认罚从宽制度试点工作方案》，明确试点工作目标、原则和任务，确定试点工作重点和责任单位，为眉山高效推进参照认罪认罚从宽制度精神开展依法办理刑事案件试点工作奠定坚实基础。不仅如此，市委政法委将认罪认罚从宽试点工作纳入全年专项工作督查。对落实不力、推进迟缓的单位严肃问责。同年5~6月，市委政法委牵头组建督导组，对各区县和市级政法部门推进情况进行督导调研，重点督查了各地各部门试点工作实施方案、工作台账、案件办理情况、信息化建设等工作内容，对发现的问题当面提出整改意见，限期整改，有效推动了试点工作的落地落实。市、区（县）政法各部门均制定试点工作督导检查制度，通过考核奖惩办法，进行督导检查。

（二）加强与法院、公安、司法及其律师的沟通协同，形成开展认罪认罚从宽制度试点工作合力

试点工作涉及侦查、审查起诉和审判各环节，涉及不同的法律人。虽然在具体职责或办案数量上有所不同，但要确保试点工作顺利、高效运行，离不开法院、公安和司法的理解、支持和配合。为此，眉山市检察院加强与法院、公安、司法及其律师的沟通协同，形成开展认罪认罚从宽制度试点工作的合力，在刑事诉讼过程中实现整体效能。

2018年3月以来，眉山市检察院协调、配合法院制定常见具体罪名精细化量刑标准、分阶段幅度化量刑区别标准。法院出台《认罪认罚庭审简化操作规范（试行）》和常见罪名量刑规范，先在区县试行，后在全市范围推开。2018年6月4日，眉山市检察院与市中级法院联合制发《关于依法快速办理认罪认罚从宽处理二审案件的规定》，规定共9条，虽然条文不多，但内涵丰富，操作性强。其中第一条至第三条明确全市两级法院、检察院对认罪认罚从宽处理案件实行标签制度，优先快速办理。对认罪认罚从宽处理案件，基层人民法院应当将判决书同日送达被告人、同级人民检察院。

基层人民法院在收到被告人上诉状2日内应当将上诉状副本送达同级人民检察院。第四条、第五条和第八条明确基层人民法院办案部门应当在上诉期、抗诉期满次日将案件材料装订整理好交立案部门，立案部门应当在收到材料的3日内上报市中级人民法院。市中级人民法院立案部门在收到认罪认罚从宽处理上诉案件应当2日内分案至办案人员。市中级人民法院对一审判决一年有期徒刑及以下刑罚的认罪认罚案件进行书面审理的，原则上应在20日内作出裁定；发现案件确有错误的，应当通知市人民检察院开庭审理。第六条和第七条明确基层人民检察院在收到上诉状后应当认真审查上诉理由是否成立，审查该案事实是否清楚、证据是否充分、定性是否准确、法定酌定情节是否完全适用、量刑是否准确。对于有争议需要市中级人民法院开庭审理的案件，基层人民检察院应当在收到上诉状后3日内上报市人民检察院。市人民检察院研究后认为需要开庭审理，应当在3日内向市中级人民法院提出开庭审理建议函。对于市人民检察院未建议开庭审理的，市中级人民法院原则上根据《四川省高级人民法院四川省人民检察院刑事司法工作联席会议纪要》进行书面审理。市检察院在收到基层检察院上报的有争议的案件后，应做好阅卷、派员出庭的准备工作，原则上应当在15日内阅卷完毕。这些条文不仅明确了全市两级法院、检察院对认罪认罚从宽处理案件实行标签制度、优先快速办理制度，而且规定了具体的时限和相应的程序要求，有利于提升办案效率。

同时加强与公安机关的沟通协调，用好用活分阶段幅度化量刑标准。在公安机关制定权利义务告知书、承诺书、社会调查规范等方面达成共识，提高打击犯罪效率。此外，市检察院和6个区、县检察院，协调配合司法局制定值班律师参与认罪认罚从宽工作的操作规范，解决律师值班、如何值班和值班律师会见权、阅卷权的问题。

（三）切实发挥检察机关的主导作用，推动开展认罪认罚从宽制度试点工作顺利进行

认罪认罚工作是一项重大的司法改革，是应对刑事案件大幅度上升、分

流处理的客观需要，是贯彻宽严相济刑事政策的内在需要，也是推进以审判为中心的诉讼制度改革和司法责任制的迫切需要，有利于维护司法公正，提高司法效率。眉山市检察院充分认识试点工作的重大意义，明确两级检察院的主体责任，切实发挥检察机关在试点工作中的主导作用。

试点工作开始后，在市、区（县）两级检察院先后成立了以检察长为组长，分管副检察长为副组长的推进试点工作领导小组，负责统筹、协调，加强组织领导，确保试点工作顺利、高效运行。根据市委政法委试点工作方案，市检察院制定《试点工作实施细则》，作出具体安排，特别是规范工作流程，建立配套机制，出台常见罪名量刑标准、分阶段幅度化从宽标准，防范从宽案件办案风险，将试点工作以及典型案例、调研成果、办案影像资料、工作宣传资料报送等纳入目标考核，定期督导通报，积极推进试点工作。

2018 年 3 月 23 日，市检察院对认罪认罚试点工作提出具体要求，明确市、区（县）两级院要确定认罪认罚试点工作具体负责人、联络员；从 2018 年 1 月 1 日起，建立认罪认罚试点案件专门台账，做到每案统计清楚；各区县检察院在 3 月 30 日前将本地认罪认罚试点方案、细则、本院对认罪认罚试点工作具体安排及打算上报市检察院；将“认罪认罚工作统计表”下发各区县检察院至每位承办人，要求承办人及时填录办案情况，每月 29 日前交本院内勤汇总。汇总后的统计表务必做到数据准确、真实、案件进度及时更新，统计表每月经分管领导审签后上报市检察院；注重适用认罪认罚从宽办理案件的典型案例收集，对各环节推进要有图片、视频资料留存。典型案件办理的过程要留存视频资料。各区县检察院对认罪认罚试点工作有具体推进情况的及时报市检察院。

根据试点工作推进情况，市院及时要求各区县院要认真思考认罪认罚协商及相关风险防范、被害人权益保护等问题，并付诸实践。探索表格式审查报告的可行性、适用范围、风险点提示完善等影响案件质量的必备要素，以在审查起诉环节办案简化过程中保证案件质量。针对解决专业化办案的问题，试点工作开始后，眉山市检察院部署在东坡区、仁寿县检察院探索专人办理，其他区县检察院要探索以灵活方式推动专业化办案，及时解决案管轮案规则、办案干警考核评价、工作量平衡等问题。

（四）突出机制建设，有效开展认罪认罚从宽制度试点工作

机制建设是根本，关系到认罪认罚从宽制度有效运行的根基。眉山市检察院对此高度重视，在认真研究全国试点文件、省检察院试点方案，参考其他地区试点样本基础上，制定《眉山市开展刑事案件认罪认罚从宽制度试点工作方案》，从市级层面对认罪认罚的适用范围、权利保障、程序适用等方面进行明确规范，特别是着力规范侦查、审查起诉、审判和值班律师参与四项工作流程，建立探索被害人权益保障机制、案件集中办理机制和信息化建设助推机制三项配套机制，出台常见罪名量刑标准和分阶段幅度化从宽标准两个标准。

在检察环节，市、区（县）两级检察院除规范量刑建议书、具结书外，还着力完善附有风险点提示的表格式简化版审查报告；对在试点工作中出现的新问题，制发相应的操作规程；建立认罪认罚案件集中办理机制，以案件基数为标准，确定东坡区、仁寿县等案多人少矛盾突出的检察院，探索案件集中办理。试点期间，仁寿县检察院制定认罪认罚从宽案件集中办理相适应的内部分案、轮案规则，设置办案单元，抽调两名检察官搭配两名检察官助理和两名书记员组成认罪认罚办案组，专门办理认罪认罚从宽刑事案件，并强化运用信息化建设成果，助推试点工作提质增效。作为试点工作信息化建设地区，仁寿县三远一网建设全面完成，远程提审、远程开庭全面上线运行。2018 年 7 月 22 日，全省检察机关参照认罪认罚从宽制度精神办理刑事案件试点工作会在仁寿县检察院召开，会上现场观看了远程提审、远程开庭，给与会者留下了深刻的印象。

与此同时，试点工作注意防范适用认罪认罚从宽案件办案中的风险，避免出现办人情案、关系案、金钱案：适用认罪认罚从宽办理案件的，协商过程全程同步录音录像，并邀请纪检监察部门同步参与介入；适用认罪认罚从宽后不起诉率原则上不超过前三年不起诉平均数的 5%；此外，缓刑适用率原则上不超过前三年缓刑平均数的 10%，以此避免从宽条件无限滥用。

（五）强化创新意识，努力形成有效、可复制、可推广的眉山经验

市检察院从试点工作一开始，就注重以结果为指引，力争试点工作在全省探索出有效、可复制、可推广的眉山经验。不仅在上述试点工作方案和机制中着力创新，也积极探索对认罪认罚从宽处理案件实行标签制度，优先快速办理，解决留所服刑、滥用上诉权等一系列问题。2018 年 4 月 3 日，青神县检察院等政法部门试行刑拘直诉机制办理轻微刑事案件制度，解决逮捕条件适用和逮捕瑕疵问题；还整合相关部门资源，建立“大公诉”工作格局。2018 年 4 月 12 日，丹棱县检察院等部门从权利告知、释明、从宽量刑幅度、被害人在场了解具结悔过书并同意签署、听取被害人和诉讼代理人意见的事项、被害人的权利救济途径和相关材料移送等方面，对被害人参与认罪认罚从宽试点工作予以具体规定，以解决被害人权益保障问题。2018 年 6 月 25 日，仁寿县检察院与县法院在《适用刑事案件认罪认罚从宽制度常见罪名量刑参考》中规定，对于被告人认罪认罚的，根据被告人认罪的阶段分别从宽处理，在侦查阶段认罪的从宽 30% 以下；在审查起诉阶段认罪的从宽 20% 以下，在审判阶段（一审开庭前）认罪的从宽 10% 以下，明确认罪认罚刑事案件分阶段幅度化量刑标准，解决认罪认罚从宽的时段问题；明确累犯以及扫黑除恶、危害国家安全、毒品犯罪案件从宽幅度要小于其他普通刑事案件的指导原则，解决打击不力的问题。

试点过程中，政法部门对量刑建议精准、量刑建议采纳等核心问题存在认识分歧，最终在市委政法委积极协调下，明确“检察机关指控的罪名和量刑建议，法院应予以采纳”，增加了量刑建议的刚性约束力。这一点与 2018 年 10 月修订的《刑事诉讼法》规定精神一致。同时将常见罪名量刑标准和分阶段幅度化量刑标准作为试点工作的“牛鼻子”，着重予以推进。试点期间，交通肇事、危险驾驶、盗窃等常见罪名细化量刑标准初稿形成，将在全市范围内予以推开适用。截至 2018 年 6 月，试点案件涉及 37 项罪名，基本涵盖了常见罪名。后扩大适用范围，至 2018 年 8 月 30 日，增至 48 项罪名，较大幅度地增加涉嫌罪名。在试点工作中，积极探索在重罪案件和共同犯罪案件中的

适用，通过适用发现问题，积累经验。2018 年，眉山市检察院办理的跨国电信诈骗案，主动启动认罪认罚机制办理。该案系最高人民法院挂牌督办案件，首批起诉的 22 名犯罪嫌疑人中 21 人适用认罪认罚机制（1 人因不同意而未适用），其中主犯量刑建议为有期徒刑 11 年至 13 年。2018 年 6 月 11 日，该案提起公诉，2019 年 1 月，该案一审宣告判决，全部采纳检察院量刑建议。

在试点工作中，注重犯罪嫌疑人认罪认罚的自愿性和合法性，切实维护刑事诉讼参与人权益。自愿是前提，认罪是基础，各方诉讼主体参与是保障。试点案件在侦查、检察、法院环节，均启动认罪认罚自愿性、合法性审查。三个环节中，严格落实权利告知和听取意见制度，重点对是否自愿认罪，取证过程是否合法予以审查，加强保障犯罪嫌疑人、被告人辩护权和获得法律帮助权。试点工作启动后，市检察院、市司法局联合印发《关于加强认罪认罚刑事案件法律援助值班工作的实施意见》，全面建立认罪认罚案件值班律师参与机制，按照随机选派原则共选派 200 名值班律师参与。截至 2019 年 12 月值班律师参与提供法律帮助 862 人次，确保了适用认罪认罚从宽案件认罪真实、认罚合理、从宽有据。

二　眉山市参照认罪认罚从宽制度精神开展试点工作取得的成效

眉山市全面开展刑事案件认罪认罚从宽制度试点工作，在前期工作的基础上取得了阶段性成效，在优化司法资源配置、提升诉讼质量效率、化解社会矛盾等方面起到了积极作用。

（一）司法资源配置进一步优化

在推进以审判为中心的诉讼制度改革过程中，实行人员分类管理、司法责任制、谁办案谁负责，通过繁简分流，主要是简易程序、普通程序分流处理，可以在简便办理轻刑案件的同时，集中精力办理重大复杂案件，使司法资源得到优化配置。试点工作健全了公安机关、检察机关、审判机关和司法行政部门各司其职，侦查权、检察权、审判权、执行权相互配合、相互制约的机制，有利于维护司法公正，提高司法公信力，努力让人民群众在每一起司法案件中感受到公平正义。

（二）刑事诉讼质效进一步提升

据四川省检察机关参照认罪认罚从宽制度精神办理刑事案件试点工作统计和认罪认罚适用情况通报，截至 2018 年 6 月 30 日、8 月 30 日、10 月 30 日试点及施行适用案件主要数据指标、总体质量稳步提升（见表 1、图 1）。

表 1　2018 年 3 月至 2019 年 12 月认罪认罚试点和新《刑事诉讼法》适用案件情况

时间	同期收案		试点施行适用案件															
			检察机关										法院				涉及罪名
			适用案件		起诉		不起诉		幅度刑量刑建议		确定刑量刑建议		已判决		采纳量刑建议		
	件	人	件	人	件	人	件	人	件	人	件	人	件	人	件	人	
2018 年 3 月至 6 月	538	773	329	382	263	305	27	37	240	281	23	24	209	237	204	231	盗窃罪、诈骗等 37 项罪名
2018 年 3 月至 8 月	928	1418	494	629	412	528	48	63	384	499	28	29	361	423	326	378	涉 48 项罪名
2018 年 3 月至 10 月	1262	1921	727	977	611	815	55	72	560	757	51	58	548	685	534	660	涉 52 项罪名
2018 年 11 月至 2019 年 12 月	2719	4186	1755	2395		2212		179		1530		479		2103		1874	涉 96 项罪名

试点期间，作为核心指标的量刑建议采纳率虽呈动态变化，但仍高于全国试点中期报告公布的试点数据，在全省试点地区数据中名列第一。认罪认罚从宽制度全面推行以来，截至 2019 年 12 月，眉山市检察院认罪认罚适用率居全省第一（见图 2）。

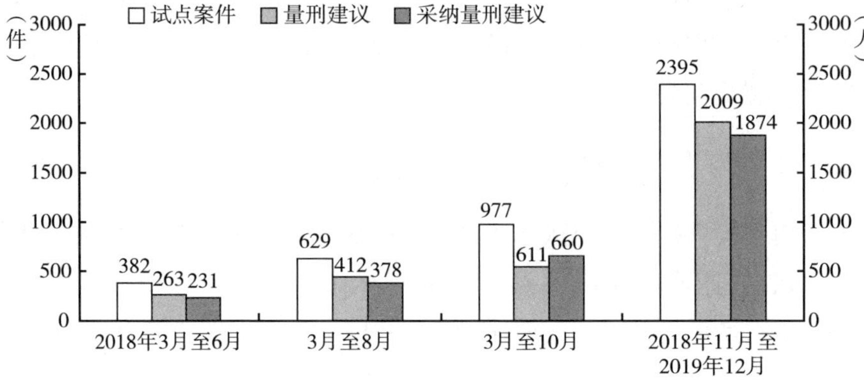

图1　2018年3月至2019年12月刑事诉讼适用案件情况

与此同时，案件办理时限明显缩短，诉讼效率显著提升。截至2018年6月30日，审查起诉平均用时20天，其中在15个工作日内完成审查起诉119件，占试点案件审结的41%，在15个工作日至1个月完成审查起诉111件，占试点案件审结的38.3%。7月1日至8月30日，审查起诉期限，3日以下的12件，3日以上15日以下的152件，15日以内的164件，15日以上一个月以下的188件，审查起诉平均用时20天。

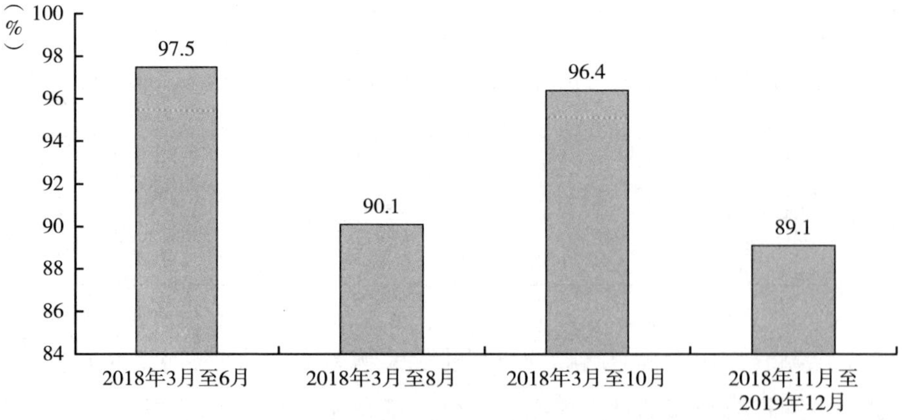

图2　试点和全面施行期间量刑建议采纳率

审判环节，截至2018年6月30日，在15个工作日以内完成审判121件，占试点案件审结的57.9%，在15个工作日至1个月完成审判61件，占比29.2%；一审法院当庭宣判203件，当庭宣判率达97.1%。2018年7月1日至8月30日，在审判环节3日以内2件，3日以上15日以下196件，两项合计完成198件，占试点案件审结的54.8%；15日以上一个月以下118件，占比32.7%；一个月以上45件。一审当庭宣判352件，当庭宣判率达97.5%。从整体上看，办案效率进一步提升。认罪认罚制度全面铺开。至2019年12月，审查起诉平均用时约25天，与前期试点基本持平，审判环节适用速裁程序514件，占总数的32.1%，简易程序865件，占总数的54.1%，办案效率整体稳步提升。

（三）在惩治犯罪的同时进一步保障权益

全市两级检察院均建立了值班律师制度，在惩治犯罪、保障人权方面起到了不可忽视的作用。2018年5月21日，眉山市东坡区检察院和司法局会签《值班律师工作制度（试行）》，彭山区检察院和司法局会签《关于开展法律援助值班律师工作的实施意见（试行）》，分别对值班律师和开展法律援助值班律师提出了具体意见。青神县检察院结合本县刑事案件数量和执业律师情况，制定值班律师准入标准，选派政治素质高、业务能力和责任心强且具备一定年限刑事案件办理经验的律师从事值班律师工作，并在全县成立由一名法律援助律师和四名社会律师组成的值班律师小组，在本院设独立办公室，将值班律师简历、工作职责上墙，明确值班律师提供法律帮助范围；严格值班律师培训，定期集中组织值班律师进行业务培训，提升业务素能，提升值班律师法律援助实效；创新律师值班方式，改变传统坐堂式制度，建立值班律师预约制度，在特定案件关键节点提前预约律师，保障了犯罪嫌疑人的诉讼权利，防止了律师坐空班的人力浪费，提升了律师参与试点的积极性。在县委政法委的牵头下，仁寿县检察院与县司法局、公安、法院等部门会签出台《认罪认罚从宽案件法律援助值班律师工作办法（试行）》，并在2018年3月挂牌成立认罪认罚从宽制度值班律师工作室。在全县遴选12名律师组建认罪认罚从宽法律援助值班律师队伍，轮流值班，为没有聘请律师的犯罪嫌疑人、被告人提供法律帮助。该办法明确了法律援助职责和经费保障，挂出律师参与“流程图”，同时赋予值班律师阅卷会见、释法指引、法律咨询、见证具结及法律援助等职责，充分保障律师执业权利。试点和施行适用期间，全市认罪认罚从宽案件做到了律师全覆盖，切实有效地保障了嫌疑人的诉讼权利。

仁寿县检察院办理的余某某交通肇事案中，犯罪嫌疑人余某某到案后积极认罪，对交通肇事的事实供认不讳，但对其行为的性质和后果没有充分的认识，对仁寿县检察院提出的有期徒刑 2～3 年的量刑建议不认可，并称自己不懂法律，对量刑没有认识。为此，审查起诉阶段，检察院两次邀请值班律师为其提供免费的法律帮助，并全程参与量刑的协商过程。值班律师向其解释了认罪认罚的内涵、法律后果以及案件的性质、法律规定等内容，余某某有所认知，经过承办检察官的释法说理和当场演示量刑建议的计算过程后，余某某认清了自己的行为性质、认罪认罚切实带来的好处，后同意县检察院提出的量刑建议，在具结书上签字捺印。2018 年 6 月 5 日，仁寿县检察院以交通肇事罪向仁寿县人民法院提起公诉。6 月 25 日县法院经审理，依法判处余某某有期徒刑二年，缓刑三年。余某某获得缓刑后，感到认罪认罚制度的客观公正，表示愿意认罪服法，不上诉。

（四）化解矛盾维护社会稳定功效进一步提升

据统计，2018 年 3～6 月，侦查环节认罪认罚占比 39.5%，到审查起诉环节，经过认罪认罚从宽制度的引导，认罪认罚占比提升 60.5 个百分点，实现了侦诉环节全部认罪认罚。认罪认罚案件犯罪嫌疑人、被告人取保候审、监视居住的占 64.9%。全市刑事案件不起诉 48 件 69 人，不起诉率 7.5%，与 2018 年基本持平；适用认罪认罚从宽后判处缓刑 126 人，占缓刑案件的 67.7%。同期，发案破案数量和社会治安形势未因刑事案件从宽的适用而出现大的波动，做到案结事了。至 2018 年 8 月，在侦查环节认罪认罚 170 件，在审查起诉环节认罪认罚 324 件，认罪认罚案件和占比有所提升，继续实现侦查起诉环节全部认罪认罚。从强制措施看，取保候审 297 件，监视居住 22 件 29 人，拘留 4 件 6 人，逮捕 136 件 214 人，被告人赔偿、达成和解 152 件 172 人。至 2019 年 12 月，在侦查环节适用认罪认罚 1336 人，在审查起诉环节适用认罪认罚提升至 2395 人。由于被告人认罪认罚和赔偿和解，适用案件和谐稳定的执法效果好，无被害人申诉和不当社会舆情，全市适用认罪认罚后上诉仅 3 件，实现了办案的法律效果和社会效果的有机统一。

三　认罪认罚从宽试点对刑事案件实体从宽、程序从简、进度从快的探索

这里着重从方法论的角度，对眉山市、区（县）两级检察院的实体从宽和程序从简、进度从快进行分析。

（一）对实体从宽的探索

在试点工作中，全市检察机关准确把握认罪认罚从宽制度的核心是宽，着力探索实体从宽。在认罪认罚的情况下，宽也是被告人更为关心的问题，即如何量刑。因此，在实践中，全市检察机关在明确认罪认罚从宽制度的背景、价值基础、适用阶段以及“认罪”“认罚”“从宽”的含义、证明标准等的基础上，着重探索实体从宽。

试点期间，眉山市检察院就提出要重点把握三个方面。一是不能任意从宽，所有从宽必须于法有据，或者根据规则从宽，不是法外的从宽、无限的从宽。二是不能一律从宽，不是所有犯罪都必须开展认罪认罚，如多次抢劫、盗窃的累犯就不一定开展认罪认罚协商，某些手段特别残忍、情节特别恶劣、主观恶性极深的犯罪分子适用认罪认罚甚至有负面效果；三是不能各类犯罪同等从宽，宽严相济是突出打击重点，并不是所有犯罪情节都适用同种幅度的从宽待遇，也可以不同罪名区别对待。比如，当前深入开展扫黑除恶专项斗争，毒品犯罪形势严峻，这些犯罪是打击重点，虽然要开展认罪认

罚，但是从宽幅度要从严掌握。例如，交通肇事案的自首从宽可掌握在30%，贩毒案件自首从宽是否可考虑掌握在15%？对哪些犯罪区别对待，须由检察院法院两家共同商定，在一个时期内保持一定稳定性，以树立司法机关的公信力和权威性。

从宽是建立在质量的基础上。在试点工作中，注重案件质量和量刑建议的精准度。2018年以来，仁寿县检察院开展认罪认罚从宽案件质量评查6次，评查案件53件，实现认罪认罚从宽案件全覆盖，未发现一起错案。从量刑建议采纳情况看基本保持稳定，总体上较高。例如，彭山县检察院办理的李某某盗窃案，犯罪嫌疑人李某某以非法占有为目的，多次入户盗窃，数额较大，其行为构成盗窃罪。根据《刑法》第264条的规定，量刑起点为有期徒刑6个月；犯罪数额为3030元，增加1个月；4次入户盗窃，增加4个月。综上确定基准刑为11个月。经审查，坦白减少基准刑10%，赔偿减少基准刑15%，认罪认罚减少基准刑15%，建议判处有期徒刑6个月到7个月，并处罚金1000元至2000元，被法院采纳。但试点过程中也有因为在量刑标准上与法院存在分歧，部分量刑建议未被采纳的情况。还存在被告人为获取从宽处罚，在判决宣告前一致认罪认罚，同意公诉机关指控的罪名及量刑建议，并签署了认罪认罚具结书，在获得从宽判决后又提出上诉的情况。对此，全市两级检察院正认真思考，采取措施予以解决。

如在试点工作中，青神县检察院采取三项措施，着力提高量刑建议精准化水平。一是区分幅度，构建“阶梯化”量刑从宽标准，明确规定，根据犯罪嫌疑人认罪阶段的不同确定不同的量刑幅度。为准确记录犯罪嫌疑人全程表现，纵向考量从宽幅度，设计了“犯罪嫌疑人认罪认罚情况记录表”，表格式记录犯罪嫌疑人从侦查阶段到起诉环节全程的认罪认罚情况，将犯罪嫌疑人的认罪节点、悔罪态度等列入从宽幅度等级评定体系，让犯罪嫌疑人直观了解自己的认罪表现、从宽幅度，鼓励引导犯罪嫌疑人尽早认罪悔罪。二是精准建议，建立常见罪名量刑规范。按照市委政法委试点方案分工安排，对抢劫罪、抢夺罪、滥伐林木罪、寻衅滋事罪、容留他人吸毒罪五种罪名进行总结提炼量刑规范，对近五年来该五种罪名的刑事判决书进行了统计分析，在结合既往判例的基础上，细化量刑标准，使量刑建议有据可查，从宽幅度心中有数。三是加强与律师和法官的联动，提高量刑建议接受度。注重发挥律师作用，提高犯罪嫌疑人对量刑建议的接受度。在律师会见犯罪嫌疑人前，先听取律师对量刑建议的意见，在签署具结书之前，让律师先与犯罪嫌疑人进行量刑建议的利弊分析沟通。同时加强与法院的沟通磨合，定期对因量刑情节认定不同而导致法院不采纳的案件进行汇总分析，定期与法官沟通，以统一量刑尺度。试点期间，该院量刑建议采纳率100%，一审判决服判率100%。

（二）对程序从简、进度从快的探索

在试点工作中，眉山市两级检察院准确把握认罪认罚从宽制度的最大特色是快，探索程序从简和进度从快。“快”是特色，能够显现实践的成效，从试点和施行适用案件统计数据看，审查起诉期限在缩短，诉讼效率在提高。就如何快起来，主要采取了以下方法。

一是强化程序从简、进度从快的意识及保障，快速办理受理的案件。试点期间，通过认罪认罚案件标签制、建立专业化办案团队，在试点工作方案确定的原则范围内，公、检、法各单位切实提高认识，从理念上切实解放思想，通过实行案件繁简分流，让有限的司法资源配置更加合理科学，切实保障试点案件程序从简、进度从快。办理的郑某某滥伐林木案中，在审查起诉环节，承办人在讯问犯罪嫌疑人时对其进行了法制教育，讲解了相关的法律法规，郑某某表示很后悔，供述之前砍伐树木都是办理了采伐许可证的，这次由于农户催得急，才未办理。承办人给郑某某详细讲解了认罪认罚从宽制度，郑某某表示愿意适用该制度。签署具结书后，郑某某表示认罪认罚，愿意回去后在自己砍伐了树木的地方进行补种。该案从起诉到审判仅用时7天，办案效率与执法效果成效明显。

二是建立健全快起来的工作机制。试点期间，两级检察院先后探索实施简案表格式审查报告、案件集中移送审查、案件繁简分流等机制，确保快起来有章可循。例如，近三年来青神县判处三年以下有期徒刑的案件比例已达

80%左右，且呈上升趋势。县检察院基于这一状况，着力探索与之相适应的诉讼程序、处理机制、办案方式，在刑事案件认罪认罚从宽制度试点的基础上，探索刑拘直诉机制，办理轻微刑事案件，构建多层次案件处理机制，进一步提速轻微刑事案件办理，实现简案快办、难案精办。

三是充分运用科技手段，提高办案效率。在这方面，仁寿县检察院作了有益的尝试。在“信息化、大数据”的背景下，该院加强信息化建设，积极开展智慧公诉建设，以信息化、网络化、大数据、语音云为手段，注重与认罪认罚从宽制度深度融合，将科技手段广泛应用于刑事司法办案中，开启公诉办案新模式。2018 年 7 月初，该院全面建成“三远一网”办案平台，通过远程提讯、远程开庭等，有效节省了办案在途时间。目前，认罪认罚案件的每名嫌疑人讯问时间平均缩短至 5 分钟，庭审缩短至 10 分钟。同时，该平台还具有远程电子签名、远程捺印、远程送达和同步录音录像的功能，提高了办案效率。目前，该院还致力于大数据辅助系统，打造智能语音转换、远程提讯系统、数据辅助办案等多位一体的智慧公诉信息平台，用“智慧语音系统解放双手，远程提讯解放双腿，大数据系统解放大脑”，全力做好智慧公诉和认罪认罚从宽工作，助推办案效率提升。

四　认罪认罚从宽试点的启发

眉山市检察院 2018 年的试点工作积累了经验，但也遇到一些新问题，如案件适用范围有待拓展、值班律师参与不够、从宽幅度把握不准等。2018 年 10 月新《刑事诉讼法》修改执行，为认罪认罚从宽制度提供了法律支撑，正是有前期的探索实践，在新《刑事诉讼法》修正执行后，认罪认罚从宽制度在眉山范围内顺利衔接贯彻，并将《刑事诉讼法》修订的新制度落地落实。至 2019 年 12 月，全市适用认罪认罚从宽案件 1755 件 2395 人，占一审案件审结数的 60. 85%，涉及危险驾驶罪，交通肇事罪，故意伤害罪，盗窃罪，寻衅滋事罪，走私、贩卖、运输、制造毒品罪等 96 项罪名。其中，起诉 2212 人，不起诉 179 人，不起诉率 7. 49%；幅度型量刑建议

1530 人，确定型量刑建议 479 人，法院采纳量刑建议 1874 人，量刑建议采纳率 89. 11%；普通程序 221 人，简易程序 865 人，速裁程序 514 人，速裁程序适用率 32. 1%；认罪认罚案件一审判处三年有期徒刑及以下刑罚 1487 人，占判决总人数的 70. 7%；判处管制、单处附加刑的有 15 人，占 0. 7%；判处免予刑事处罚 6 人，占 0. 38%；判处十年以上有期徒刑、无期徒刑以上刑罚的有 34 人，占 0. 49%。

在贯彻执行新诉讼法过程中，眉山市检察院还将继续探索、完善认罪认罚从宽制度机制，重点突破各部门配套机制衔接、常见罪名量刑标准、分阶段幅度化量刑规范、确定刑量刑建议、法律援助值班律师制度等实质性问题，进一步解决技术难题，将认罪认罚从宽制度与智慧刑检、“三远一网”等系统工程结合使用，提升办案质效。

B.12

审查逮捕阶段为特殊群体犯罪嫌疑人提供法律援助研究

宜宾市人民检察院课题组*

摘　要： 逮捕作为最严厉的强制措施，为刑事诉讼活动正常进行提供了有力保障，但是如果适用不当，将会严重侵害犯罪嫌疑人合法权益。司法实践中，辩护律师在审查逮捕阶段的介入率远低于审查起诉阶段，其作用发挥远远不够。为解决审查逮捕阶段辩护律师缺位的现实问题，宜宾市检察机关坚持惩治犯罪与保障人权相统一原则，探索建立在审查逮捕阶段为特殊群体犯罪嫌疑人提供法律援助机制，推动法律援助在刑事诉讼阶段全覆盖。

关键词： 特殊群体　犯罪嫌疑人　法律援助

一　在审查逮捕阶段开展法律援助的必要性分析

（一）需求之变，群众期盼由“有没有”向“好不好”转变

进入新时代，社会主要矛盾已经转化，人民对美好生活的需要日益提

* 课题组负责人：李杨，宜宾市人民检察院检察长。课题组成员：黄鹏飞，宜宾市人民检察院第一检察部主任；冯鹰，宜宾市人民检察院研究室主任；执笔人：江政沅，宜宾市人民检察院研究室书记员。

高，精神和物质追求已从“有没有”向“好不好”转变。主要矛盾的分水岭也成为司法服务的转折点，群众期盼得到更多、更优、更好的司法服务。法律援助作为司法服务的重要内容，与人民群众息息相关，甚至是特殊群体的“救命稻草”“希望之源”。目前，中央相继出台了法律援助工作的意见、办法，但总体还处在“有没有”阶段，对如何提供高质量服务，如何提高援助水平，如何解决嫌疑人的烦心事、操心事、揪心事等实质进展不多，群众满意度不高，投诉法律援助工作情况时有发生。因此，急需完善和提高法律援助整体水平，向“好不好”转变，满足群众现实需求，解决群众实际问题，得到群众认可，提升群众的获得感、幸福感。

（二）法治之变，刑事政策由“严打”向“宽严相济”转变

乱世用重典，盛世施仁政。“仁”是儒家治国的核心，是中国历朝历代的执政基石。《大学》曰：“一家仁，一国兴仁；一家让，一国兴让。”“仁”对于一人、一家、一国都极为重要。目前，中国已进入新时代，处于繁荣昌盛、实现中华民族伟大复兴的阶段，更应该用“仁”政来教化社会、感化人民、挽救失足者。最高人民检察院指出，要实行“宽严相济”的司法政策，做到“可捕可不捕的不捕，可诉可不诉的不诉”。“昆山龙哥反杀案”“福建赵宇见义勇为案”就是“宽严相济”政策的真实写照。落实刑事和解、认罪认罚从宽制度等“宽严相济”政策，不仅检察官要“仁爱”，拿捏好罪与非罪、轻罪重罪的尺度，更要让特殊犯罪群体在维护自身权益的同时，真心悔罪，回归社会。在审查逮捕阶段开展法律援助工作，就是让特殊群体犯罪嫌疑人更早获得帮助，更早维护权益，感受到司法公正。

（三）职责之变，检察官由“办案工匠”向“司法大师”转变

新修订的《检察官法》以立法形式对检察官履职作出规定：尊重人权、公平正义。这既体现了检察机关的宪法定位，又提出了新时代对检察官职业的根本要求。最高人民检察院主要领导指出：检察官不仅要做办案“工匠”，还要努力成为司法运用的“大师”。成为“工匠”不易，成为“大

师”更难，这就要求检察官在司法办案中须综合运用政治智慧、法律智慧、检察智慧，营造更好的政治效果、法律效果、社会效果，让人民群众在每一个案件中都感受到公平正义。在审查逮捕阶段开展法律援助工作，就是“三大智慧”的体现，既能体现办案的“力度”，更能体现司法的“温度”，让特殊群体犯罪嫌疑人获得更加优质的司法服务，感受法律的温暖，更好实现“三个效果”的统一。

（四）诉讼之变，控辩双方由“单赢”向“双赢共赢”转变

检察机关曾经只被看作犯罪追诉人和惩治者，重打击轻保护、重实体轻程序，部分检察官也认同这样的标签。也有人把检察官统称为“公诉人”，认为公诉人的职责就是追诉犯罪、从严从重惩处罪犯；认为律师的职责就是接受当事人委托，维护犯罪嫌疑人或者被告人的权益，为其作无罪、罪轻辩护，错误地将检察官与律师对立起来。作为“控辩双方”的检察官、辩护律师，虽然职责分工不同，但同为“法律人”，都承担着推动依法治国、实现公平公正的共同目标和使命。进入新时代，在审查逮捕阶段开展特殊群体法律援助，体现了检察官更加重视人权保障与公平正义，全面收集犯罪嫌疑人有罪与无罪、罪轻与罪重的各种证据，依法保障律师执业，为其提供便利条件，做到不偏不倚、不枉不纵，实现“双赢共赢”。

（五）效率之变，刑事案件由“捕诉分离”向“捕诉一体”转变

检察机关内设机构改革后，实行“捕诉一体”办案模式，原则上由一个检察官或者办案组负责同一案件的审查逮捕、审查起诉职责，“中梗阻”被打破，高速路架通，办案驶入“快车道”。据统计，实行“捕诉一体”后，批捕和起诉时间分别缩短了12.3%和12.4%。据统计，每件案件的瑕疵问题，由“捕诉一体”前的6个下降至不到3个，办案效率、办案效果均有较大提升。下一步将深化“捕诉一体”办案模式，依托智慧检察平台，推进“网络办案系统”建设，全面落实案件繁简分流、轻重分离、快慢分

道工作机制，进一步提升审查逮捕阶段开展法律援助工作的效率和质量，减少司法资源浪费，推进更高质量的司法服务。

二　在审查逮捕阶段开展法律援助的主要特点

为保障人权，切实维护特殊群体犯罪嫌疑人合法权益，宜宾市检察院和市司法局联合制定了《关于在审查逮捕阶段为特殊群体犯罪嫌疑人提供法律援助的实施办法（试行）》（以下简称《办法》），全文共15条，主要有三个方面特点。

（一）特殊群体的界定更加清晰

“特殊群体”概念相对模糊，一直没有清晰的定位，从法律条文来看，现行法律对法律援助对象作了一些界定，《刑事诉讼法》第35条有叙述，但较为简单；《法律援助条例》第10、11、12条对法律援助对象进行了界定，但范围宽泛；《关于刑事诉讼法律援助工作的规定》第9条把法律援助对象分为4类。这些法律条文虽然对法律援助对象进行了提炼概括，但并未对特殊群众进行明确界定。就颁布时间而言，《法律援助条例》《关于刑事诉讼法律援助工作的规定》分别于2003年、2013年颁布实施，难以适应新时代要求。为此，《办法》根据现行法律法规并结合宜宾司法实践，对特殊群体犯罪嫌疑人作出了明确规定，分6类：①可能判处无期徒刑、死刑的犯罪嫌疑人；②犯罪嫌疑人是盲、聋、哑人；③尚未完全丧失辨认或者控制自己行为能力的精神病人；④建档立卡贫困户和低保户；⑤未成年人或者年满75周岁以上的老人；⑥外国人、无国籍人。《办法》首次将75岁以上老人、建档立卡贫困户和低保户、外国人无国籍人纳入法律援助范畴，丰富了法律援助内涵。

（二）保护弱者的理念更加深入

保护弱者是社会文明程度的标志，也是法律援助的题中应有之义。《办法》制定过程中很好地融入了保护弱者理念，按照时代所需，紧盯扶贫攻坚、人口老龄化、留守儿童等领域，将建档立卡贫困户和低保户、75 岁以上老人、未成年人、精神病人、残疾人等社会弱者、困难家庭纳入特殊群体，提供法律援助、聘请公职律师、开展诉讼支持，为维护弱者合法利益搭建“船”和“桥”。同时，将法律援助时间节点从审查起诉阶段提前到审查逮捕阶段，关口前移、援助前置、精力前靠，为弱势群体开辟服务“绿色通道”，及早介入辩方力量，让特殊群体享受法律红利，把法律的“温暖”送到特殊群体家门口，工作做到心坎上，充分体现司法的温度、社会的进步，以及对弱者的保护。

（三）公平公正的理念更加突出

《办法》体现了鲜明的“客观公正”立场，对检察官、援助律师的职责、权利、义务进行了规范，突出了法律援助工作应当遵循的以人为本、公平正义、程序合法三大原则，明确了法律援助工作基调。就承办检察官而言，着重做好四个方面的工作：一是对符合条件的特殊群众犯罪嫌疑人，应当立即向法律援助机构发出“提供法律援助通知书”，并为律师办案提供帮助；二是存在犯罪嫌疑人可能不构成犯罪、对犯罪嫌疑人逮捕必要性争议较大、援助律师提出侦查活动存在违法行为、涉访或涉众和社会影响较大情形之一的，及时召集援助律师和侦查人员到场，当面听取双方意见，综合分析不同观点，确保不偏不倚；三是对援助律师提出侦查活动违法并提供相关材料或线索的，及时开展调查核实；四是及时将是否批准逮捕的决定告知援助律师。同时，《办法》明确了援助律师在接受委托三日内会见犯罪嫌疑人，及时开展法律援助工作的五项职责，并向人民检察院提交书面辩护意见，这对尽早发现案件疑点，定性罪与非罪、轻罪重罪，捕与不捕提供了充足时间，最大限度保障犯罪嫌疑人权益，确保案件公平公正。

三　在审查逮捕阶段开展法律援助的进展情况

《办法》于 2018 年 10 月 18 日制定并实施，在近一年多的推进过程中积累了丰富的经验。

（一）加大制度建设力度

《办法》进一步细化特殊群体犯罪嫌疑人界定、检察官职责、律师职责、组织协调等具体内容，建立法律援助工作机制，形成援助工作标准，为常态化组织法律援助提供了遵循和坐标。作为履行审查批捕职责的检察官，始终坚持证据意识和逮捕条件，强化人权意识，学习研究《刑事诉讼法》《法律援助条例》《关于刑事诉讼法律援助工作的规定》，领会立法本意，全面贯彻落实最高人民检察院检察长在大检察官研讨班开幕时的讲话精神，把自己摆进去、职责摆进去、工作摆进去，深入理解“客观公正”“公平正义”“认罪认罚从宽”等司法理念，深刻认识开展法律援助工作的重要性、必要性，强化司法为民，筑牢做好法律援助工作的思想根基。

（二）加强普法宣传力度

坚持“谁执法、谁普法”原则，与市司法局联合，通过网站平台、微信公众号、检察 App 等，推送宣传信息，解读有关“法律援助”的方针政策和相关法律法规。把国家政策讲透，把法律法规讲明，实现宣传一片、教育一面的良好效果。依托法律“进社区、进企业、进单位”等“法律十二进”普法活动，将“法律援助”下到基层、走入群众，面对面、心贴心地解答特殊群体定义、法律援助程序等问题，引导群众自觉守法、遇事找法、维权靠法。严格审查程序，在审查逮捕阶段，对符合特殊群体条件要求的，集中开展教育和宣讲，讲解法律援助条件、办理程序、期限以及申请人在申请和接受法律援助过程中的权利和义务，并现场回答嫌疑人法律咨询。通过法治教育和宣传，嫌疑人员维权意识加强，法律援助申请人数明显增多。

（三）加大司法服务力度

相较于普通群众，特殊群体犯罪嫌疑人面临的困难更多，有的家庭贫困、经济拮据，有的身体残疾、行动不便，需要社会提供更多的帮助。在司法实践中，我们坚持司法为民，对满足《办法》条件的，及时着手法律援助工作；对疑虑较重、困难较多的，通过办案程序做“减法”，服务质量做“加法”，推动法律援助效果做“乘法”，切实让特殊群体犯罪嫌疑人受关注、得帮助。该项工作开展以来，共为特殊群体办理法律援助案件234件312人。比如，在审查批准逮捕犯罪嫌疑人杨某贩毒一案中，发现其未委托辩护人，由于案件重大，杨某可能被判处死刑，承办检察官及时向司法行政部门发出法律援助函，援助律师在接受委托后，及时阅卷调查，先后向检察机关反馈意见达6次，有效保护了嫌疑人权益，疏导了嫌疑人的消极、抵抗情绪，为案件顺利办理打下了基础。

（四）加大公正办案力度

以“检察官既是犯罪的追诉者，也是无辜的保护者”理念为指导，在审查批捕阶段全面落实“认罪认罚从宽制度”，既从代表国家追诉犯罪行为，也从特殊群体角度保护犯罪嫌疑人正当权益，区分案件性质、情节和社会危害程度，依法办案、公正司法，对危害性不大的初犯、偶犯、过失犯、未成年犯等，积极适用认罪认罚从宽制度；对严重暴力犯罪、社会普遍关注的重大敏感案件，尤其是认罪价值不大的，慎用认罪认罚从宽制度，避免案件处理明显违背人民群众的公平正义观念。2019年来，共对102名特殊群体犯罪嫌疑人作出不予批捕决定，做到该宽则宽、当严则严，宽严相济、罚当其罪。严格保障犯罪嫌疑人权益，优先对特殊群体犯罪嫌疑人开展法律援助，秉持自愿原则，对需要法律援助的特殊群体，在2个工作日内确定援助律师，积极为援助律师阅卷提供帮助，及时安排律师与犯罪嫌疑人会见，畅通沟通渠道，广泛听取律师意见，统筹嫌疑人有利、不利两个因素，作出公正判断，做到不偏不倚、不枉不纵。

（五）加大统筹协调力度

法律援助工作系统性、关联性强，搞好组织协调、统筹联动是提高质效的关键。为此，我们加强与公安机关的衔接，严格对照特殊群体犯罪嫌疑人标准，在第一时间掌握相关证据材料，为审查逮捕阶段作出捕与不捕、实施法律援助打下基础，有效提高工作效率，节约司法资源，确保犯罪嫌疑人权益得到更好保护。加强与司法行政部门和律师事务所沟通，以《办法》为准则，定期召开联席会议，通报工作开展情况，不断完善工作机制。优化法律援助工作流程，严格律师派遣标准，加强监督监管，健全奖惩措施，规范律师从业纪律，要求律师不得违法向案件嫌疑人泄露案件信息，不得毁灭、伪造证据，不断提高法律援助律师职责意识、责任担当，更好地服务于特殊群体。

四　在审查逮捕阶段开展法律援助的问题剖析

（一）办案效果与群众期盼不适应

《办法》制定后，两级检察机关、司法行政机关高度重视特殊群体犯罪嫌疑人的法律援助工作，认真落实相关规定，推动法律援助工作落实。但是，当前正值司法改革的攻坚期、转折期，“四大检察”“十大业务”“认罪认罚从宽”“捕诉一体”等制度机制正在落实之中，工作千根线、归口一根针，无形中削弱了开展法律援助工作的精力。检察机关实施“四大检察”战略，推进“四轮驱动”后，案件数量明显上升。以公益诉讼检察为例，2017 年发出检察建议 11 件，2018 年 105 件，2019 年 347 件，年均增速超 300%，给检察机关办案带来不少压力，加之按照检察机关内设机构改革方案，以办案专业化、案件类型重新设置办案部门后，明显感到案多人少，办案部门人均力量不足。到审查批捕阶段，存在精力不够、与嫌疑人沟通不多、前置推进不够等问题，仅满足于法律援助工作做了、函发了、律师请了，对于律师开展法律援助工作好不好、保护特殊群体犯罪嫌疑人权益到不到位等问题跟进不多、关注不够。甚至个别检察官认为，法律援助是司法行政部门的事，只要函发出去后就可以甩掉包袱，当甩手掌柜，这些问题暴露了个别检察官担当不足，懒作为、慢作为、散作为，为民服务意识不强，效果不好，与群众期盼的服务要求存在差距。

（二）财政补贴与办案经费不相符

法律援助经费的短缺仍然是制约法律援助发展的重要原因。据《中国人权法制化保障的新进展》白皮书介绍，2013～2016年，全国法律援助经费总额为73亿元，平均每年18.25亿元，人均约1.3元，占财政总收入的0.01%，占比极低，这与国内生产总值位居世界第二的大国地位并不匹配。反观国外，2005年美国人均法律援助经费为11.7美元，同样作为发展中国家的南非，2000年人均法律援助经费为7.4兰特，约合6元人民币，均远远高于中国。另外，法律援助律师补贴较低，《法律援助条例》第24条规定："法律援助办案补贴标准由省、自治区、直辖市人民政府司法行政部门会同同级财政部门，根据当地经济发展水平，参考办案平均成本核定。"由于经济社会发展不平衡，在欠发达地区，法律援助补贴捉襟见肘，法律援助律师办理一个案子补贴不过几百元，除去必要的差旅费、交通费、文印费、调查取证费等一系列办案成本所剩无几，这与律师的"智力服务"不相符，在一定程度上影响和制约了律师开展法律援助工作的主动性和积极性。

（三）法援律师与辩护质量不匹配

在市场经济条件下，律师并不是慈善家，其经济收入决定了其生存和发展的高度。据市场调查了解，律师行业收入普遍较高，而法律援助作为一种义务，补贴远远赶不上律师的正常收入。由此，少数律师对法律援助案件产生消极情绪，存在不想接、不愿接的情况，即使接手，也不认真履职，没有站在特殊群体犯罪嫌疑人角度开展相关工作，法律援助质量普遍不高。同时，有的法律援助机构没有建立一整套辩护质量控制标准，在律师指派上存在不足，辩护质量难以提高，辩护效果不尽如人意，导致刑事法律援助案件的辩护质量普遍低于有偿辩护的刑事案件。

五　深化运用审查逮捕阶段开展法律援助的思考研究

（一）在思想认识上求深入

在审查逮捕阶段开展法律援助，其本质就是司法为民。司法为民不是一个“文字游戏”或“速度游戏”，而是一个实实在在的目标。人民群众关心的问题是什么？是刑事诉讼能不能公平点、过程能不能简便点、感情能不能拉近点，等等。作为承办检察官不能忽视人民群众的期盼，不能遇到困难矛盾躲着走、遇到群众诉求绕着行，要牢固树立以人民为中心的司法理念。要紧扣第二批“不忘初心、牢记使命”主题教育，把“初心”含义搞透彻，把服务群众的立场站稳，从群众的埋怨中找危机感，从群众最关心的问题抓起，从群众最希望办的事情做起，从群众最不满意的地方改起，越是群众的操心事、烦心事、揪心事，越要当成心上事、要紧事，马上去做、认真去做，把法律援助工作做实、做好、做出成效，切实取得让特殊群体看得见、摸得着、感受得到的成效。

（二）在司法为民上求深入

发挥检察职能，利用全国宪法日、法治宣传教育月、检察开放日和其他重大节日，为社会公众提供更多法治宣传和服务。积极探索法律援助范围，拓展工作覆盖面，将法律援助政策送给更多需要帮助的特殊群体。配合司法行政机关，推进实体平台、热线平台、网络平台融合建设，运用“互联网+法律服务”技术，实现“一站办、就近办、网上办”，精简特殊群体申请法律援助提交证明材料和案件材料，适度放宽特殊群体法律援助事项和经济困难状况审查，实现当日受理、当日审查、当日指派、快速办理，不断提升服务效率。

（三）在检察办案上求深入

牢记“检察官既是犯罪的追诉者，也是无辜的保护者，更要努力成为中国特色社会主义法律意识和法治进步的引领者”，在办案中融入“多赢双赢共赢”理念，将“国家公诉”与“司法辩护”统一起来，落实特殊嫌疑人法律援助办法，尽可能为残疾人、孤寡老人、未成年人等弱势群体提供方便，该援助的要及时援助，做到有问必答、有呼必应。严格落实“认罪认罚从宽”制度，办案中做到宽严相济，对于事实清楚、罪行较轻、态度良好的要及时启动法律援助程序，适用从宽办法，减少对抗、提升效率；对于罪责较重、影响较大的要慎用从宽、量刑等办法，做到是非分明，该保护的保护，该打击的打击。严格落实新颁布的《检察官法》，以办案为中心，坚持公正立场，消除“控辩双方”对抗情绪，一视同仁对待每一个案件、每一个嫌疑人，按照法定程序，收集罪证证据，诉讼中既考虑对嫌疑人的不利情况，也考虑有利情况，凸显检察官的人民立场、公平立场，做到以事实为依据、以法律为准绳，不偏不倚、不枉不纵，既无过度也无不及，让办理的案件经得起时间、社会、群众的考验，让每一名群众都能体会到检察办案的公平，赢得群众满意。

（四）在辩护质量上求深入

积极配合和支持司法行政机关加强法律援助机构和援助律师队伍建设，规范接待、受理、审查、指派工作。一是认真落实特殊群体法律援助事项范围和经济困难标准，使符合条件的特殊群体能及时获得法律援助。二是改进案件指派制度，综合案件类型、法律援助人员专业特长、受援人意愿等因素，合理指派承办机构和律师，对重大疑难案件，特别是死刑、未成年人等案件，要实行集体讨论、全程跟踪、重点督办，提高法律援助专业化水平。三是推行办案质量与办案补贴挂钩的差别案件补贴制度，以援助质量确定发放标准，增强律师积极性，提高办案质量。四是完善服务质量监管机制，改进法律援助投诉处理机制，增强援助服务机构和援助律师遵守行业规范、职业道德和执业纪律的自觉性，忠诚、尽责、高效地承办法律援助事项，维护受援人的合法权益，努力让受援人满意。

（五）在队伍建设上求深入

加强与司法部门合作，强化律师队伍建设，依托现有资源加强法律援助机构建设，配齐配强人员。把思想政治建设摆在突出位置，切实提高法律援助队伍思想政治素质和职业道德水平。探索法律援助队伍专业化、职业化发展模式，加强法律援助人才库建设，培养一批擅长办理法律援助案件的专业律师。加强教育培训工作，加大培训教材、师资、经费等投入，完善培训体系和工作机制，提高法律援助律师专业素质和服务能力。完善律师、基层法律服务工作者参与法律援助工作相关权益保障、政策扶持措施，调动律师、基层法律服务工作者等人员的积极性。扩大法律援助服务覆盖面，吸纳社会工作者参与法律援助，鼓励和支持人民团体、社会组织开展法律援助工作，调动公益法律援助服务的积极性。多渠道解决律师资源短缺地区法律援助工作力量不足问题，充实县区法律援助机构办案人员，在农村注重发挥基层法律服务工作者的作用，加大力度调配优秀律师、大学生志愿者等服务力量，深入开展法律援助志愿服务行动。

（六）在协调推进上求深入

健全管理体制，加强对法律援助机构执行法律法规和政策情况的监督，完善责任追究制度，确保法律援助机构和人员依法履行职责。加强《法律援助条例》及配套规章制度建设，构建层次清晰、体系完备的制度体系。督促法律援助机构履行组织实施职责，认真做好受理、审查、指派、支付办案补贴等工作，组织引导律师、基层法律服务工作者积极履行法律援助义务，律师每年应承办一定数量法律援助案件，建立健全律师事务所等法律服务机构和人员开展法律援助的考核评价机制。加强与民政、财政、人力资源和社会保障等部门合作，支持法律援助基层基础设施建设，落实经费保障，提供办案便利。加强与人民团体、社会组织和志愿者沟通联系，形成工作合力，推动完善法律援助制度，更好地保障和改善民生。

B.13
社会治理现代化建设的法治保障研究
——基于广安法院参与“共建共治共享”的实践探索

广安市中级人民法院课题组*

摘　要： 广安法院将司法建议视为审判职能的延伸，突出多元解决机制，构建新时代“枫桥经验”，立足辖区特点加强案件审判，参与乡村治理，扎实推进“六个实质化”司法为民，指导村民依法自治，开展普法宣传工作，分析人民法院参与“共建共治共享”社会治理现代化并提出相关对策建议。当前人民法院应当立足审判职能，多维度践行依法善治，突出诉源治理，传承新时代“枫桥经验”，创新社会治理现代化建设，主动融入社会治理现代化建设。

关键词： 共建共治共享　枫桥经验　诉源治理

在中国特色社会主义进入新时代的背景下，中央政法委对各级政法部门提出了“坚持以人民为中心，推动形成‘共建共治共享’的社会治理新格局”的新要求。人民法院作为化解矛盾纠纷、调整利益关系、维护社会公平正义的前沿阵地，同样也肩负着创新社会治理和促进社会和谐稳定的重要使命。

---

* 课题组负责人：郑治，广安市中级人民法院党组书记、院长。课题组成员：胥洪刚、戴建军、陈芸莹。执笔人：陈芸莹，广安市中级人民法院研究室干部。

一　基本情况

（一）广安市的基本情况

广安市地处西南片区，是三峡库区发展的接力带，是四川省唯一的“川渝合作示范区”和毗邻重庆主城区最近的地级市，属于重庆1小时经济圈，有“川东门户”之称。2019年四川广安市户籍总人口为464.7万人。其中，农村人口351.5万人，城镇人口113.2万人；年末全市常住人口325.0万人，其中，城镇人口130.8万人，农村人口194.2万人，城镇化率40.2%，农村人口占比较大。

广安市下辖6个区县，总面积为6344平方公里，区（县）法院下辖28个人民法庭（见表1），共配备员额法官34名，除6个人民法庭配备2名员额法官外，其余人民法院仅配备1名员额法官。而全市法院所有人民法庭年均受理案件7100件左右，人民法庭员额法官年人均办案数为209件左右。

表1　广安市辖区28个人民法庭分布情况统计

区县	辖区面积（平方公里）	辖区人口（万人）	法庭名称
广安区	1032	115.7	协兴法庭
			恒升法庭
			花桥法庭
			枣山法庭
前锋区	504	36.8	前锋法庭
			观阁法庭
			代市法庭
			经济开发区法庭
华蓥市	470	36	天池法庭
			高兴法庭
			溪口法庭

续表

区县	辖区面积(平方公里)	辖区人口(万人)	法庭名称
岳池县	1479	116.6	顾县法庭
			坪滩法庭
			西溪法庭
			石垭法庭
			罗渡法庭
武胜县	966	84.8	华封法庭
			中心法庭
			乐善法庭
			万善法庭
			飞龙法庭
			烈面法庭
邻水县	1919	80.2	丰禾法庭
			柑子法庭
			坛同法庭
			九龙法庭
			石永法庭
			兴仁法庭

（二）当前广安市社会治理现代化建设法治基础

广安市作为西部欠发达地区，以深入实施普法宣传五年规划为契机，大力弘扬法治精神，培育法治信仰，推动法治实践，全市“办事依法、遇事找法、解决问题用法、化解矛盾靠法”的社会治理现代化建设的法治良序基本形成。

一是法治理念深入人心。2019 年，全市 330 余万人接受了不同形式、不同程度的普法教育，法治适龄受教育面达 98%，农村法律知识普及率达 91% 以上，城镇居民法律知识普及率达 96% 以上。全市信访总量由 2018 年的 639 件下降为 2019 年的 583 件，总体呈下降趋势；全社会尊法学法守法用法意识不断增强，传统信访不信法、信上不信下的状况得到改观。通过司法途径运用法律手段维护自身权益已成为群众和社会基本共识。

二是法治建构初见成效。深入实施依法治市纲要，加快建设法治政府，建立健全重大事项决策法律咨询论证、法律顾问（团）等制度，法治体系更加健全，行政效能明显提升。加大法律服务供给力度，实施“万千百十”普法惠民实事工程，2019 年，全市培育“农村法律明白人”26586 名，建立贫困村法律援助联系点 833 个，181 个乡镇（街道）、3191 个村（社区）法律顾问实现全覆盖，每年办理法律援助案件近 2500 件。各类社会性专业法律服务组织蓬勃发展，全市目前共有律师事务所 25 家，执业律师 273 人，公证处 7 家、司法鉴定机构 4 家、基层法律服务所 35 家。

三是法治文化蓬勃发展。嫁接法治文化与红色文化、曲艺文化、民俗文化，创编并精选法治小品《调解换回合家欢》、灯戏《嫁妈》、情景剧《司法为民讨工钱》、地方剧《毒之害》等优秀法治文艺节目 60 个，征集法治微电影、微视频、动漫 82 部，全市成功打造广安区北辰湖治文化公园、武胜飞龙—白坪法治文化示范带、邻水县邻州法治广场、大河坝法治文化大院等法治文化阵地 61 个，为经济社会发展和人民群众安居乐业提供优质高效的法律服务和坚强有力的法治保障。但总体来看，社会治理现代化建设与人民群众日益增长的法律服务需求和法律服务供给不平衡不充分的矛盾现实而迫切。

二　实施背景

“中国的司法必须回应中国的问题，当代中国的司法必须有效回应当代中国的问题，即使司法有难处，即使以前缺乏经验。任何国家的司法都必须分担一定的治理国家和社会的政治责任，这是无法逃避和放弃的。”① 在依法治国语境下，人民法院以多种方式参与社会治理，主动融入社会治理新格局，无疑具有必要性。这种必要性既源于社会治理的现实需要，也源于法院自身的角色定位。

---

① 朱苏力：《关于能动司法与大调解》，《中国法学》2010 年第 1 期，第 5 页。

（一）宏观层面："共建共治共享"社会治理新格局

十九大报告指出："要打造共建共治共享的社会治理格局。"中央政法工作会议提出："坚持以人民为中心，推动形成共建共治共享的社会治理新格局；坚持以善治为目标，推动创新城乡基层社会治理新模式；坚持以预防为基点，构建社会矛盾风险综合防控新体系；坚持以党建为引领，筑牢社会和谐稳定新防线。"从十九大和中央政法工作会议精神来看，"共建共治共享"的提出，回应了社会主要矛盾的变化，体现了执政党对公共治理理念的吸纳认同。共建共治共享是新时代社会治理格局的建设方向①，构建共建共治共享的社会治理新格局，重点在基层，难点也在基层。由于人民法院的基层法院直接面向基层、面向群众，在社会治理新格局下，其具有重大社会责任，也扮演重要的角色。人民法院参与社会治理，有利于培养公民的法律思维，建设公民社会环境。

（二）微观层面：社会矛盾纠纷现状

社会治理以社会矛盾的化解为核心。当前，社会主要矛盾的变化已经促使法院受理的主要矛盾纠纷由身份关系纠纷向经济纠纷转变。以广安两级法院为例，以往社会矛盾一般是以家庭矛盾和邻里矛盾为代表的婚姻家庭纠纷、相邻关系纠纷。随着社会主义市场经济体制的逐步完善，如今已经扩展到社会经济生活和政治生活的各个领域，经济纠纷、合同纠纷等涉法诉讼矛盾纠纷渐渐占据主流。截至2019年，广安两级法院合同类案件占比达72.93%。从司法视角来看，当前社会矛盾纠纷主要呈现以下几个特征。

1. 传统行政和社区调解渐显疲软

随着城市化进程的迅速推进，经济结构转型与产业结构提档升级的节奏日益加快，第二产业、第三产业的大力发展，农业人口比重迅速降低，被劳

---

① 马庆钰：《共建共治共享社会治理格局的意涵解读》，《行政管理改革》2018年第3期。

动关系覆盖的人口迅速增多。在经济发展的现行压力下，不可避免地会出现“强资本弱劳工”现象，再加上因转型升级导致的企业破产、并购逐年增多，引发了种种劳动纠纷和矛盾。从2018年到2019年，广安全市受理的劳动争议纠纷从6569件增长至14110件，其中最终进入审判程序的案件数从1355件增长至3952件。经济关系矛盾的激增，导致以往适用于解决身份关系类纠纷的传统行政和社区调解等手段逐渐暴露出疲软之势，新增矛盾纠纷大多以司法方式处理。

2. 集中体现了刚性矛盾的高风险性与扩张连带性

刚性社会矛盾使群众在利益表达方式与维权方式上更趋向非制度化手段，因而其发展趋势具有高风险性。经济纠纷、合同纠纷、劳动争议等刚性矛盾与基本民生密切相关，这些矛盾纠纷相互影响、相互叠加。因此，社会治理现代化格局下社会矛盾还呈现容易扩张连带的特点，它们往往以群体性事件方式爆发。从广安两级法院2017～2019年群体性案件情况来看，案件总量呈现增长趋势，每起案件参与的当事人人数诉求各不相同，以时下热门的物业服务合同纠纷、劳务合同纠纷、劳动争议等为主（见表2）。这些刚性矛盾所表现的特性需要社会治理各责任部门通力配合，各展所长，才能达到更好的纠纷化解效果。

表2　广安两级法院2017～2019年涉群体性案件统计情况

案件类型	2017年	2018年	2019年
涉物业服务合同纠纷案件	5起103件	22起867件	38起2876件
涉劳务合同纠纷案件	9起69件	25起323件	28起361件
涉劳动争议案件	17起160件	28起1613件	34起2802件
总　计	31起332件	75起2803件	100起6039件

3. 政府及社会组织化解社会矛盾存在局限性

政府作为社会治理主要“负责人”，是社会治理的重要推动者，囿于法律规定和工作职能，政府推进社会治理存在两难特点。一方面，由其职能所决定，政府能够将“管理的手”伸向社会矛盾的方方面面，能够调停几乎所有的矛盾纠纷。但依照现有法律规定，政府利用行政手段能够终结处理的矛盾纠纷类型并不多，且涉及面也相对较窄。如果单靠政府处理矛盾，将会产生数量不少的“漏网之鱼”。另一方面，随着法治化和社会主义民主政治进程的不断推进，公民利益诉求的内容呈现多样化，且诉求方式也日益多元化。由于政策制定者往往从自身政策目标出发，群众则立足于维护自身利益，双方有时会成为矛盾纠纷的当事人，群众内心对政府处理此类问题可能持有一定程度的消极态度，从而不利于矛盾的化解。

社会组织应为新时代社会治理的重要参与者，但是其存在内生局限，往往难以发挥实效。现有的社会组织受民政部门和业务主管单位的双重领导，处于附属地位，在参与社会活动时，自己的主张和声音难以独立地展现出来。多数社会组织的工作人员以兼职为主，缺乏专门的人才队伍，自身建设能力薄弱，预防化解社会矛盾的程度很有限。同时，由于社会组织是非营利性组织，在缺乏有效激励机制引导的情况下，其工作主动性和积极性不高，人民群众自然对其专业化能力和矛盾处理的信任程度达不到预期。同时，社会组织参与预防和化解社会矛盾还缺少有效的平台或载体，介入机制不健全，难以形成工作合力。

4. 人民法院矛盾纠纷化解具有独特性

人民法院是国家的审判机关，通过审判处理各类社会矛盾纠纷，其化解矛盾纠纷的手段和特点区别于其他国家机关。法院裁判具有强制性、终局性和中立性。《宪法》第 131 条规定：“人民法院依照法律规定独立行使审判权，不受行政机关、社会团体和个人的干涉。”法院和法官在解决矛盾纠纷中“以中立的身份和地位，依公正、科学的司法程序，居中加以解决”，司法的中立地位使社会冲突在真正意义上被纳入司法程序，并确保裁判者在当事人之间的中立从而减少裁判对社会的震动[①]。这一特性让法院解决矛盾更易于被接受；同时，法院司法活动也具有专业性、法治性，是法官凭借专业知识和实践经验依法进行的。诸如伤残等级、

① 罗晶：《略论中国的司法独立》，载《湖北科技学院报》2013 年第 6 期。

工程造价、损害形成原因等，就涉及其他专业技术人才和法官的专业性判断。法院“以法律为准绳”进行裁判，其工作行为本身就是对法治的一种贯彻。

三　主要做法及成效

共建共治共享社会治理是党委领导下全社会共同参与的系统工程，需要基层职能部门和公众通过多种方式同心协力共同完成，也要求社会治理创新职能部门和公众共同参与，积极推进。在社会治理创新和能动司法理念的指引下，近年来全国各地法院逐渐自觉融入社会治理，广泛运用多种方式促进社会公平正义。

（一）将司法建议视为审判职能的延伸

广安法院始终将司法建议视为审判职能的延伸，将其作为化解矛盾纠纷、参与社会治理的重要方式。从 2019 年广安两级法院向政府机关、企事业单位发出司法建议书 65 份，对促进社会安定和谐发挥了重要作用。这些司法建议的反馈采用率达到了 95% 以上，主要针对审判执行工作中发现的涉及经济社会发展、劳动者权益保护等民生问题或相关行业或部门中存在的普遍性问题以及发现的违法犯罪行为，提请有关单位依法处理或积极应对。例如，为解决因立案需要查询公民户籍身份信息导致的立案难问题，向公安户籍管理部门发送司法建议 9 份；为构建物业公司和业主的良性互动关系，向辖区内物业服务公司发送司法建议 24 份；为防范银行卡网上盗刷犯罪，向银行等金融机构发送司法建议 10 份。其他方面的司法建议还聚焦征地拆迁、金融借款、离婚登记、交通事故、劳动仲裁等方面，对协调与征地拆迁主管部门、金融机构、民政部门、交警部门、人社部门处理征地拆迁补偿纠纷、借款合同纠纷、婚姻家庭、交通事故、劳动争议纠纷适用法律的统一性也起到了积极作用。相关司法建议的反馈采用率达到了 90% 以上。

（二）突出多元解决机制，构建新时代“枫桥经验”

培育调解组织参与共治，突出多元调解。新时代“枫桥经验”强调矛盾纠纷调解优先，重视中立第三方调解组织、人民调解队伍建设。广安两级法院从2016年下半年开始参与构建和完善“人民调解、司法调解、行政调解、信访调解”四位一体大调解格局的矛盾纠纷多元化解决机制。这一机制充分发挥司法调解的主导作用，并纳入全县“大调解”体系。“大调解”工作首先从民事调解开始，逐步延伸到刑事附带民事诉讼的调解、行政诉讼的案外协调、执行案件的案外和解。为部署“大调解”工作，先后出台了实施意见、工作制度和考核办法等文件，建立了组织机构，聘请了专职调解员，确定了兼职调解员，建立了调解员信息库。构建多元化纠纷解决机制的过程如下：其一，在诉前或诉中，通过向基层组织、村镇社区发送邀请调解函，广泛邀请基层干部、社会贤达、调解能手参与案件调解过程，集众智以解纷难；其二，诉讼中，将部分有调解可能的案件委托至人民调解委员会调解或指导人民调解委员会调解；其三，探索发掘律师积极作用，吸纳律师作为调解力量，通过举行“律师接访日”等具体活动，凝聚法律自由执业者的力量。截至目前，广安两级法院已建成专用调解室10个，组建人民调解员队伍70人、特邀调解员40人、专职调解员14人、兼职调解员96人。在矛盾纠纷多元化解决机制运行过程中，通过调解分流的案件年均达到15%左右。

（三）立足辖区特点，加强案件审判参与乡村治理

广安市辖区内人民法庭按照辖区特色产业以及相关案件审判情况，在相应辖区人民法庭的功能设计上进行了相应的倾向性调整。比如，有的法庭开展家事审判改革创新试点，充分发挥“女子法庭”在家事审判中的优势，加强“家事审判”法庭对辖区内婚姻家事案件的审理，为辖区内家事和谐提供司法保障服务；有法庭立足当地乡村旅游景点，针对辖区特点，立足辖区旅游环境维护与环境资源保护，加强类型案件审判；有法庭常态化开展“坝坝法庭”并不断总结巡回审判经验，以“看得见”的方式实施案例助推

纠纷化解工程；也有法庭立足工业园区，为园区建设提供优质高效的司法服务保障；等等。针对辖区特点，及时高效回应群众的合法利益诉求，充分通过司法手段处理辖区内经济、社会、环境资源等事务，放大案件处理效果，形成溢出效应，着重发挥特色审判工作对乡村治理的外溢功能，进而形成司法审判职能与乡村治理的良性互动。

（四）扎实推进“六个实质化”，实现为民司法

1. 推进服务大局实质化

充分发挥审判职能作用，服务地方经济社会健康发展。增强服务大局的主动性、针对性、时效性。出台四川省广安市中级人民法院《关于推进服务大局的实施意见》。围绕党委工作大局，开展服务大局“十大精品案件”“十佳司法建议”“十个优秀调研报告”等评选活动，引导全市法院干警为服务大局出真招、见行动、求实效。推进平安广安建设，维护国家安全和社会稳定，纵深推进扫黑除恶专项斗争，促进社会治安持续转好。依法严惩杀人、强奸、“两抢一盗”、“黄赌毒”、危害食品药品安全、校园欺凌、校园贷、网络诈骗等人民群众反映强烈的犯罪，切实增强人民群众安全感。

2. 推进诉源治理实质化

坚持创新发展新时代“枫桥经验”，推进“诉源治理”，推进共建共治共享的社会治理格局建设。发挥人民法庭开展巡回审判、宣传咨询、纠纷快处等作用，大力开展“无讼社区”“无讼村”创建活动。创设“无诉村社”示范点28个。立足本地实际，调动法庭工作人员的主观能动性，不定期到村社示范点调解纠纷，进行普法宣传等，渐进推动示范点各项工作、制度的规范化与常态化。同时，不定期与乡村党委、政府、司法所等机关、机构沟通交流，发现纠纷并摸排隐患，发挥各主体的纠纷化解职能优势，促成信息共享、功能互补、纠纷互调。探索“小事不出村，大事不出镇，矛盾不上交”为目标的治理方式。强化诉前引导，加强当事人诉前预判，从源头上减少矛盾纠纷。引入律师调解、人民调解、公正、仲裁、司法鉴定等法律服务资源，确保诉与非诉无缝衔接。推进调解前置程序改革，依托大调解机制，完善委

托调解，优化“在线一站式多元解纷”工作，提高纠纷化解智能化水平。

3. 推进诉讼服务中心实质化

推进诉讼服务中心实质化运行，实现简单案件在诉讼服务中心直接办结，多种调解、心理疏导、法律援助等工作在诉讼服务中心完成，疑难案件有序流转到后台审理。推进诉讼服务中心提档升级，科学整合接待、立案、调解、执行等功能，为当事人提供全方位、一站式的诉讼服务。推进道路交通损害赔偿纠纷“网上数据一体化处理”试点，加强与公安、司法、保险等部门的协作，让“数据多跑路，群众少跑腿”。推进案件繁简分流，诉讼服务中心设立速裁场所，建立速裁团队；提升诉讼服务智能化水平，为人民群众提供更加便捷的诉讼服务。

4. 推进庭审实质化

推进以审判为中心的刑事诉讼制度改革，在中院刑事审判庭、岳池法院试点的基础上，将审判中心改革推广到全市法院，结合司法责任制改革，还权于合议庭，院长、庭长原则上不再签发本人未参加审理案件的裁判文书。鼓励合议庭自行决定法律适用，对合议庭因事实认定或者自行决定适用法律被上级法院改判的，只要无徇私枉法行为，不是犯简单常识性错误的，都不予追究错案责任，仅仅作为审判质效考核依据之一。大幅缩减审判委员讨论刑事案件的类型，八种错案情形终身追究相关人员错案责任。拓展审判庭审功能。民商事、行政审判也要做到繁案精审，强化行政机关负责人出庭应诉。强化庭审实质化成果转化，总结庭审实质化适用经验、做法，提高审判效率。

5. 推进执行指挥中心实质化

将网络查控、简案执行、结案审查、质效管理、指挥调度、异地委托等工作集约起来，以信息化手段推动最终解决执行难。推动党委政府出台“失信被执行人信用监督、警示和惩戒机制建设”的意见、通知，建立“执行 + 保险”“执行 + 网格员”“执行 + 移动通信”等执行联动新模式，发布执行悬赏公告，公开曝光失信被执行人。健全以最高人民法院“总对总”网络执行查控系统为核心，以省法院和市法院“点对点”网络执行查控系统为补充，覆盖全国的存款及其他金融产品、车辆、证券、股权、房地产等主要财产形式的网络化、自动化执行查控体系，有效破解了查人找物难题。不断拓展对失信被执行人联合信用惩戒的范围和深度，形成多部门、多行业、多领域、多手段联合信用惩戒工作新常态，让失信被执行人寸步难行、无处逃遁，迫使其自动履行法定义务。

6. 推进文化建设实质化

出台《2019 广安法院推进文化建设实质化工作方案》，以“法的内涵、院的特色、文的品位、化的功能”为主线，传承发扬“广德尚法　安平持正”的广安法院精神，按照“五型法院”创建对文化建设聚活力的要求，进一步完善器物文化、锻造行为文化、强健精神文化，打造具有法官风骨、法院特色、广安法院精神的文化精品，为全面开创广安法院工作新局面提供强大的思想保证、内生动力和人才支撑。

（五）指导村民依法自治

在辖区的村内管理、村民议事等方面，广安市辖内两级法院的人民法庭依法提供指引，并给出相应意见建议。人民法庭参与当地治理时，尊重村民主体地位，坚持民事民议、民事民办、民事民管，通过列席会议、发放联系卡、结对帮扶等方式加强与村两委及其他村民自治组织的沟通交流，在处理民间矛盾、制定自治章程、起草村规民约等方面提供法律咨询并及时进行指导。对辖区涉村委会内部管理、农村承包地与宅基地等土地流转、村民建房等相关事务提出改进意见和建议，为村民自治事务提供法律参考。

（六）开展普法宣传工作

广安市辖区两级法院的人民法庭结合本地实际，深入到村、到户进行普法宣传，尤其对辖区内以及周边辖区发生在村民身边的案件，如村民离婚纠纷、村民与村委会的征地补偿纠纷、涉嫌非法集资的借贷纠纷、农村建房纠纷、邻里关系纠纷、破坏生态环境以及侵权纠纷等，进行重点宣传，关注矛盾最易集中的纠纷，关心村民最切身的利益，以案说法，并不定期开展“巡回审判”，发挥“审理一件，教育一片”的作用。

四　问题与不足

广安法院虽然通过多种方式参与社会治理，但与共建共治共享的社会治理现代化相比还存在一些差距和不足。这也从客观上反映了一部分人民法院普遍面临的现状。具体而言，主要表现在以下几个方面。

一是依法治理的群众基础薄弱。大多数群众法律意识不强、法律知识水平有限，往往不知道如何通过司法途径或者不愿意走司法途径来维护自身合法权益，使得“信访不信法”现象普遍存在。随着教育水平的提高，一般群众的守法观念逐渐固化，部分群众“守法但不守信”，在司法活动中具体表现为拒不履行生效裁判文书的人数居高不下。

二是共建共治合力不强。当前，党委领导、政府负责、社会协同、公众参与、法治保障“五位一体”的社会治理体制尚未深入人心。各个职能部门参与社会治理工作多从自身职能定位出发，往往能够做好本职工作，但与“共治共建”要求相比尚存在一定差距。由于缺乏刚性约束和上级统一调度，矛盾纠纷多元化解机制更多停留在浅尝辄止阶段。

三是参与社会治理创新程度不高。“加强和创新社会治理”是十九大报告对共建共治共享社会治理新格局提出的要求。以广安法院为例，矛盾纠纷多元解决机制缺乏创新和亮点，以往的“大调解”思路和色彩浓厚，未最大限度弘扬法治精神，推动多元共治、互动自治；司法建议也仅限于“文来文往式”交流，和其他地方法院一样，忽略了保障“多元”参与主体的平等地位，没有组织广大利益相关者围绕“共治”目标展开互动与交流①。广安两级法院曾推行“一村一法官”工作机制创新，但识别度并不高，基层群众普遍将其与乡镇法庭功能等同。

四是司法公信力有待进一步提升。由于法官的司法能力水平还不能完全

① 魏新璋、葛红伟、杨治、夏祖银：《积极延伸审判职能，助力法治浙江建设——浙江高院关于2014年开展司法建议工作的调研报告》，《人民法院报》2015年1月15日。

适应人民群众不断增长的司法需求，部分裁判还存在认定事实不准、说理论证不清、责任划分不明现象，导致司法在群众中的权威还不够高。此外，各级法院还存在超审限案件、上诉改判、发回重审及再审改判等案件，对司法公信力也有负面影响。同案不同判、裁判文书重大谬误，甚至出现极个别的冤假错案，则是对司法公信极其严重的破坏。部分法官司法作风差，甚至贪污腐败，也导致了人民群众对法院整体的不信任。

五　对策建议

共建共治共享的社会治理现代化是以社会治安管理为基础，具备多层次、网格化、柔性与预防性特征的社会管理①。“共建”指治理主体多元化，强调坚持“五位一体”治理体系，“共治”指调动包括宣传、综合治理等在内的各种手段，“共享”意指全民共享的目标。

（一）明确角色定位，践行依法善治

人民法院应当明确“司法裁判机关”定位，立足审判职能，在社会治理新格局下践行依法善治。只有定位准确，才能在治理过程中取得依法善治的实效。具体而言，可采取以下思路。

1. 整合司法资源配置，提升治理能力

司法资源的优化配置直接关系到法院参与社会治理的能力和司法公信力的提升，人民法院应提高各种司法制度资源的社会治理能力并优化配置各种制度资源。而配置的前提便是整合多种司法资源，沟通国家权力与民间自治，使各种制度资源有序衔接，充分发挥各自优势，避免或尽量避免劣势。以纠纷预防和化解为例，司法制度资源和非司法制度资源配置主要有纠纷的分流、人力资源的分工合作、知识和信息的交流等方面。

---

① 薛应军：《十九大报告确定社会治理新路径》，《民主与法制时报》2017 年 11 月 19 日。

2. 规范司法建议，提升建议质量

司法建议归根结底是一种柔性的治理方式。司法建议具有防范风险、纠纷解决、权利保障、政策引导、改错补漏、教育宣传等功能，人民法院应当规范司法建议流程，提升司法建议质量：其一，应引入跟踪监督机制，将司法建议全面公开，广泛征求建议对象和社会公众的意见；其二，要丰富司法建议的形式，提高建议的可接受性；其三，追求“少而精”的建议，建立质量保障机制，既要确保建议问题“找得准”，也要确保建议内容“行得通”。

（二）突出诉源治理，实现共建共治共享

诉源治理对完善矛盾纠纷多元化解机制具有重大意义，包括使纠纷止于萌芽、避免已出现的纠纷形成诉讼、通过诉非衔接化解纠纷三层内涵①。在完善矛盾纠纷多元化解机制方面，基层人民法院应当借鉴蒲江县人民法院、崇州市人民法院的成熟经验，突出诉源治理，实现共建共治共享。诉源治理应贯穿于法院的所有案件和所有流程。就所有案件而言，刑事诉讼、民事诉讼、行政诉讼均应纳入诉源治理，只有审判办案工作扎实、执行案件才会减少。就所有流程而言，诉源治理覆盖从立案、审判到执行的全部流程，应当首尾兼顾，实现立审执联动。

（三）传承新时代“枫桥经验”，创新社会治理现代化

“以群众为主体，推动治理主体从多方凝聚；以善治为目标，推动治理方式向多元集成；以基层为基点，推动治理重心向基层下移；以科技为支点，撬动治理手段向信息化、数据化转变。”② 新时代“枫桥经验”凸显德治、法治与自治三个内核，它侧重于以群众路线为抓手，通过民主促进德治

① 郭彦：《共建共赢，内外并举，全面深入推进诉源治理》，《人民法院报》2016 年 12 月 28 日。

② 彭绮琴：《新时代“枫桥经验”新亮点系列之一：枫桥经验紧扣时代脉搏历久弥新》，《法治日报》2018 年 4 月 9 日。

和自治；以法治精神为统领，以法治规范自治和德治。作为社会治理创新的重要参与者和推动者，人民法院应当传承新时代“枫桥经验”，参与社会治理创新。

一是探索建立健全司法便民利民的长效机制。人民法院应建立健全长效机制，不断改进司法作风，通过一个个具体的司法便民举措，更好地维护群众根本利益。其一，基层法院应当在认真贯彻落实最高人民法院《关于进一步做好司法便民利民工作的意见》（法〔2014〕293 号）的基础上，探索推行司法便民利民新举措；其二，要着力提升法院干警的职业素养、业务能力和司法礼仪，提高司法服务水平。

二是强力推进智慧法院建设，让群众共享智慧法院成果。虽然 2018 年 4 月最高人民法院发布的《智慧法院建设评价报告（2017）》显示，全国智慧法院已初步形成①，但受财力限制，基层法院仍存在部分短板。因此，人民法院应当积极争取地方党委、人大、政府的支持，在“互联网 +”司法服务体系下，既可以探索诸如在线纠纷调解、远程视频开庭、远程阅卷等方式，又可以采用“法信”“智审”“易诉”等智能化平台等，让群众实实在在共享智慧法院成果。

三是积极参与和推进社会治理创新，实现法院科学发展。人民法院积极参与和推进社会治理创新，不仅可以解决审判实践面临的难题，还可以为法院的科学发展提供良好的契机。因此，人民法院在社会治理创新中，应当“科学而为”，既要做到不缺位、不虚位，又要做到不越位、不错位。实践中，在贯彻“五位一体”社会治理现代化基础上，应找准着力点，与相关职能部门共同推进社会治理创新项目。人民法院可以结合反家暴保障机制、家事审判工作机制、无讼村居构建等项目，积极争取支持并献策参与。

---

① 2017 年度全国法院智慧法院建设平均指数为 72 分，标志着全国智慧法院已初步形成。

公益诉讼

Public Interest Litigation

B.14
南充市检察机关公益诉讼工作调研报告

南充市人民检察院课题组 *

摘　要：　检察机关提起公益诉讼制度，是党中央推进全面依法治国的一项重大改革举措，是完善法律监督体系、加强法治建设的重要制度设计。检察机关开展公益诉讼工作对维护国家利益和社会公共利益、完善公益保护体系、推进依法行政、加强法治建设具有重要意义。南充市检察机关秉承双赢多赢共赢理念，坚持以使命责任为引领，以司法办案为中心，把公益诉讼作为检察工作新的增长点，紧扣生态环境保护重点领域，积极作为，有效推动公益诉讼工作深入发展。

* 课题组负责人：王岚，南充市人民检察院副检察长。课题组成员：张莉，南充市人民检察院民行处处长；江世平，南充市人民检察院研究室主任；敬永国，南部县人民检察院检察长。执笔人：何奇峰，南部县人民检察院民行科干部；李鹏，南部县人民检察院民行科干部。

关键词： 检察机关　公益诉讼　基层法治实践

近年来，随着经济飞速发展和社会快速转型，利益结构变化导致利益主体多元化、利益关系复杂化，基层公共利益司法保护乏力问题严重。为弥补公益司法保护缺位，检察机关探索建立提起公益诉讼制度，该制度是党中央推进全面依法治国的一项重大改革举措，是完善行政监督体系、加强法律监督的重要制度设计，对完善公益保护体系、推进依法行政，推动法治国家、法治政府、法治社会一体化建设和社会经济发展具有重要意义。

为满足人民群众对法治、安全、环境等方面的新需求新期待，南充市检察机关积极围绕党委政府中心工作，紧紧抓住“公益”核心，聚焦社会焦点和民生热点，不断整合检察资源，以协调、绿色发展理念和双赢多赢共赢的监督理念为指导，以办理公益诉讼案件为核心，以开展生态环境与资源保护、食品药品安全保护等专项监督为抓手，以队伍建设、智慧科技强检为支撑，以创新机制、争取支持为保障，充分发挥检察机关在公益诉讼中的监督作用，坚持“为民而战”，到位而不越位，履职而不代庖，助力打好“三大攻坚战”，主动服务经济社会发展大局，全力保障群众的幸福感和获得感。

一　公益诉讼工作基本情况

南充市检察机关严格按照上级部署，立足区域发展实际，因地制宜，不断加强生态环境和资源保护，筑牢生态保护屏障；加强食品药品监管，维护“群众舌尖上的安全”；加强国有财产安全保护，维护国有土地使用权出让秩序；加强英烈保护，积极维护英烈名誉，努力为“建功新南充”提供良好的法治保障。2017～2019 年，全市检察机关在履行公益监督职责中发现生态环境与资源保护、食品药品安全、国有资产保护、国有土地使用权出让、英烈保护等领域线索 994 条，立案 977 件，其中行政公益诉讼 894 件，民事公益诉讼83件，发布诉前公告和向行政机关提出诉前检察建议612件。全市检察机关提起诉讼36件，其中行政公益诉讼2件，刑事附带民事公益诉讼34件。法院审结31件，均判决支持检察机关全部诉讼请求，行政机关主动履职，检察机关撤回起诉1件。办理的公益诉讼案件中，生态环境与资源保护领域751件，食品药品安全领域98件，国有资产保护领域92件，国有土地使用权出让领域17件，英烈保护领域19件（见图1）。

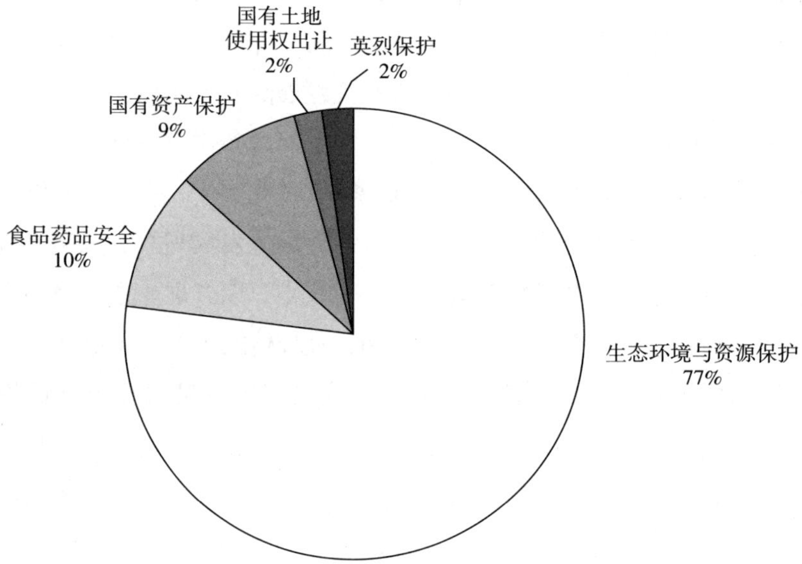

图1　公益诉讼案件领域分布

二　主要做法与成效

（一）强化组织领导，构建公益保护大格局

一是严格落实公益诉讼工作报告制度。定期采取信息专报、专题汇报等形式，积极向党委、人大汇报检察公益诉讼工作开展情况，赢得理解和支持。南充市检察院向南充市委专题报告公益诉讼工作，得到南充市委主要领

导的充分肯定，并批示要求政府常务会安排学习公益诉讼。南部、高坪、蓬安县检察院就公益诉讼开展情况向当地党委、人大作了专题汇报，得到县（区）委主要领导的肯定性批示。顺庆区人大常委会听取并审议了顺庆区检察公益诉讼工作开展情况，对顺庆区公益诉讼工作予以充分肯定，并提出了审议意见。

二是依靠党委、人大推动工作。省委、省政府办公室《关于深入推进公益诉讼工作的实施意见》下发后，南充市检察院积极争取和推动市委、市政府办公室下发通知，就该实施意见在南充贯彻落实作出翔实部署。全市9个县（市、区）党委、政府办公室先后出台了支持检察机关开展公益诉讼工作的意见。阆中市委、市政府办公室制定的《阆中市公益诉讼实施办法（试行）》将公益诉讼工作纳入党委政府目标督查和年度绩效考核，并将检察机关提起公益诉讼所需开展调查取证、专家咨询、环境监督、鉴定评估等费用纳入市财政统一预算。嘉陵区委牵头召开了公益诉讼工作联席会议，区监察委、环保局等23个部门主要负责人参会，为嘉陵区开展公益诉讼工作奠定了基础。南充市政协视察了全市检察机关公益诉讼工作，15位市政协委员走进公益诉讼案件整改现场，提意见、谈体会，有效助推公益诉讼工作开展。

（二）完善工作机制，强化协作配合

一是健全行政执法与公益诉讼衔接机制。在开展公益诉讼工作中，全市检察机关牢固树立“双赢多赢共赢”监督理念，积极加强与行政机关的沟通配合，构建一体化工作格局，进一步健全行政执法与检察监督长效协作机制。全市检察机关与国土、环保、市场监管、农牧业、水务等行政部门联合会签11个关于公益诉讼工作的文件，就线索移送、调查取证、公益诉讼诉前程序、法律适用、协作配合等问题达成共识，建立了信息共享、工作联席会等协作机制，进一步实现了资源互享、信息互通、优势互补、工作互动。南充市检察院牵头与国土资源局等14个行政机关会签了《关于检察机关与行政机关在公益诉讼工作中加强协作配合的意见》，强化公益诉讼与行政执

法的有效衔接。同时为增强检察监督刚性，全市检察机关与市、县两级监察委联合制定了《关于在公益诉讼工作中加强衔接协作配合的意见》，建立了线索双向移送机制，行政机关对检察建议不予回复、拒不整改等情形，监察机关将要求所涉部门、人员作出解释和说明。鉴于部分被破坏的林地因各种因素不宜或无法原地补植林木，检察机关和林业局共同研究建立公益诉讼生态修复林。仪陇县检察院与县林业局、森林公安局制定了《关于建立仪陇县生态修复林的实施方案》，在朱德故居风景区关刀山上率先建立起生态修复林，实行异地补植。顺庆区检察院与区食品药品监督管理局会签了《关于共同维护食品药品安全领域公共利益的协作办法》，蓬安县检察院与县法院、公安局、环保局等7个单位会签了《关于加强生态环境保护协作配合的实施意见》，西充县检察院与县水务局签订了《联合“协同推进水环境治理工作机制”工作方案》，南部县检察院与县市场监督管理局、公安局、农业农村局签订了《关于切实履职尽责抓好非洲猪瘟防控　确保食品安全的实施办法》，完善线索移送、信息共享、联合执法等机制，切实抓好工作协作配合。

二是建章立制规范公益诉讼案件办理。全市检察机关共制定了关于公益诉讼工作的文件12个。市检察院制定的《关于公益诉讼案件线索收集、移送及办理的工作办法》，就公益诉讼案件线索收集、移交、立案、线索提供人保密、奖励和线索处理结果反馈等方面作出详细规定，做到有线索必处理、有案必办。为规范公益诉讼案件办理权限，出台《南充市检察机关办理公益诉讼案件权限规定》，对公益诉讼案件异地办理、提级办理等予以明确。制定《南充市检察机关办理公益诉讼案件诉前程序与诉讼程序衔接规范》，明确规定提出诉前检察建议和提起公益诉讼的具体标准，确保诉前检察建议与提起公益诉讼的有效衔接。

三是建立与审判机关的协调配合机制。全市检察机关在提起公益诉讼前与人民法院就公益诉讼案件审理程序、法律适用等进行充分沟通，确保公益诉讼起诉案件取得实效。市检察院与市中级人民法院会签了《关于加强协作共同推进公益诉讼工作的意见》，对公益诉讼案件的管辖、立案受理、庭审程序等进行了明确规定。

四是建立跨区域协作工作机制。为扎实开展嘉陵江流域生态保护工作，南充市检察院联合广安、广元市两地检察院共同签订了《关于建立嘉陵江流域（四川段）生态保护检察协作工作机制的意见》，阆中市检察院与南部县、广元苍溪县检察院签订了《关于加强嘉陵江（广元苍溪至南充南部段）生态环境资源公益保护行动意见》，蓬安、营山县检察院会签了《关于保护嘉陵江蓬安、营山两县一级水源取水口安全的实施意见》，建立了嘉陵江生态环境跨区域协调配合机制，合力保护嘉陵江生态环境。南部县、阆中市和剑阁县三地检察机关会签了《关于加强升钟湖生态环境资源保护公益诉讼工作协作配合的实施意见》，着力解决升钟湖生态环境被严重破坏、多处存在库中库和违法建筑等问题。南部县、广元剑阁县、绵阳江油市三地检察机关联合会签《关于加强西河流域水资源保护检察公益诉讼专项监督协作配合的意见》，促成西河流域生态环境公益保护监督合力。

（三）聚焦中心工作，着力专项监督，强化监督实效

全市检察机关积极围绕党委政府中心工作，主动服务经济社会发展大局，以生态环境与资源保护为主要切入点和着力点，坚持以司法办案为中心，着力开展各类专项监督行动，不断强化监督实效。2017 年，全市检察机关办理公益诉讼案件 52 件；2018 年，全市检察机关办理公益诉讼案件 225 件，同比增长 333%；2019 年，全市检察机关办理公益诉讼案件 700 件，同比增长 211%（见图 2）。

1. 开展生态环境与资源保护专项监督

两级检察机关坚持绿水青山就是金山银山的发展理念，立足“美丽南充”建设，积极开展污染防治攻坚战，以“治”好母亲河、“补”好满山绿为着力点，开展护航嘉陵江绿色生态发展、破坏环境资源保护罪专项清理、医疗废物处置清理、饮用水源保护、土地复垦、大棚房清理整治、升钟湖生态环境保护等专项监督活动，重点解决嘉陵江流域非法采砂、非法捕捞、城市饮用水污染、养殖污染、采矿复垦、林业恢复以及土地资源保护等方面的

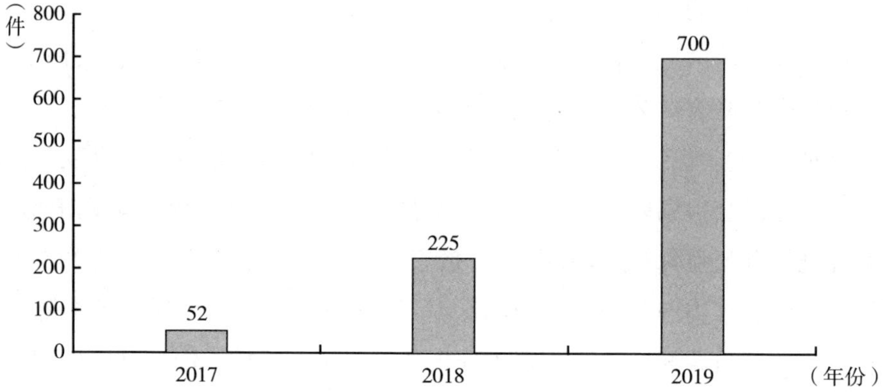

图 2　公益诉讼案件数量对比

突出问题，筑牢保护青山绿水的坚固屏障。公益诉讼工作开展以来，全市检察机关督促补植林木 10000 余株，恢复国有林地 4 亩、各级集体林地中生态林公益林 55 亩，复垦被非法改变用途和占用的耕地 1032 亩，督促治理恢复被污染嘉陵江水源地面积 785 亩，清理污染和非法占用的河道 13 公里，治理被污染湿地 50 亩，督促回收和清理危险废物 235 吨，得到广大群众的一致好评。

（1）开展土地资源保护专项监督

土地资源是人类赖以生存的基础，土地资源的可持续利用是可持续发展的重要组成部分，合力保护和利用土地资源对于经济社会发展和民生民利保障尤为重要。全市检察机关注重协调经济、社会、生态的有机统一，通过开展专项监督解决突出的土地资源保护问题。南部县检察院以打造“一院一品”检察特色亮点工作为契机，借力县委创建“土地资源保护智慧公益诉讼”品牌，全力保障各类土地资源不受破坏。一是开展“大棚房”清理整治专项行动。根据中央、省、市关于“大棚房”整治工作要求，全市检察机关对以设施农业为名，占用耕地特别是永久基本农田建设非农设施、改变土地性质和用途等行为开展专项监督，排查“大棚房”项目 347 个，涉及违法建设项目 396 个，违规占用耕地 1750 亩、基本农田 83 亩，发出诉前检察建议 50 件，督促行政机关依法依规进行全面清理，促进农业健康发展。

二是开展“养殖场拆除复垦”专项行动。为巩固中央环保督察整治成果，规范养殖场建设和养殖业发展，全市9个县（区、市）检察院对畜禽养殖污染、复垦不力、破坏和侵占土地资源等问题进行全面摸底调查后，发出诉前检察建议139件，督促136个乡镇（街道办事处）655户养殖场20万余平方米设施农用地复垦。三是开展“易地扶贫搬迁复垦”专项行动。南部县检察院主动延伸触角，围绕脱贫攻坚工作大局，发挥公益诉讼职能助力阳光扶贫，针对全县21个乡镇60余户易地扶贫搬迁户建新未拆旧情形，依法向县自然资源和规划局以及21个乡镇人民政府发出了诉前检察建议22件，督促行政机关严格按照易地扶贫搬迁政策落实整改，加强迁出地土地复垦和生态修复，巩固攻坚成效。

（2）开展水环境保护专项监督

南充市是西南地区的水资源储备要地，保护水资源对地区发展具有重大战略意义，全市检察机关积极构建上下一体、指挥有力、区域联动、协调高效的水环境保护一体化机制。一是开展饮用水水源保护专项监督。对饮用水水源保护区红线范围内存在的污水直排、垃圾乱堆放等问题，依法发出检察建议17件，督促行政机关依法整改，全力维护群众饮用水安全。阆中市检察院针对饮用水水源存在污染问题向相关行政机关发出诉前检察建议后，阆中市人民政府组织召开专门联席会议，专题研究落实检察建议内容，从水源地保护、水质监测、治水供水日常管理、水违法行为查处等方面集中整治饮用水安全问题，保障人民饮水安全。二是开展“护航嘉陵江绿色发展”专项监督。针对嘉陵江沿线砂石场乱象，全市检察机关深入摸排，针对河岸沿线多处非法采砂等问题，依法向水务局发出诉前检察建议6件，督促维护嘉陵江沿岸生态环境。嘉陵区检察院通过诉前检察建议，督促猫儿山砂石场拆除厂房约8万平方米、临江乡申家嘴砂石场拆除厂房1万余平方米，共恢复嘉陵江岸线500余米，有效保护了嘉陵江岸线和嘉陵江流域生态环境。高坪区检察院针对吴某某等7人非法采砂的行为提起刑事附带民事公益诉讼，一审判决吴某某等7人连带赔偿国家矿产资源损失155.96万元、生态环境损失49.26万元，支付鉴定评估费22万元，形成了“谁损害谁买单”

“谁侵害谁赔偿”的社会认同。高坪区检察院针对嘉陵江高坪段饮用水水源保护区内两处大型非法砂石加工料场污染饮用水源问题向相关行政部门发出诉前检察建议后，相关行政部门立即采取行动，依法关停并拆除嘉陵江高坪段38家非法砂石料场。三是开展升钟湖生态环境与资源保护专项监督。南部县检察院组织召开南部、剑阁、阆中三地检察机关加强升钟湖生态环境资源保护公益诉讼工作，建立起跨区域升钟湖生态环境公益诉讼保护联合协作机制。现场向南部县生态环境局等12个行政机关公开宣告送达检察建议书12件，督促解决污水直排、违规养殖畜禽、乱倾倒和堆放生活及建筑垃圾、库中库养殖、占用库岸沿线土地违法建设等突出生态环境问题。

2. 开展“舌尖上的安全”专项监督

南充市两级检察机关积极回应社会热点，以危害食品药品安全违法犯罪案件为切入点，严格落实最高人民检察院和四川省人民检察院“保障千家万户舌尖上的安全专项行动”工作要求，将农产品加工业、幼儿园、中小学校等学校周边食品小作坊、小经营店及摊贩销售“三无”食品、饮料，网络餐饮和水源地保护等三类案件作为监督重点，统筹开展专项行动，重点解决食品安全问题。一是开展校园及周边食品等安全问题专项整治行动。针对学校食堂及校园周边小卖部、小摊贩无证经营、超范围经营、销售“三无”食品等情形，全市9个基层检察院向市场监督管理局、教科体局等相关行政机关发出诉前检察建议27件，督促相关部门积极履行监管职责，全面落实校园及周边食品安全责任，推动解决校园及周边食品安全问题，保障师生身体健康，受到人民群众高度赞誉。二是开展食品药品行业专项清理。顺庆区检察院督促食品药品监督管理局对4行为人作出了终身不得从事食品行业的行政处罚，并将其纳入食品药品安全失信“黑名单”。营山县检察院对一起涉嫌生产销售有毒有害食品犯罪提起刑事附带民事公益诉讼，判决支持了检察机关的诉讼请求。西充县检察院监督协调多个行政执法部门刚柔相济，成功取缔了贾某某非法开在闹市十余年的“黑诊所”。考虑到贾某某年事已高，身带残疾，生活确有困难，西充县检察院联系民政部门，为其解决了城镇居民低保，取得了良好的法律效果和社会效果。三是开展网络餐饮专项整治。南部县检察院针对网络餐饮平台食品经营入网商家证照不全、超范围经营等问题，依法向市场监督管理局发出诉前检察建议，督促清理56家网络餐饮平台入网商下线，32家网络餐饮平台入网商补办食品经营许可证和营业执照，净化了网络餐饮环境。

3. 开展国有财产保护、“国有土地使用权出让”公益诉讼专项监督

针对国土部门怠于监管行政相对人的拖欠土地出让金、土地闲置、擅自改变土地用途、违规办理土地使用证以及拖欠人防易地建设费等违法问题，全市两级检察院在开展“人民防空、国有土地出让领域”公益诉讼专项活动基础上，加大对诉前检察建议的跟踪落实力度。督促行政机关收回国有土地出让金6.6亿余元，收回人防易地建设费3557万余元。顺庆区检察院办理了全省首例违法颁发“国有土地使用权证”行政公益诉讼诉前检察建议案。该院发出检察建议后，顺庆区相关部门立即向顺庆区委报告，顺庆区委高度重视，多次召开区委常委会进行研究，拟订整改方案报市相关部门进行审查并推进落实。营山县检察院督促追缴城市建设配套费1000万余元，通过诉前检察建议解决了消水镇粮站闲置并存在安全隐患的问题。

4. 开展英烈保护专项监督

《英雄烈士保护法》出台后，全市检察机关迅速部署开展英雄烈士保护公益诉讼专项行动，办理英烈保护公益诉讼案17件，积极维护英烈名誉。仪陇县检察院针对歪曲、丑化、亵渎、否定张思德事迹和精神的相关网络信息办理了全省首例英烈保护案，收到良好的社会效果，被《检察日报》《四川日报》《四川法制报》等主流媒体广泛报道。

（四）充分发挥诉前检察建议功能

全市检察机关把规范行政公益诉讼诉前检察建议作为提升质效的抓手，牢固树立“通过诉前程序实现维护公益目的是司法最佳状态”的理念，规范诉前检察建议的办理程序、形式内容、跟进监督以及成效评估、诉讼衔接等各个环节。明确检察建议具体内容的标准、事实证据的要求，提高精准

度，增强说理性。采用诉前圆桌会议、听证、公开宣告等，促进诉前程序的司法化，提升公众参与度与公信力。仪陇县检察院就红色文物存在不同程度的自然和人为损毁问题向9个行政单位集中公开宣告检察建议，切实提升文物保护效果。西充县检察院因“黄金一号”保健品虚假宣传向县市场监督管理局发出诉前检察建议后，县市场监督管理局专门出台了《办理人民检察院检察建议书办法（试行）》，对办理检察建议案件的程序、时限以及与检察机关的沟通等方面作出了明确规定，起到了办理一案、教育一片、规范一行的效果。

（五）依法提起公益诉讼

市县两级检察院严格落实“对于无正当理由没有按期整改的，要以积极、负责的态度提起诉讼”要求，对经诉前程序行政机关没有依法履行职责或相关社会组织没有提起诉讼的，坚决提起公益诉讼。对破坏生态环境和资源、食品药品安全领域侵害众多消费者合法权益等损害社会公共利益的犯罪行为提起刑事公诉时，一并提起附带民事公益诉讼。公益诉讼工作开展以来，全市9个县（市、区）检察机关提起行政公益诉讼1件、刑事附带民事公益诉讼29件。蓬安县检察院提起的曹某某非法捕捞水产品刑事附带民事公益诉讼案，法院当庭判决曹某某构成非法捕捞水产品罪，判处拘役3个月、缓刑5个月，责令其向嘉陵江蓬安段投放本地土鲫鱼、鲢鱼、鳙鱼鱼苗共4.6万尾，恢复被其破坏的生态环境。南部县检察院针对冯某某养殖场土地复垦一案中行政机关问题整改不彻底不全面，致使公益损害情节加重的情形，依法向南部县人民法院提起行政公益诉讼，法检两长同庭履职，行政机关主要负责人出庭应诉，相关行政部门、乡镇负责人、省市媒体近100人参加了旁听，取得良好的法律效果、政治效果和社会效果，为“生态南充”筑起坚实的检察屏障。

（六）创新工作思路，促进效果转化和运用

一是坚持诉前检察建议和提起公益诉讼相结合。坚持诉前建议为主、提

起诉讼为辅的工作方式，针对实践中大多数行政机关都能按照检察建议的内容进行整改，按期履行法定职责这一现状，在实际办案中，坚持能够通过检察建议督促纠正的，就在诉前程序中解决，把提起诉讼作为后盾和最后保障手段，将公益诉讼作为“督促之诉、协同之诉、补充之诉”的价值理念落实落地，实现双赢多赢共赢效果。

二是坚持办理个案和办理类案相结合。构建“打造精品，提升效率”的办案模式，努力把普通案件办成精品案件，同时通过办理个案，建立“一案一分析”制度，举一反三开展类案监督，南部县检察院在办理升钟湖水资源污染公益诉讼案件中，以神坝镇“库中库”水质污染为切入点，挖掘出升钟湖水域周边污染水体的其他同类型案件线索，及时形成专题调研报告上报县委，并最终促成南部、剑阁、阆中三地检察机关升钟湖生态环境资源保护公益诉讼工作联席会的成功举办。

三是坚持依法办案与办案效果转化相结合。坚持“边办案边总结”的工作方法，对办案过程中反映出的行政执法普遍性、规律性问题及时加以总结梳理，以检察情况反映、专项请示报告、公益诉讼专刊等方式向党委、人大和政府反馈。南部县、顺庆区等多个检察院针对办理的案件组织开展“回头看”，不定期邀请党委、人大、政府、政协、行政机关、人民监督员和群众参与案件评定审查，对案件整改情况进行评估，达到“办理一案、治理一片，规范一行、惠及一方”的效果。

四是坚持公益诉讼与结果运用相结合。充分发挥公益诉讼工作在促进依法行政和推动法治政府建设中的重要作用，以司法办案为中心，强化行政公益诉讼结果运用，倒逼行政机关执法规范化、合法化。南充市委、市政府出台《南充市关于加强行政公益诉讼结果运用促进依法行政办法（试行）》，从指导思想、工作方式、责任落实等六个方面强化检察机关行政公益诉讼结果运用，规定了行政机关在检察机关开展公益诉讼工作中应予配合的职责，强化了人民法院审判公益诉讼案件的职责和行政公益诉讼中行政机关的诉讼义务。重点强调了行政公益诉讼结果运用，对行政机关不依法履职或不作为，检察机关发出检察建议后行政机关不落实检察建议、不履行职责等进行问责，并纳入依法治市目标绩效考核。强化了公益诉讼检察建议的刚性，有力促进了行政机关依法行政，真正达到了开展公益诉讼“双赢、多赢、共赢”的目的。南部县委、县政府出台《南部县加强行政公益诉讼结果应用促进依法行政实施办法（试行）》，为充分发挥检察机关行政公益诉讼职能作用、促进依法行政提供了强有力的支持和保障。

（七）开展多形式法治宣传

全市两级检察机关严格落实普法责任制，通过“传统+新媒体”等方式开展公益诉讼法治宣讲活动。共举行现场宣传活动40余次，发布公益诉讼宣传稿件50余篇，《检察日报》《四川日报》《四川法治报》《南充日报》等报刊编发新闻稿件30余篇。

一是现场宣讲。市县两级检察机关联合相关职能部门开展公益诉讼法律法规宣传20次，南部县检察院检察长在全县环保工作会上向各党政机关负责人现场宣讲检察机关提起公益诉讼制度，深刻阐述了什么是公益诉讼、怎样开展公益诉讼以及法律后果，取得良好的法制教育效果；全市两级检察机关充分依托“法律六进”，结合“两会”“12·4宪法日”“检察开放日”“环境保护日”等重点时间节点开展公益诉讼专题宣传，通过发放宣传资料、现场宣讲法律法规等方式向行政机关工作人员和广大人民群众宣传检察公益诉讼工作，同时结合典型案例，以案说法，实现办理一案、教育一片的效果。

二是新媒体宣传。采用新闻发布会、专题片、微电影、微视频、微博等方式，宣传展示公益诉讼工作成效。嘉陵区检察院召开新闻发布会，向新闻媒体通报检察公益诉讼推进开展情况。全市两级检察机关通过户外LED检察视频终端滚动播放公益诉讼动态及宣传片。西充县、蓬安县等检察院拍摄的《公益诉讼检察官的日常》等4部作品入选正义网举办的首届“新时代新检察新影像”视频大赛优秀作品展，其中《我们是公益诉讼检察官》荣获二等奖。在“互联网+检察”检察微博指数排行榜中，南部、营山、阆中、顺庆等检察院多次入围榜单。嘉陵区、南部县检察院打造公益诉讼示范庭，邀请人大、行政机关负责人、社会群众观摩，开展“现场观摩 + 庭审直播”，取得良好的宣传警示教育效果。

三是检察服务平台。利用 12309 检察服务中心、“两法衔接”平台等，多渠道接收公益诉讼线索移送和举报。充分发挥“群众家门口的检察院”作用，将公益诉讼工作宣传到基层、社区，积极引导群众对发生在身边的公益诉讼线索进行举报。

四是法治进校园。市县两级检察院利用法治副校长工作机制，检察长到地区学校任职法治副校长，主动开展法治讲座，将公益诉讼法律宣传延伸到学校老师、学生、家长，推动公益诉讼宣传教育进校园。

（八）加强履职能力建设，提升公益诉讼专业化水平

一是增配办案力量。全市检察机关选拔业务素质过硬、办案经验丰富的精干力量组成办案团队，适应公益诉讼办案新需求。全市检察机关现承担公益诉讼职能的民事行政检察部门总人数为 35 人，其中配备员额检察官 20 人。各县（市、区）检察院以机构改革为契机，单独设置公益诉讼检察部门和公益诉讼专业化办案组，实现公益诉讼检察队伍正规化、专业化、职业化转变。

二是强化办案保障。针对公益诉讼案件调查取证的特殊性和紧迫性，两级检察院在人力物力上给予充分保障。南部县检察院调配司法警察做好办案人员安全保障，调配技术人员配合办案提供技术支持。从综合保障部门调配摄像机、照相机，购置无人机等配合调查取证。该院主动对接国土部门卫片执法系统和国土资源审批 PSM 平台，为土地资源保护监督奠定基础。

三是深化落实“一把手”工程。成立由检察长任组长的公益诉讼工作领导小组，加强统筹规划、沟通协调和督促指导，把准工作方向、节奏和力度，带头研究案件，重要工作直接部署、重大问题直接过问、重点环节直接协调，全市两级检察院入额院领导均带头办理公益诉讼案件。

四是加大学习培训力度，以案促学。两级检察机关通过组织集中培训、外出学习等方式不断提升办案人员专业素养，积极组织参加最高人民检察院、省高级人民检察院的各项业务培训，及时组织学习最高人民检察院发布

的典型案例，不定期举办全市公益诉讼业务视频培训，由员额检察官轮流宣讲。市检察院组织9个县（区、市）检察院公益诉讼办案人员旁听嘉陵区、南部县检察院公益诉讼案件庭审，两次组织全市办案人员到南部县检察院召开公益诉讼案件现场推进会，通过观摩学习，互相交流，不断增强办案能力，提升业务水平。

五是开展交流学习。两级检察院通过跨行业、跨区域交流学习，提升公益诉讼办案人员各行业法律法规及专业知识储备，学习各地检察机关开展公益诉讼先进经验。南部县检察院到广安市检察院调研学习公益诉讼工作经验，绵阳、南充两地检察院在高坪区检察院开展了公益诉讼工作交流研讨会，眉山市检察院到南部县检察院学习调研公益诉讼工作经验，河北省邢台市人大组织考察组到市检察院交流公益诉讼工作经验。同时注重加强与法院互派交流，市检察院和部分基层院派人到法院交流学习。

三　存在的主要问题

南充市检察机关聚焦公益核心，以办案为中心，积极推进公益诉讼工作，公益诉讼工作开局良好，但还存在一些问题亟待解决。

一是理论知识储备不足，队伍专业化建设仍显薄弱。公益诉讼作为一项全新的工作任务，涉及领域广，监督面大，对检察干警的理论素养、业务能力等均提出了新的更高要求。然而目前公益诉讼检察干警业务素能与工作要求尚有差距，在办案思维、知识储备、线索发现、调查取证等方面有待进一步提高。

二是工作机制不够健全，工作合力还未完全形成。与行政机关、审判机关的沟通联系、线索移送、信息共享、整改反馈等机制还需要进一步建立和完善。实践工作中，由于怕担责，行政机关不愿向检察机关曝光职能领域内的案件线索，不愿主动共享相关信息，对监督工作带来了一定的阻力，难以形成良好的工作合力。司法实践中，法检两院对一些具体问题还存在认识不完全一致的情况。

三是宣传教育不够到位，监督刚性不足。公益诉讼工作的开展与行政机关的积极配合密不可分，但在实际工作中，由于宣传教育不够到位，部分行政机关对公益诉讼认识还不到位，不了解公益诉讼职能职责，认为检察机关管得太宽，上门就是找麻烦，对检察机关的监督存在抵触情绪，不能很好地配合开展工作。同时，群众对公益诉讼了解甚少，对生态环境和资源保护、食品药品安全领域的问题不知道可以向检察机关进行举报，为监督工作带了一定的难度。

四　未来展望

一是加强队伍建设，不断提升办案能力。结合检察机关内设机构改革，加强公益诉讼办案队伍建设，选拔业务素质过硬、办案经验丰富的干警组成办案团队；积极创造条件，加大检察机关与行政机关干部双向交流学习力度，打造一支精通行政法律法规、熟悉行政执法及会调查、善诉讼的公益诉讼专业队伍。

二是加强沟通协调，完善公益诉讼机制。加强内外协调，形成良好衔接和合作。对外加强与行政机关、审判机关的沟通协调，进一步健全联席会议、日常联络机制、案件协作机制，及时互通公益诉讼案件线索移送、违法行政行为整改等情况，形成行政执法信息和司法监督信息资源共享；全面落实最高人民检察院提出的树立“开放共享理念”，建立专家咨询机制，充分发挥社会力量，积极用好“外脑外力”，邀请具有专业知识的人大代表、政协委员、专家人才等“把脉会诊”，解决公益诉讼中遇到的生态损害、环境侵权、行政执法等专业性较强的疑难问题，切实办准办好公益诉讼案件；对内建立内部线索移送、案件交办、转办机制，构建以公益诉讼部门为主导、相关部门协作配合的工作格局，形成保护国家利益和社会公共利益的强大合力。

三是加大宣传力度，营造公益保护的良好氛围。树立双赢多赢共赢的监督理念，积极向党委、人大汇报检察公益诉讼工作开展情况，赢得理解和支持，加强与行政机关的沟通协调，让行政机关认识到检察机关提起行政公益诉讼是督促之诉、协同之诉、补充之诉，旨在督促行政机关履职纠错、依法行政，依法解决侵害公益的突出问题，建立监督者与被监督者的良性、积极关系。运用“互联网+公益诉讼”模式，依托现代信息手段，利用“两微一端”等新媒体传播平台，搜集公益诉讼案件线索和宣传公益诉讼工作，提高公益诉讼知晓率，大力创造支持公益诉讼工作的良好内外环境，形成良好的社会共识，促进形成公益监督政治效果、法律效果和社会效果的有机统一，有效维护国家利益和社会公共利益。

B.15
雅安检察公益诉讼的实践与探索

雅安市人民检察院课题组*

摘　要： 公益诉讼工作全面推开以来，雅安市检察机关围绕本地党委、政府中心工作，坚持以人民为中心，主动发力，聚焦雅安生态环境资源保护，积极探索适合雅安本地实际的公益诉讼工作发展思路。从联合力量、创建机制、统筹人员、重点突破等方面入手，践行最高人民检察院党组提出的“双赢多赢共赢、精准监督、智慧借力”等检察监督理念，在助力打好“污染防治攻坚战”、推进雅安生态文明建设中发挥了积极作用。本文尝试在总结雅安公益诉讼工作实践经验的基础上，对公益诉讼工作中存在的普遍性问题提出改进措施和建议，以期引起共鸣，集大众智慧，共同推动公益诉讼工作健康、科学发展。

关键词： 公益诉讼　污染防治　生态文明

检察机关提起公益诉讼制度是党中央作出的一项重大决策，是法律赋予检察机关的一项新的职能，是历史赋予检察机关的时代使命。检察机关代表着公共利益，肩负着维护国家和社会公共利益的重要职责。生态文明建设与

---

* 课题组负责人：刘孝勇，雅安市人民检察院党组书记、检察长。课题组成员：董敏雷，雅安市人民检察院副检察长；吴彤，雅安市人民检察院民事行政检察处处长；夏旭；周琼。执笔人：夏旭，雅安市人民检察院民事行政检察处干警；周琼，雅安市人民检察院民事行政检察处干警。

每一个人息息相关，良好的生态环境是最普惠的民生福祉，打好“污染防治攻坚战”，改善生态环境质量，坚持人与自然和谐共生的发展思路，打造宜居、舒适、安全的生产、生活环境，是满足人民对美好生活向往，增强人民群众幸福感、获得感、安全感的重要环节。《民事诉讼法》《行政诉讼法》明确将“生态环境和资源保护”纳入检察公益诉讼保护范围，昭示着检察机关应当在助力打好“污染防治攻坚战”、推进生态文明建设中发挥应有的法律监督作用。

一 重要意义

雅安位于四川盆地向青藏高原的过渡地带，海拔高差大，雨量充沛、河流纵横，珍稀动植物资源丰富，孕育着野生动物470余种，野生鸟类330余种，植物3000余种；栖息着大熊猫、小熊猫、金丝猴、白唇鹿、羚羊、黑颈鹤等近百种珍稀野生保护动物；拥有珙桐、连香树、叶光蕨、扇蕨等数十种国家保护珍稀濒危植物，被学术界称为“天然的生物基因库、动植物博物馆”①。全市森林覆盖率达65%，名列全省第一，2018年雅安获得全国森林旅游示范市殊荣。作为长江上游生态屏障，境内有龙苍沟、夹金山、二郎山国家森林公园，蜂桶寨、栗子坪、贡嘎山、喇叭河等国家级、省级自然保护区，是国家大熊猫公园、国家茶叶公园所在地。生态资源丰富是雅安的优势所在，保护雅安生态环境资源、维护国家利益和社会公共利益是检察机关与行政机关共同的职责，也是检察机关融入党委中心工作的重要切入点。公益诉讼工作自2017年开展以来，雅安检察机关不断完善工作机制，加强与各行政机关的联系，在保护生态环境、保护森林资源、保护动植物资源、维护生物多样性等方面不断探索，力求为保护生态环境资源提供更多的路径和选择。

① 《雅安：让世界惊叹的生物基因库（植物篇）》，四川新闻网雅安频道，http：//ya. newssc. org，2012年8月10日。

二　主要做法

（一）加强自身建设

1. 加强公益诉讼工作人力保障

以检察机关“两反”转隶、落实“司法责任制”改革为契机，转变检察职能，调整监督重点，扭转“重刑轻民”思想。雅安市检察院根据民行处新增公益诉讼职能、职责的工作实际，增配民行检察人员，从其他部门调入民行处员额检察官 3 人，检察官助理 2 人，雅安市检察院民行处人员从 2016 年的 3 人增加至 8 人。全市民行检察部门由 2016 年的 14 人增加至 35 人。人力资源保障为开展好公益诉讼工作打下坚实基础。

2. 加强公益诉讼工作技术保障

及时配备公益诉讼专用车辆、录音录像等办案设备。石棉县检察院于 2018 年首先实现了无人机调查取证。雅安市检察院正在筹备采购具有采样功能的无人机设备；汉源县检察院针对汉源湖非法捕鱼行为屡禁不止、破坏生态环境取证难的问题，联合汉源县海事局，建立了汉源湖水上交通监测预警系统，实现了对境内汉源湖 90% 的区域实时动态高清监控。2019 年，全省启动公益诉讼快速检测实验室项目建设，雅安作为全省五个试点检察院之一，以需求为导向，借鉴先进地区的建设和应用经验，为保护生态环境等开展公益诉讼工作提供坚强的技术支撑和保障。同时，雅安市检察院结合正在开展的智慧检务研发工作，从公益诉讼办案需求出发，积极探索软硬件开发需求，争取对接行政机关行政执法大数据平台，特别是加强与自然资源、生态环境保护等重点领域的行政执法平台对接，实现信息共享、案情通报和案件移送等功能。

3. 发挥领导核心作用，凝聚部门合力

一是全市两级检察机关专门成立公益诉讼专项工作领导小组，由一把手挂帅，并带头亲自办理一定比例的公益诉讼案件。多次召开党组会及全市检察长碰头会研究公益诉讼工作发展思路；同时要求各基层院在内设机构改革中保留民事行政检察部门单独设置，并相继增加办案人员。二是主动汇报沟通，争取支持。雅安市两级检察机关主动向同级党委、人大、政府、政协、政法委等书面报告关于贯彻中央决策、开展公益诉讼工作的情况，雅安市率先由市委、市政府联合印发《关于雅安市深入推进公益诉讼工作的实施意见》，对公益诉讼工作的总体要求、职责、程序、机制及保障措施等作出规范，雅安市人大常委会牵头召开了“关于贯彻中央决策、全面开展公益诉讼工作座谈会”，市中级法院、市国土资源局、市环保局等十余个部门参加了会议并纷纷表示对检察机关开展公益诉讼工作的支持和配合。

4. 统筹全市力量，打造公益诉讼专业队伍

为统筹协调雅安市检察机关公益诉讼工作力量，形成“集团作战”、一体化办案模式，雅安市检察院成立了公益诉讼办案指挥中心，实现了重大案件调查工作可由雅安市检察院统一指挥、调配全市公益诉讼办案资源，统筹开展公益诉讼专项活动等，提升公益诉讼案件办理质量和效率，解决基层检察院人力单薄的问题。2019 年，在公益诉讼办案指挥中心的协调下，石棉县检察院提供技术支持雨城区检察院，完成了一件公益诉讼案件的无人机取证工作。同时，建立线索移送、调查指挥、挂牌督办、备案审查、业务指导等相关工作规范，并强化自主培训，借助雅安检察机关“检察夜校”平台，邀请院校专家及四川省检察院业务处室骨干进行专题授课；并通过跨区域交流、庭审观摩等方式不断提高发现线索、调查核实、庭审应对等公益诉讼工作业务能力。

（二）构建办案联合机制

1. 建立检察内部协调机制

对内加强与公诉、侦监、控申、案管等业务部门的工作联系，建立案件线索移送机制，印发《雅安市人民检察院公益诉讼线索内部发现与移送办法（试行）》，将公益诉讼线索需求植入“行刑衔接”平台，通过接入“行刑衔接”平台大数据，有效扩宽公益诉讼线索收集渠道；对下加强对各基

层院的业务指导，进一步规范公益诉讼案件办理，印发《雅安市人民检察院关于推进公益诉讼工作的暂行办法》，对办案各环节提出明确工作指引和规范，形成检察机关内部监督合力。开展公益诉讼工作以来，全市检察机关从各内设部门获取公益诉讼线索80余条，立案并提起诉讼50余件，其中涉及生态环境资源保护类案件39件。

2. 联合主要行政单位，建立外部协作机制

雅安市检察院与原市环境保护局会签了《关于建立民事行政检察与环境保护工作衔接机制的暂行办法》，与原市人民政府法制办会签了《关于开展行政公益诉讼工作的意见》，与原市国土局联合会签了《关于在国有土地资源和矿产资源保护工作中加强协作配合的若干意见》。从检行双方维护国家利益、社会公共利益的共同目标出发，与行政单位达成协作配合意见，建立联席会议制度，共同会商，解决公益诉讼工作中遇到的新问题，逐步建立起行政、检察“大配合”工作格局。各县区检察院也以普法宣讲、业务对接等方式不断加强与同级行政机关的沟通联系。公益诉讼工作开展以来，全市检察机关与行政机关沟通对接50余次，召开联席会议30余次，形成会签文件18份。

3. 深化生态环境资源跨区域多方合作机制

为有效协调跨区域生态环境保护，整合办案力量，形成检察机关、地方行政执法机关以及公安机关的合力，就公益损害预防、公益诉讼案件办理、生态修复补偿标准等达成一致意见，推进长江源头生态环境保护，建设长江上游生态屏障。雅安市、甘孜州检察院在贡嘎山国家级自然保护区联合建立了“环贡嘎山生态环境和资源保护协作机制”。汉源县检察院联合乐山市金口河区人民检察院、凉山彝族自治州甘洛县人民检察院，在大渡河峡谷国家地质公园携手建立了“大渡河峡谷国家地质公园跨区域生态保护联动工作机制”。雅安市汉源县检察院、石棉县检察院联合凉山彝族自治州甘洛县检察院制定《关于建立瀑布沟水电站水库跨区域生态保护联动工作机制的实施意见》。雅安、眉山、乐山三地两级11个检察机关联合建立了“长江上游生态屏障（青衣江段）检察官志愿者联盟协作配合机制”，该机制规定三

地两级11个检察机关及检察官志愿者要切实加强沟通协调，统一生态环境保护司法尺度和证据认定标准，结合相关案件特点、难点，共同制定青衣江流域破坏生态环境资源刑事犯罪及公益诉讼案件证据指引，实现青衣江流域水系保护的司法协作。

（三）搭建联系沟通新平台

雅安市检察机关立足雅安本地公益保护实际，与环保、林业、水务等行政单位重点合作，在雅安生态环境资源重点保护区共建立20个公益诉讼工作站。在大熊猫国家公园建立大川大熊猫走廊、大熊猫国家公园公益诉讼工作站，在国家级省级自然保护区建立贡嘎山、栗子坪、喇叭河自然保护区公益诉讼工作站，在大渡河、青衣江流域、重要产茶区建立汉源湖、碧峰峡、鸽子花、蒙顶山国家茶叶公园等公益诉讼工作站和石棉、荥经、天全、芦山、雨城等分别建立森林公益诉讼工作站。实现了部门衔接的难点突破，搭建检察、行政连接新平台，使检察公益诉讼与行政机关的沟通联系进入常态化；把握关键地域特点，搭建线索、证据收集新平台。工作站工作开展以来，收集涉及中央、省环保督察公益诉讼案件线索证据146条，督促整治各类环境污染问题，使全市近三分之二的中央、省环保督察问题得到有效整改。公益诉讼工作站同时作为法治、教育宣传新平台，重点对生态环境资源破坏的危害、行为的后果及涉生态环境资源保护类的法律法规进行宣传，发放公益诉讼法律知识宣传手册2000余份。同时，开展公益诉讼典型案例教育宣传，对辖区内典型公益诉讼案件，通过公益诉讼工作站开展广泛宣传，引导群众了解案情、参加庭审旁听、关注案件结果等，积极主动参与公益诉讼工作。

（四）坚持生态修复办案理念

一是坚持纠正违法与环境治理并重。督促整治各类环境污染问题，并对周边环境进行修复，实现纠正违法与环境治理双赢。名山区检察院通过检察建议，督促当地乡政府纠正违法，对百丈湖湖面垃圾和动物腐尸进行打捞清运，并促成该政府与百丈湖管理站等单位建立区域环境保护巡逻合作机制。二是坚持生态保护与补植复绿并重。对破坏生态环境资源犯罪行为，在追究刑事责任的同时提起刑事附带民事公益诉讼，促使违法行为人赔偿生态损失，加强林木、野生珍稀动植物、矿产等资源保护。倡导恢复性司法，督促行政机关责令行为人补种、复绿，恢复受损林木等。芦山县某能源燃气公司非法占用林地达 84.29 亩，毁坏林木蓄积量 285.75 立方米。县林业管理部门督促该公司采取植树、播撒草籽等措施，使植被全部得到恢复。三是坚持个案办理与类案预防并重。在办理个案的同时，系统梳理环保领域的类型化突出问题。对接中央、省环保督察工作要求，重点办理一批威胁生态环境安全的案件，针对蚂蚁河电站、马草河电站等取水口位于自然保护区核心区，破坏生态平衡系列问题，向荥经县责任行政单位发出 4 份检察建议，督促该局将 4 处整改项目落实到位。

（五）提升社会公众参与度

1. 多种形式开展宣传

公益诉讼事关公共利益，维护公共利益项目要强化公众参与。为让公众更好地了解公益诉讼工作，雅安市检察机关结合执法办案，利用广播、电视、网络、报纸、自媒体等多种手段，宣传生态资源环境保护法律法规，用群众身边的案例“以案说法”，营造“人人参与、人人关注”的社会氛围，增强人民群众对生态环境资源检察工作的了解与认同。雅安市检察院举行了建立公益诉讼工作站新闻发布会，《中国报道》、《法制日报》、凤凰网等十余家媒体受邀参加。汉源县检察院召开以“走进汉源检察、关注公益诉讼”为主题的新闻通气会，通过与媒体对公益诉讼工作等方面的咨询互动，提升社会大众对检察公益诉讼等检察工作的认知度和支持度。雅安市检察院利用全市两会召开以及市司法局对全市行政机关负责人培训的契机，将编写制作的《检察机关公益诉讼工作宣传手册》600 余份发送给参会人员，强化对人大代表、政协委员以及行政执法人员的宣传指导。各基层检察院也纷纷深入乡镇、村开展“服务基层　检察同行”维权法律知识专题讲座与公益诉讼主题宣传等活动，提升广大群众对公益诉讼的知晓度和参与度。

2. 建设警示教育、科普教育基地

雨城、宝兴、天全、荥经分别与当地相关部门建立“碧峰峡补栽补种基地”“扑鸡沟补植复绿警示教育基地”“蜂桶寨国家自然保护区生态资源保护科普教育基地”“二郎山生态检察警示教育基地”“龙苍沟国家森林公园生态环境警示教育共建基地”。“扑鸡沟补植复绿警示教育基地”利用宝兴县检察院办理的石某某非法占用农用地一案，在被告人自愿补栽补种的180多亩林地处设立警示标识，记载案例，以警世人。

3. 运用检察建议公开宣告制度，保障民众知情权，促进行政机关履职

雅安市检察院根据中央、省环保督察发现的问题，梳理总结全市办理的环保类公益诉讼案件，结合雅安市委、市政府作出的“打赢2018年冬蓝天保卫战”部署，分析雅安市环境保护工作中存在的主要问题及解决思路，与环保部门进行了充分沟通，向主要责任单位发出了关于加强统一监督管理、切实提升雅安空气质量的检察建议，并以公开宣告的方式进行了送达。宣告仪式邀请了“打赢2018年冬蓝天保卫战”各责任单位代表18人，市政协委员、市人大代表、新闻媒体记者及民众等共40余人参加旁听。

三　取得的成效

（一）生态环境保护办案效果

1. 公益诉讼案件办理情况

根据雅安地域特点，雅安市检察机关公益诉讼工作开展以服务打好“污染防治攻坚战”为重要目标，以雅安生态环境资源保护为主要方向。2019年，共立案各类公益诉讼案件959件，其中涉及生态环境资源保护类案件660件，占立案总数的68.8%；发出行政诉前检察建议及民事诉前公告案件679件，其中涉及生态环境资源保护类案件545件，占诉前程序案件总数的80.3%；提起刑事附带民事公益诉讼案件38件，其中涉及生态环境

资源保护类案件37件，占提起诉讼案件的97.4%；单独提起民事公益诉讼案件3件，均为生态环境资源保护领域案件。

2. 督促生态环境治理成效明显

通过开展公益诉讼工作，共挽回被损毁国有林地20.94亩；挽回各级集体林地生态公益林517.85亩；督促地方政府完成林地清收还林任务154.25亩；挽回、复垦被非法改变用途和占用的耕地931.87亩；清理污染和非法占用的河道3.2公里；清理被污染水域面积1.5亩；整改、拆除自然保护区内小水电站10个；督促关停和整治造成环境污染的企业5家、违法养殖场15个、违法排放废气和其他空气污染物的企业3家；向污染企业和个人索赔环境损害赔偿金80.28万元，治理恢复费用10万元；督促清除处理违法堆放的各类生活垃圾9.2吨，占地面积3亩；督促回收和清理生产类固体废物80吨；增值放流野生鱼类损失9.75万元；督促修复被违法占用、破坏林地443.295亩；补种各类被毁坏林木84.3亩。雅安市第四届人大常委会召开第十八次会议听取和审议了《雅安市检察机关关于开展公益诉讼工作的情况报告》，并进行了满意度测评，获全票通过，满意度测评率位居被测评单位之首。

（二）诉前案件占据绝对优势，检察职能充分发挥

公益诉讼并非以诉讼为目的，而是以保护公共利益为出发点，以实现社会效果为终点。检察机关以问题为导向，向各行政责任单位发出诉前检察建议，督促依法履职，成效显著。例如：宝兴县行政责任单位对被举报人违法新建、扩建的养猪圈进行拆除，并将83头猪崽进行减栏处理，通过钢板封盖方式对沼气池出渣口进行了环保设施整改，排除了安全隐患和噪声污染、异味污染，得到了当地群众一致好评；石棉县行政责任单位组织清理销毁“三无”船只63艘，收缴网具、电鱼器若干，并投放鱼苗8.4万尾；汉源县行政责任单位修复被破坏林地4公顷；荥经县行政责任单位治理恢复堰渠一条（被污染水域面积3.2公里）。从雅安检察机关办理的公益诉讼案件来看，共立案各类公益诉讼案件959件，发出行政诉前检察建议及公告案件

609件，获行政机关回复整改率98.2%，提起诉讼40件，仅占立案的4.5%，诉前结案案件占据绝对优势。同时，部分民事公益诉讼起诉案件，在检察机关起诉到法院的过程中，通过与被告方积极沟通，部分被告方自愿承担环境损害赔偿责任，修复受损生态，在法院判决前公益诉讼请求就已全部实现。例如，天全县检察院办理的杨某、高某等4人非法捕猎水产品一案，判处宣告前，4人主动向案发河道投放适宜鱼苗300尾。

（三）检察、行政联系加强，双赢多赢共赢局面逐步形成

雅安两级检察机关通过与行政机关建立联系机制、联席会议制度，联合建立公益诉讼工作站、联合专项执法、联合开展专项行动等，使行政执法有效补充的制度价值传达到各行政执法单位，与行政单位不断达成共识。以公益诉讼办理，促进行政机关规范执法，促进法治政府建设，维护国家利益和社会公共利益，努力实现社会效果、法律效果、政治效果的有机统一，最终达成双赢多赢共赢的良好局面。雅安市检察院与主要环境行政责任单位在“打赢蓝天保卫战”工作中达成共识，向其发出“加强统一监督管理，切实提升雅安空气质量”的检察建议，行政机关全面遵照检察建议履职，并联合所有成员单位共同努力，实现了雅安空气质量的显著改善。

（四）公众广泛参与，生态环境保护意识不断增强

公益诉讼事关公共利益，公共利益需要公众参与，环境公益诉讼更是公众参与环境事务管理的一种途径，是对政府维护国家和社会环境公共利益职责的一种有效监督与补充。雅安市检察机关通过新闻发布会、微博、微信、报刊、电视、宣传手册等多种形式开展公益诉讼工作宣传，并依托公益诉讼工作站、旁听庭审、公开宣告、警示教育基地建设等，努力实现“办理一案、教育一片”的良好社会效果。2018年10月、11月公开开庭审理的“石棉县汉源湖电鱼案”“天全县高某某非法猎捕、杀害野生动物案”，行政司法人员、新闻媒体、当地群众等共计300余人参加旁听，案件审判结果得到广泛宣传；雅安市检察院借助公益诉讼工作站集中授牌仪式，邀请市委、

市人大领导及相关行政单位负责人参加，获多家媒体宣传报导，扩大了公益诉讼工作影响力，提高了公益诉讼工作站的社会知晓度，营造了良好的舆论氛围，获得广大群众的真切支持。

四　存在的问题及原因

要充分发挥公益诉讼作用，助力打好“污染防治攻坚战”，推进雅安生态文明建设，需要及时总结公益诉讼工作实践经验，对公益诉讼工作中存在的普遍性未决问题提出改进措施和建议，以个别问题归纳总结出同类问题，由点到面，集大众智慧，共同推动公益诉讼工作健康、科学发展。

（一）存在的问题

1. 检察机关自身建设不足，影响公益诉讼工作开展

在开展公益诉讼工作的过程中，检察机关作用仍然有限，检察机关自身存在一定问题，限制了公益诉讼效果的发挥。以雅安为例，全市检察机关在开展公益诉讼工作过程中，出现了检察建议刚性不足、办案人手不足、案件领域范围过于狭窄等问题，具体表现如下。一是检察机关发出的公益诉讼检察建议内容过于原则化。公益诉讼诉前检察建议内容的原则化导致行政机关对检察建议的回复内容笼统。公益诉讼诉前检察建议内容整改要求不具体，评估整改效果标准概念模糊，从而导致行政机关针对检察建议履职时没有具体对应的参照标准和达标要求，无明确的履职达标程度要求，使检察建议呈现空、虚、弱的特点，不利于检察机关对公益诉讼诉前程序的落实效果进行客观评价，公益诉讼监督效果必然大打折扣。二是办案人员对案件办理范围、监督对象不明确，导致一个问题可能涉及多个部门和乡镇，或一个大的问题涉及若干个点位，而实际办案过程中发出诉前检察建议问题不全，缺乏针对性和精准性，对监督效果的可控性差。三是检察机关自身法律法规不够完善，办案流程尚未统一，导致公益诉讼诉前检察建议规范性不足。目前，“两高”检察公益诉讼司法解释只对行政机关整改期限、起诉条件作了原则

性规定，而包括检察建议书在内的法律文书形式还在试用阶段，尚未正式印发。这就导致各检察机关在办理公益诉讼案件过程中缺乏规范依据作为参照，只能自主摸索进行公益诉讼监督，导致诉前检察建议制发不规范、不合理、司法化不足、质量不高等问题。四是检察机关自身在司法体制改革过程中权力范围的变更，加大了办理案件的难度。随着自侦权的脱离，检察机关在办理案件过程中从掌握主动权的强势监督者变为被动者，增加了检察机关办理公益诉讼案件的调查取证难度，从而加大了案件办理难度，必然影响检察机关办理公益诉讼监督案件的数量、范围和程度。

2. 行政机关对公益诉讼认可度偏低，阻碍公益诉讼工作的推广

行政机关作为公益诉讼中的被监督者，对公益诉讼工作必然存在抵触心理，具体表现为对公益诉讼工作的不了解、不支持、不配合，导致公益诉讼工作进展缓慢，增加工作难度，从而使公益诉讼工作效果打折。一是对检察机关调查取证的不支持。因检察机关调查取证权限的弱化，大部分公益诉讼案件线索的摸排、证据的搜查都离不开行政机关的配合与支持，但行政机关很难积极支持或配合检察机关的工作，往往是被动接受，这就导致工作积极性不高、效率低下的情况。二是对检察机关的检察建议存在被动接受和被动整改的情况。作为被监督者，行政机关之所以进行整改，是自身利益或职能处于被监督的状态不得不进行，不是主动为之，工作态度不积极，对整改效果或履职效果不够主动，能过则过，能笼统回复过关就不再探究和改善深化，治标不治本。

3. 公益诉讼工作法律法规、机制建设等方面还不够成熟

一是检察机关与法院、行政机关等部门的良性沟通渠道尚不够畅通。在开展工作过程中发现，由于缺乏良性的外部沟通渠道，闭门造车的情况时有发生。检察机关办理案件从自身角度出发，法院或行政机关面对公益诉讼案件也从自身角度出发，缺乏沟通、不能从对方的角度思考问题，难以达成一致意见，难以形成双赢共赢的良好监督效果。二是检察机关各部门协作配合机制尚待进一步完善，上级院对下级院的业务指导、工作评价机制不够健全。检察机关和审判机关的沟通协调、信息畅通等机制有待进一步健全和落实。三

是在公益损害鉴定等方面缺乏配套机制。目前，全省缺乏统一的有资质的权威鉴定机构，造成开展公益诉讼工作难度较大。雅安市检察机关2018年办理的雷某等5人非法捕捞水产品公益诉讼案，就存在损失鉴定上的困难，导致案件办理被拖延。在办案过程中，公益损害的鉴定费支出往往很大，动辄几万元到几十万元，检察财力不足，急需完善相应规章制度予以保障。

4. 全社会对公益诉讼工作的了解不够，维护公益氛围还不够浓厚

一是公益诉讼工作宣传尚需加强。目前，公益诉讼工作作为新生事物刚刚起步。公益诉讼案件线索大部分来源于检察机关自身履职中主动摸排寻找。究其原因，系公益诉讼工作宣传不到位，许多行政机关和干部群众对公益诉讼不了解、不理解，必然导致对公益诉讼工作配合不够积极主动。同时，多个行政机关的职责互有交叉，在办理公益诉讼案件中常出现行政机关相互推诿的现象，增大了办案难度。二是社会层面上符合环境损害司法的鉴定机构数量不多、专业化不够，鉴定周期长、费用高。目前未明确界定“社会公共利益”，未建立起环保组织开展公益诉讼的支持和保障机制，以及环境司法专门化、规范生态环境损害赔偿资金管理等制度，难以发挥环境损害司法鉴定在环境民事公益诉讼中的功能。

（二）原因分析

1. 检察机关内部原因

一是检察机关办案人员素质有待提高。公益诉讼涉及社会管理各个方面、行政执法各个环节，对检察人员理论素养、业务能力等均提出了更高更新的要求。现有办案人员业务素能与工作要求还有一定差距，在办案思维、知识储备、线索发现、调查取证、庭审应对等方面还不能完全适应新要求。二是检察机关整体办案力量不足。尤其是检察人员分类改革后，案多人少、传统业务与公益诉讼新业务交织的矛盾更加突出。

2. 行政机关自身原因

在公益诉讼监督中，行政机关不仅是被监督者，也是配合者。一是作为被监督者的行政机关，履职过程中本来就受到了法律规定的职权范围和履职

权限的限制和监督。而公益诉讼的监督可能导致行政机关工作难度、工作量的增加，必然导致行政机关对公益诉讼工作的抵触。二是在检察机关开展公益诉讼工作中，行政机关又需对检察机关开展的调查取证工作予以支持。被监督者的角色与配合调查的角度存在相互矛盾的情况。三是行政部门间职权划分存在重叠，职权不清不利于履职，导致行政机关在面对检察机关公益诉讼监督时职权混乱，给行政工作的开展增加难度。

3. 法律法规、机制建设需要一个过程

公益诉讼工作目前还处于缓慢摸索状态，起步晚，走得慢。一是检察机关虽然在不断尝试与法院、行政机关等部门搭建良性沟通平台，但公益诉讼工作中存在的一些问题具有隐藏性，需要从具体案件中挖掘和发现。沟通平台的建设和完善不是一个或几个文件或者召开几次联席会议就能完成的，只有在不断的沟通和协调中才能达成。二是检察机关办理公益诉讼案件不能一味追求数量，只有办理高质量的案件才能充分发挥公益诉讼的效能。一个高质量的案件绝不是检察机关自身就能完成的，离不开审判机关、行政单位的相互配合。只有通过不断磨合，各方配合才能趋于完善，而这个磨合的过程无疑需要时间。同理，公益损害鉴定配套机制的建成也需要一个过程。

4. 新事物的推广需要时间

维护公益要形成浓厚的社会氛围，必然有一个漫长的过程。一是检察机关公益诉讼宣传工作要推广至全社会需要一个过程。二是要建成一定数量的环境损害司法鉴定机构需要全社会的共同努力。

五　对策和建议

1. 检察机关要提高政治站位，加强思想认识

检察机关担负公益诉讼职责是中央的重要决策，是法律赋予检察机关的一项新的职责。检察机关要从根本上转变思想观念，充分认识到公益诉讼工作是一项重要的政治任务。

2. 强化履职保障，确保工作推进

检察机关可通过加大对外宣传引导，充分利用微博、微信等新媒体发布公益诉讼典型案件、经验做法、主要成效，形成紧锣密鼓的宣传态势，扩大公益诉讼工作的影响力，营造良好的舆论氛围。

3. 检察机关强化内力，增强实战能力

对外要加强与行政机关的沟通，对公益诉讼进行宣讲、解读，积极争取理解与支持，加快推进公益诉讼工作联席会议机制建设，密切与行政机关的配合，建立信息互通共享、线索及时移送、共同调查取证机制；对内要不断强化干警自身能力培训，提升队伍素质，持续加强理论与实践知识的学习，不断挖掘内部潜力，更新办案思维理念，与时俱进。检察机关在办案过程中注意整合队伍力量，对干警加强理论结合实际的培训，在不断的案件办理实践中锻炼出一支高素质的公益诉讼专业队伍。

4. 加大办案力度，打造区域亮点品牌

为更好地保护生态环境，助力打赢“污染防治攻坚战”，检察机关要更加积极主动地摸排公益诉讼案件线索，拓宽线索渠道，突破案件数量。同时保证案件质量，办理一批难度高、影响大、成效好的经典案件，达到政治效果、社会效果、法律效果三统一。加强跟进监督，启动后续程序。对已经发出的检察建议，检察机关要及时跟进了解相关情况。同时，针对已有行政机关回复的案件，要认真梳理，加强跟进监督，对已整改落实的案件及时结案。

5. 进一步丰富办案类型，增强办案效果

注重办理公益诉讼各领域、各种类型案件的均衡发展，既要办理附带民事公益诉讼案件，更要精心选择、重点起诉若干高质量的民事公益诉讼、行政公益诉讼案件。同时，在办理案件时应充分考虑案件的特点和案件效果，加强与被诉对象的沟通协调，取得理解和支持，全面考虑诉讼策略，实现公益保护的双赢共赢多赢。

针对司法实践中存在的司法鉴定委托难等问题，适当吸纳相关行政执法机关的鉴定检测机构，加快准入一批诉讼急需、社会关注的生态环境损害司法鉴定机构。针对鉴定规范不明确、鉴定标准不统一等问题，加快对生态环境损害鉴定评估相关标准规范的修订、制订等工作，建立健全标准规范体系。加强对鉴定机构及其鉴定人的监督管理，实行动态管理，完善退出机制，建立与司法机关的管理和使用衔接机制，畅通联络渠道，实现信息共享，不断提高鉴定质量和公信力。

B.16

乐至县全面推进检察公益诉讼的探索

乐至县人民检察院课题组*

摘　要： 近年来，乐至县人民检察院紧紧围绕人民群众关注的痛点、难点、热点问题，充分倾听人民心声，以办案为中心精准发力。内部整合司法力量，外部探寻协作机制，创新开展宣传工作，积极履行公益诉讼检察职能，全面推进“四大领域”公益诉讼案件办理，多角度维护国家利益和社会公共利益。公益诉讼作为检察机关的一项新生职能，在实践中还存在群众认识不够清晰、线索来源渠道不畅、办案队伍素质有待提高、技术支持有待加强、理论研究有待深入等问题亟待解决。

关键词： 公益诉讼　生态环境　食品药品安全

党的十八届五中全会首次提出，着力践行以人民为中心的发展理念。《习近平新时代中国特色社会主义思想学习纲要》第三部分指出，坚持以人民为中心是新时代坚持和发展中国特色社会主义的根本立场。2019 年，习近平总书记在中央政法工作会议上指出，要加大关系群众切身利益的重点领域执法司法力度，让天更蓝、水更清、空气更清新、食品更安全、交通更顺畅、社会更和谐有序。乐至县人民检察院紧紧围绕人民群众对民主、法治、公平、正义、安全、环境等方面的新需求、新期待，持续聚焦生态环境和资

---

* 课题组负责人：唐智，乐至县人民检察院党组书记、检察长；课题组成员：邓治家，乐至县人民检察院党组副书记、副检察长；安璐科，乐至县人民检察院第四检察部副主任；执笔人：刘坤，乐至县人民检察院第四检察部干警；雷红英，乐至县人民检察院第三检察部主任。

源保护、食品药品安全、国有财产保护、国有土地使用权出让四大重点领域开展专项监督活动，在维护国家利益和社会公共利益方面取得了显著成效。

一　背景和基本情况

2015年7月，最高人民检察院召开新闻发布会，发布《检察机关提起公益诉讼改革试点方案》，并在13个省（自治区、直辖市）开展了为期2年的改革试点。2017年6月27日，十二届全国人大常委会第二十八次会议表决通过了修改《民事诉讼法》和《行政诉讼法》的决定，以立法形式正式确立了检察机关提起公益诉讼制度。2017年7月至2018年12月，乐至县人民检察院积极转变工作理念，认真履行法律赋予的公益诉讼职能职责，办理了一批较有影响的公益诉讼案件，切实维护了国家利益和社会公共利益。其中，办理国有土地使用权出让领域行政公益诉讼案件11件，食品药品安全领域行政公益诉讼案件7件，生态环境领域刑事附带民事公益诉讼案件2件。2019年，该院在既有工作的基础上继续加大监督力度，共办理公益诉讼案件36件，发出检察建议26份。其中，加强生态环境和资源保护领域行政公益诉讼案件13件，食品安全领域行政公益诉讼案件17件，国有财产保护领域行政公益诉讼案件2件，国有土地使用权出让领域行政公益诉讼案件1件，生态环境领域刑事附带民事公益诉讼案件3件。

二　办案效果

（一）案件数量成倍增长

2019年，乐至县人民检察院公益诉讼案件数量较往年呈现成倍增长态势。该院2017年立案11件，2018年立案9件。2019年进一步加强对相关行政机关及个人的监督力度，立案36件，是2017年立案数的3.3倍、2018年立案数的4倍。

（二）四大领域实现全面覆盖

2019 年之前，乐至县人民检察院办理的公益诉讼案件涉及生态环境和资源保护、食品药品安全、国有土地使用权出让三大领域，国有财产保护领域仍是空白，且生态环境和资源保护领域仅办理 2 起刑事附带民事公益诉讼案件，并未办理行政公益诉讼案件。2019 年，该院进一步转变思路，拓宽案源渠道，进一步扩大了对行政行为的监督面。在往年已办理案件类型的基础上，又办理关于拖欠防空地下室易地建设费的国有财产保护领域行政公益诉讼案件 2 件。针对相关行政机关未依法履行职责，致使生态环境、土地及水资源遭受损害的情形，办理生态环境和资源保护领域行政公益诉讼案件 13 件，聚焦人民群众反映强烈的农村垃圾池垃圾转运不及时和养鸡场、生猪养殖企业污染环境等问题，督促行政机关整治土壤和固体废弃物污染、大气污染，为打好“污染防治攻坚战”积极贡献司法力量；针对某便民服务站违法用地问题，督促县市场监督管理局吊销其营业执照；针对违法占用基本农田挖塘养鱼问题，建议相关行政机关协调配合做好涉案土地复耕工作，恢复原种植条件。

（三）依法捍卫国家利益

开展公益诉讼工作以来，乐至县人民检察院督促行政机关追缴国有土地出让金 3347 万余元、防空地下室易地建设费 300 万余元，有效避免国家遭受巨额经济损失。督促完善国有土地使用权出让制度，将参与土地竞拍人缴纳的保证金额度提高到竞拍土地的全额价款。自 2018 年以来，乐至县实现了拍卖国有土地出让金“零拖欠”的良好局面，有效维护了国家利益。该院在履行职责中发现，乐至县内大佛、佛星、中天等 9 个乡镇客运站建设中长期拖欠国有土地出让金，遂与乐至县国土局（现乐至县自然资源和规划局）召开联席会议，相继向其提出口头检察建议、发出书面诉前检察建议，督促其追缴被拖欠的国有土地出让金 900 余万元。办理 4 件涉及招拍挂的国有土地使用权出让领域行政公益诉讼案件，发出诉前检察建议 4 份，督促乐至县国土局追缴国有土地出让金 2442 万余元，对因拖欠土地出让金的乐至县（2013）19 号地块、东山镇（2010）1 号地块解除出让合同并无偿收回，2 宗土地共计 15911 平方米。在办理 2 件国有财产保护领域行政公益诉讼案件过程中，成功督促乐至县住房和城乡规划建设局（现乐至县住房和城乡建设局）追收相关公司欠缴的防空地下室易地建设费共计 300 万余元。

（四）促进行政机关转变工作思路

由于对公益诉讼存在不同认识，检察机关在办理行政公益诉讼具体案件中不可避免地会与行政机关产生分歧。部分行政机关初次收到公益诉讼检察建议时，对检察公益诉讼工作表现出不理解和抵触情绪。针对这一问题，乐至县人民检察院主动与行政机关加强沟通联系，多次开展互教互学、公益诉讼专题授课等活动。在提出检察建议前后，与被监督行政机关有效沟通，做好释法说理工作，针对履行职责确有困难的，进一步为其出谋划策，提高其对检察公益诉讼职能的认可度。该院的一系列工作有效促使行政机关转变思想观念，使其认识到检察公益诉讼不仅有利于维护国家利益和社会公共利益，同时在无形中提升了行政机关自身依法行政的能力和水平，行政机关从一开始的抵触检察监督转变为主动接受检察监督，积极配合检察工作，在回复中认真说明情况，并详细列举整改措施及成效，切实维护了国家利益和社会公共利益。

（五）有效解决历史遗留问题

乐至县人民检察院办理国有土地使用权出让领域行政公益诉讼案件过程中，在维护国家利益的同时着力解决民生难题，针对案件涉及的众多购房户交了购房款却无法取得产权的问题，主动担当作为，与政府相关职能部门加强协调对接，消除了相关购房群体的后顾之忧。为推动积案办理，以乐检（2019）4 号文《关于涉及乡镇客运站建设公益诉讼案件的情况通报》向乐至县人民政府作出书面通报，县人民政府对此高度重视，多次召开专题会议，并决定将此类问题纳入全县不动产登记遗留问题处置范畴，予以专门落实。针对乐至县农业局（现乐至县农业农村局）对全县屠宰企业生猪定点屠宰许可证申请办理未履行告知、初审查验和上报职责等久拖不决长达十余年的问题，该院以个案推类案，合并办理了一批食品安全领域公益诉讼案件，并带动全资阳市检察机关在全市范围内办理了一批该类型案件。2019年4月9日，资阳市人民政府向全市屠宰企业核发了生猪定点屠宰证，规范了全市生猪定点屠宰行业秩序。乐至县人民检察院在履职中发现，乐至县农产品交易和蔬菜批发市场自投入运营以来，未对入场销售的食用农产品抽样检验，未配备检验设备和检验人员或委托有资质的食品检验机构，乐至县食品药品监督管理局（现乐至县市场监督管理局）未依法履行监管职责，致使该市场流出的大量农副食品存在严重的安全隐患，社会公共利益存在被侵害风险。乐至县人民检察院邀请县食品药品监督管理局和县城管局主要负责该项工作的人员召开联席会议，共同探讨，找出解决问题的关键环节，顺利推进乐至县农产品交易和蔬菜批发市场农残快速检测室落成。乐至县市场监督管理局提供的数据显示，该市场快检室自2018年12月底建成至2019年12月底，抽检、快检涉及商家17户；抽检38批次，合格率达100%；快检1987批次，合格率达99.5%，不合格蔬菜已全部作无公害化处理。该市场是乐至县唯一的食用农产品批发市场，该案的成功办理切实有效保障了人民群众舌尖上的安全。

三　主要经验与做法

（一）细致排查线索，筑牢办案基础

1. 摸排线索“走出去”

线索是办案的基础，然而公益诉讼案源窄、线索发现难的问题非常突出。乐至县人民检察院摒弃以往坐堂办案的思想，广泛开辟案源。部门内划分工作小组，以生态环境和资源保护领域、食品药品安全领域线索为摸排重点，制订工作计划，安排目标任务，分赴城区、乡镇开展走访调查，

询问当地居民了解情况，初步收集公益诉讼线索，并撰写每周工作总结，向分管领导汇报当周工作情况及下一步工作打算。经部门研究讨论，将较为成熟的线索作为进一步调查的重点，并对符合立案条件的线索及时立案，固定证据。

2. 提供线索“大家帮”

一是借助“12309”检察服务中心平台收集举报线索。二是充分利用派驻乡镇检察室贴近乡镇居民、善于倾听民声的优势，建立公益诉讼线索移送机制。三是发挥“两微一端”官方平台作用。乐至县人民检察院微信公众号于2019年2月正式推出“公益诉讼随手拍”活动，群众可在微信公众号后台提供文字、图片、视频等形式的公益诉讼线索，由专人负责线索收集、整理、汇报、回复工作。2019年，乐至县人民检察院对群众提供的2条生态环境领域公益诉讼线索立案办理，并已督促相关行政机关落实检察建议，有效改善了周边群众生活环境。

（二）依靠建章立制构建协作框架

积极健全办案工作机制，建立《关于派驻乡镇检察室收集、移送公益诉讼案件线索的工作意见（试行）》《加强公益诉讼工作线索移送和内部协作实施意见（试行）》和《检察技术和警务部门参与办理公益诉讼案件暂行办法》机制，整合内部办案力量，提升线索收集、移送及时性、规范性、持续性。对外参与协助县人大组织的年度环保调研和单项执法检查活动，主动联系国土、环保、食药、水务等行政部门，开展经常性互教互学活动，切实执行与国土部门会签的《关于强化民事行政检察与国土资源管理相衔接的工作办法（试行）》。协助资阳市人民检察院探索建立“公益诉讼资金管理机制”，由乐至县人民检察院承担全部制度起草工作，目前资阳市人民检察院正在征求有关单位意见。

（三）寻求党委政府支持，筑牢坚实后盾

依托省委办公厅、省政府办公厅《关于深入推进公益诉讼工作的实施

意见》（川委办〔2017〕48 号）及市委办公室、市政府办公室《关于深入推进公益诉讼工作的实施办法》（资委办发〔2018〕38 号）等文件精神，争取党委、人大、政府的重视和支持，乐至县人民检察院历时数月草拟《关于深入推进公益诉讼工作的分工方案》，中共乐至县委办公室、乐至县政府办公室于 2019 年 6 月正式印发。该方案明确要求乐至县相关行政机关依法查处损害公益的行为，对公益诉讼案件线索移送、立案审查和调查核实、诉前程序和起诉、案件审理和执行、出庭应诉等程序性问题进行规范，并将建立公益诉讼联席会议机制、建立预警机制、健全信息共享和日常联络机制、建立重大事项通报制度、建立联合培训制度纳入工作重点，将建立和完善机制任务细化到县监委、县法院、县检察院、相关行政机关等具体责任单位，将公益诉讼作为一项全县工作合力推进。为保障公益诉讼工作顺利深入推进，将公益诉讼情况纳入绩效考核，将领导干部是否插手、干预公益诉讼的情况纳入党风廉政建设主体责任检查内容和政绩考核体系，严肃追究责任。同时，人大及其常委会加强对检察机关提起公益诉讼工作的监督，听取和审议相关工作情况报告，督促检察机关改进和加强工作，督促行政机关按照检察建议依法整改落实。

（四）强化宣传推广

通过线上线下双路宣传，拓展公益诉讼宣传广度和深度。通过“法律七进”特别是法律进机关、进校园，加强对重点群体的法律普及力度。深入社区、乡镇，对村社干部、乡镇机关干部、行政执法人员等进行专题辅导，有效提升公益诉讼工作知晓度。为全县 21 个乡镇（街道）和涉及行政公益诉讼的 18 个党政机构赠阅了 2019 年度《检察日报》。与县邮政分公司联合开展为期一年的公益诉讼宣传活动，打造“公益诉讼新邮路”。线下利用 DM 单、宣传海报、邮政编码牌、素质报告单等实物媒介进行宣传，线上通过投放微信朋友圈广告的形式介绍公益诉讼相关内容。为擦亮检察品牌，乐至县人民检察院新媒体团队面向全院开展了为期数月的新媒体卡通形象征集活动，对干警设计的卡通獬豸形象进行反复修改，并以正式形象为主体定制相关宣传活动奖品，让宣传更有温度，有效提升了人民群众参与度。

四　存在的困难与问题

（一）职能宣传有待加强

“公益诉讼随手拍”活动开展后，乐至县人民检察院微信公众号后台陆续收到了群众提供的线索，但就目前情况而言，大部分线索不属于公益诉讼监督领域，或者远未达到立案标准，通过该活动收集的线索中，仅有1条线索成案。由此可见，群众对公益诉讼有参与热情，且有一定了解，但其认知并不清晰，理解尚有偏差，公益诉讼宣传普法效果还有较大提升空间。

（二）公益诉讼办案队伍专业化水平亟待提升

目前，中国仍有不少基层检察院采用民行检察与公益诉讼部门合一的模式，导致办案队伍对公益诉讼工作“不专”“不精”。为优化机构设置，提升队伍素能，做好公益诉讼检察，乐至县人民检察院在2019年7月单设公益诉讼部门，但一些干警对公益诉讼不够熟悉甚至完全陌生，加之干警年龄存在断层，办案力量整体薄弱。公益诉讼涉及领域多、范围广，相关法律法规更是浩如烟海，干警难以在短时间内适应公益诉讼工作。此外，公益诉讼办案人员大多是以往民事行政检察部门人员，出庭经验明显不足，在实际办案中更多依赖向刑事检察部门“取经”。

（三）公益诉讼办案仍面临阻力

在办理行政公益诉讼案件中，制发检察建议、提起公益诉讼都是对行政机关违法行使职权或者不作为的监督，而办案过程中，一些专门性、技术性问题仍需要行政机关给予支持和帮助。考虑到办案的政治效果、法律效果、社会效果，案件一旦涉及地方经济发展等问题，势必会导致办案阻力加大，协调和诉讼难度倍增。此外，公益诉讼办案人员还对“取证难”问题反映强烈，部分群众对证人负有的作证义务不了解，心存顾虑，屡屡拒绝提供证言。公益诉讼检察不同于刑事检察，检察机关多依靠口头形式督促证人履行作证义务，缺乏刚性取证手段，取证难以得到保障。良好的执法氛围是顺利推进办案活动的重要保障，营造明朗的执法环境，还需进一步建立健全外部协作机制，深入透彻地开展宣传。

（四）环境公益诉讼案件鉴定难

不同于其他公益诉讼类型，环境公益诉讼涉及问题较为专业，无论是检察机关还是法律规定的机关和有关组织，均需要求助于鉴定机构，而“鉴定难”一直是一个难以破解的全国性问题。一是具备资质的鉴定机构少。根据《环境损害司法鉴定机构名册》（2019 年 1 月）数据，全国共有 103 家经省级司法行政机关审核登记的环境损害司法鉴定机构，在四川仅有 1 家——四川省环境保护科学研究院生态环境损害司法鉴定中心。司法部公布的数据显示，截至 2019 年 6 月，中国环境损害司法鉴定机构达 111 家，环境损害司法鉴定人逾 2500 人。二是鉴定费用高。动辄几十万元、数百万元的高昂环境损害鉴定费是制约环境公益诉讼工作开展的主要瓶颈。2019 年 1 月，最高人民检察院与生态环境部等九部委联合印发的《关于在检察公益诉讼中加强协作配合　依法打好污染防治攻坚战的意见》提出，检察机关提起公益诉讼应采取“先鉴定后收费”模式，待法院判决后由败诉方承担鉴定费。这一模式在一定程度上解决了检察机关办理公益诉讼案件鉴定难的问题，但该模式尚未对法律规定的有资格提起公益诉讼的其他机关及有关组织开放。三是鉴定机构水平有限。部分事项的鉴定意见至关重要，事关检察机关对社会公共利益遭受损害与否的判断和提出诉讼请求的内容，而一些事项缺乏系统鉴定标准，生态环境服务功能损失等危害后果难以用数据指标衡量，易对办案工作造成困扰。

（五）理论研究薄弱，法律法规滞后

检察公益诉讼自 2015 年进行试点，至今不过四五年，开展时间不长，实践经验不丰富，加之相关研究较少，可供参考的文献数量不多，导致检察机关尤其是基层检察机关在办理公益诉讼案件过程中存在诸多困惑。此外，公益诉讼尚无专门法律规范，仅在《民事诉讼法》《行政诉讼法》中有所提及，尽管两高《关于检察公益诉讼案件适用法律若干问题的解释》规范了公益诉讼相关程序，最高人民检察院《检察机关行政公益诉讼案件办案指南》和《检察机关民事公益诉讼案件办案指南》对办理公益诉讼案件规则进行了细化，但在实际办案中，仍存在诸多不甚明确的问题亟待解决，尤其是既有规定与统一业务应用系统设置不一致的情况，需要进一步统一，如行政机关按照检察建议依法整改后，检察机关应当制作结案决定书或终结审查决定书。

五　推进公益诉讼工作建议

（一）摆正公益诉讼职能定位

检察官是公共利益的代表，检察机关肩负着“提起诉讼”和“支持起诉”的职责。在民事公益诉讼中，由于设置了公告这一诉前程序，在法律规定的机关和有关组织提起诉讼的前提下，检察机关主要扮演支持起诉这一司法后盾角色，承担提供法律咨询、提交书面意见、协助调查取证等职责。支持起诉看似让检察机关从台前转到了幕后，但仍然是检察机关履行公益诉讼职责的一种体现。在行政公益诉讼中，检察机关需要先通过发出诉前检察建议督促行政机关履职，视其整改情况决定是否提起诉讼，实际办案中，绝大多数行政公益诉讼案件不会进入诉讼程序。检察机关需要转变思想，认识到无论是“主角”还是“配角”，归根结底都是为维护社会公共利益贡献司法力量，这也是“双赢多赢共赢”司法理念的题中应有之义。

（二）强化顶层设计

针对检察机关在推进公益诉讼工作中存在的理论研究薄弱、法律法规滞后、取证难、鉴定难等问题，应当强化顶层设计，建议最高人民法院、最高人民检察院积极总结公益诉讼现有经验，深入推动理论研究，及时做好公益诉讼案件办理过程中的司法解释工作，对于各级检察机关通过检答网等各类平台普遍反映的问题及时发布通知释明。加强与司法部、高等院校的合作，积极推进鉴定人才培养和鉴定机构设置，为办理公益诉讼案件提供技术支持。完善公益诉讼调查取证制度，增强调查取证手段刚性，扭转检察机关取证难的被动局面。

（三）加强队伍专业化建设

各级检察机关要积极配强公益诉讼检察队伍。由于公益诉讼与民事、行政法律法规相关性较高，可以将民事、行政法学专业或具有相关工作经历的检察人员充实到公益诉讼部门。适当考虑调整一些具有出庭经验的刑检人员充实到该部门，以适应出庭应诉的需要。同时要充分考虑老中青三个年龄段干警的优劣势，调整人员配置。要建立健全规范化、长效性培训机制。要充分利用检察官学院统一组织的轮训机会，注重时效性、实践性和针对性。要积极发挥市级检察机关的培训作用，采取集中岗位练兵与分散岗位实践相结合等形式，灵活安排基层检察院干警到市院辅助办案，在实践中提升能力。加强基层院之间公益诉讼业务的交流、学习，相互促进。要坚持“走出去”与“请进来”相结合，既要到先进院开展实践交流活动，又要适时将业务专家请到基层院开展专题讲授活动。

（四）加强外部沟通协作

检察机关与行政机关只是法律上、工作中分工不同、职能不同，没有你赢我输、你高我低，双方维护国家利益与社会公共利益的目标是一致的。然而，一些行政机关对公益诉讼认识有偏差，对检察机关工作不理解，错误地将检察监督视为“挑刺”，加之检察建议本身不具有强制性，致使行政机关对检察建议重视不足。面对这一问题，检察机关要秉持双赢多赢共赢的理念，在打通双方思想隔阂、消除行政机关心中芥蒂方面下功夫，多走动、多交流、多宣传，让行政机关准确认识到检察建议不仅是对其履职情况的监督，也是协助其开展整改工作的推手。

（五）探寻宣传新模式

浏览各大官方媒体、机关平台不难发现，其宣传形式近年来愈发新颖、愈发接地气，一改人民群众眼中“一本正经”“严肃刻板”的固有印象，巧妙运用网络语、表情包拉近与读者的距离。检察机关也紧跟时代步伐，推出检察卡通形象，如重庆检察未检品牌“莎姐”，委托漫画公司画普法小漫画，拍摄检察小剧场微视频，改编网络神曲，重新填词创作检察公益诉讼版《生僻字》。事实证明，采取人民群众喜闻乐见的方式进行宣传，往往会取得良好的宣传效果。但无论采取何种宣传形式，摆正检察机关的角色定位始终是必要前提，在紧密结合检察职能的基础上，做到活泼而不失严肃，创新而不显浅薄，才能实现宣传的初衷。

B.17
泸州环境治理视角下的行政公益诉讼诉前程序研究

泸州市合江县人民检察院课题组*

摘　要： 从试点到全国检察机关开展公益诉讼工作的情况来看，作为行政公益诉讼前置程序的诉前程序，以其自身具备的公益救济、司法效益及平衡监督权和行政权的设计价值已然成为最佳的结案方式。本文以泸州检察机关办理环境和资源领域行政公益诉讼案件为基础，对泸州检察机关的办案特点、遇到的问题、应对方法及成效进行梳理总结并提出开展行政公益诉讼诉前程序检察工作的优化意见。

关键词： 诉前程序　检察建议　公益救济

伴随着“绿水青山就是金山银山”重要理念和实践的发展，为人民构建良好的生产生活环境成为国家社会健康发展的重要一环。同时，中共中央全面推进依法治国，司法改革顺利进行。在这样的双重背景下，检察机关为加强对国家利益和社会公共利益的保护，积极转变职能，探索完善检察机关提起公益诉讼制度，从为期两年的试点到推动民事、行政两大诉讼法修改，正式确立由检察机关提起公益诉讼这一制度，走出了一条中国特色的司法保护公益之路。而行政公益诉讼诉前程序制度因为包含“平衡行政权与司法

---

* 课题组负责人：顾杨，合江县人民检察院科员。课题组成员：谢维雁、袁佰武、谢涛。执笔人：顾杨，合江县人民检察院科员。

监督权”和“司法效率”的设计价值，符合现代行政法的发展要求及有效维护公益的现实要求而得利广泛应用。根据最高人民检察院检察长的工作报告数据①，从2017年7月1日修改后的《民事诉讼法》《行政诉讼法》实施到2019年9月，全国检察机关共立案公益诉讼案件214740件，其中经诉前程序办理的案件187565件，占立案总数的87%。

2017年，泸州市检察机关正式开展公益诉讼工作，围绕“公益”核心，迅速将公益诉讼融入中心职能，配合泸州环境治理中心工作，在监督水污染、畜禽养殖污染、城乡垃圾污染、扬尘污染、非法捕捞水产品、非法采伐林木、非法采矿等破坏生态环境和资源等领域全面开动，充分运用行政公益诉讼诉前程序，发挥检察建议效力，积极助力泸州市打赢“污染防治攻坚战”和服务酒城绿色健康发展工作。截止到2019年12月，泸州市检察机关共立案办理环境和资源领域行政公益诉讼314件，其中诉前程序结案207件，行政机关整改回复191件，另有8件未到回复期限。2017～2019年具体情况见图1、表1。

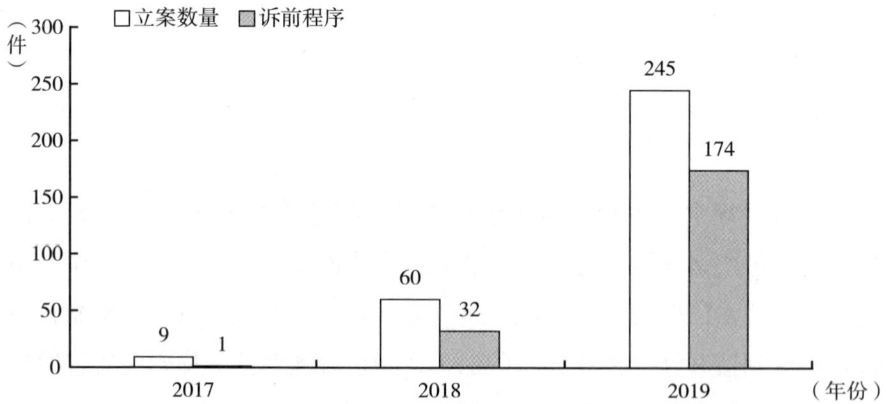

图1　泸州市检察机关办理环境和资源领域行政公益诉讼案件统计

资料来源：根据泸州市人民检察院统计数据整理。

① 最高人民检察院检察长在第十三届全国人民代表大会常务委员会第十四次会议上的工作报告。

表 1　泸州市检察机关办理环境和资源领域行政公益诉讼案件情况

年份	线索(条)	立案(件)	检察建议(条)	收到回复(条)
2017 年	10	9	1	1
2018 年	70	60	32	32
2019 年	385	245	174	166

资料来源：根据泸州市人民检察院统计数据整理。

一　泸州检察机关办理行政公益诉讼案件的特点和主要问题

新修订的《行政诉讼法》关于行政公益诉讼的规定①对诉前程序有较好的释义："人民检察院在履行职责中发现生态环境和资源保护、食品药品安全、国有财产保护、国有土地使用权出让等领域负有监督管理职责的行政机关违法行使职权或者不作为，致使国家利益或者社会公共利益受到侵害的，应当向行政机关提出检察建议，督促其依法履行职责。行政机关不依法履行职责的，人民检察院依法向人民法院提起诉讼。"

（一）办案特点

1. 主动拓展线索来源

泸州检察机关开展行政公益诉讼工作前期，因为群众的知晓程度不高，举报制度尚未发挥效用，案件来源包括：一是通过加强检察机关内部配合，结合刑事案件查找公益线索；二是通过加强同行政机关沟通联系，利用两法衔接平台互通信息，完善线索移送。但这两种路径延时较长且线索数量较少，无法及时保护国家利益、社会公共利益。为此，泸州市检察机关主动拓展线索来源，将泸州市范围内的报纸、电视台、新闻媒体、信访部门、网络问政信访平台以及时效性更强的微博、微信公益公众号全部纳入线索来源范围。根据

① 2017 年新修订的《行政诉讼法》第 25 条第 4 款。

统计，在泸州市检察机关立案办理的245件环境和资源领域行政公益诉讼案件，由检察机关依职权主动发现线索的案件有220余件，约占总数的90%[①]。

2. 书证与实地调查相结合的证据形式

诉前程序阶段的调查取证工作是整体工作中的重要一环，它既为发送检察建议提供重要支持，也为可能产生的诉讼程序奠定证据基础。纵观泸州检察机关办理的公益诉讼案件，调查取证工作大致经过四个阶段。一是以实地调查的拍照摄像、现场示意图及证人证言固定国家利益或社会公共利益受到侵害的事实及状态。二是以详尽的行政法规、部门法规等依据明确行政机关的职责。三是充分利用调查取证权，全面查阅、调取相关机关的工作记录和档案，确定未履职或行政不足的事实。四是结合案件事实与掌握的证据，充分证明行政机关具体行政行为与国家、社会公共利益遭受损害的因果关系，为案件办理提供完整且关联的证据支撑。

3. 主要结案方式为检察建议

行政公益诉讼案件立案后三个月内应当办理终结，办理结果包括作出终结审查或提出检察建议决定。截至2019年12月，泸州检察机关在规定的办案期限内应当办理终结的环境、资源领域行政公益案件共计245件，其中对行政机关发出检察建议174件，做出终结审查74件。发出检察建议案件数量占应作出审查决定案件的71%[②]。

4. 注重发挥检察建议实效

行政公益诉讼属于督促之诉，但最终目的在于救济公益。为确保这一目的达成，泸州检察机关在发出检察建议时普遍就发现的问题、职责的认定、整改的要求向行政机关进行解释说明，并在整改期间同行政机关保持良好互动和意见交流，收到行政机关回复后还会及时开展跟进监督工作，确保完成公益救济和督促行政机关履职的双重目的达成。例如，泸州市H县检察机关在办理一起关于规模养殖场排污污染的案件时，就联合该县环保局和当地

① 根据泸州市人民检察院统计数据整理。

② 根据泸州市人民检察院统计数据整理。

镇人民政府环保负责人对污染养殖场进行实地调查，在充分尊重行政机关专业意见和确保环境得到治理的合意下充分交流，共同制订了科学的整改方案。方案实施后，检察机关随即开展整改情况跟踪监督，发现污染问题尚未整改到位后再次督促行政机关加大整改力度。经过两次整改，该规模养殖场重建粪便处理设施和排污渠道，养殖场污水经过化粪池处理后流入当地镇政府修建的小型污水处理设施，固体粪便经处理后制成有机化肥出售给种植农户，该养殖场周边居民生产生活环境得到明显改善。

（二）主要问题

1. 对违法行为的隐蔽性和反复性应对不足

实践中发现，一方面，多数环境污染都具有隐蔽性特点。一是污染源的隐蔽性，往往出现在不易被人发现的位置；二是污染时间的隐蔽性，往往在夜间或监督空隙时间；三是污染源与污染的因果关系的隐蔽性，如在污染产生后，刻意掩盖污染行为和藏匿产生污染的设备。另一方面，环境污染存在反复性，多发生在监督处罚之后。例如，泸州市 N 县检察院在办理一起石材加工厂粉尘污染案件时就发现，该厂在检查和处罚后停工整改，而后在监管空当为降低生产成本继续污染性生产，且开工时间多在凌晨 1 点到 6 点。

2. 诉前程序多个环节缺乏系统指导

行政公益诉讼是检察机关就特定的公益问题向负有职责的行政机关发起的督促之诉，但同时因为对权利平衡的价值追求以及调查手段的限制，实践中行政公益诉讼的办理往往需要行政机关的配合，即协同之诉的内涵。而诉前程序是行政公益诉讼的重要环节，也是与行政机关接洽交流较为复杂的一个环节，更应该有章可循。然而，泸州市下设三区四县基层检察机关 2018 年、2019 年公益诉讼工作报告均反映了诉前程序缺乏指导和操作性不强的问题。2018 年 3 月，最高人民检察院《关于检察公益诉讼案件适用法律若干问题的解释》对诉讼程序本身进行了细化规定，但对诉前程序的操作性指导意义并不强。例如，调查取证、审批程序、特殊情况下延长检察建议的回复时限、行政机关整改的评判标准等具体问题都未涉及。现阶段的困境亟待明确的办案指导，否则会严重制约办案人员的手脚，影响公益诉讼战果的进一步扩大。

3. 调查取证缺乏强硬手段的保障

行政公益诉讼诉前程序较诉讼程序而言是更佳的结案方式，但并不表示诉讼程序就可有可无。相反，正是因为有诉讼程序这种强硬手段的支撑，才使得行政机关更愿意在诉前程序阶段实施整改。同样道理，在行政公益诉讼调查取证工作中，针对调查取证对象不配合的情况，除了释理说法、向有关单位提出检察建议外，法律并没有提供限制人身自由、查封、扣押、冻结财产等强制性措施保障。行政公益诉讼有别于传统的民事行政检察业务，是检察权对行政权的监督，救济的对象是极易产生不良影响和引起社会高度关注的国家利益和社会公共利益，在某些情况下，现阶段调查取证工作很难满足救济公益的急迫需求。

4. 检察力量配置不足

随着行政公益诉讼工作的逐步深化和民事行政检察职能的逐步改革，民行检察部门新增大量业务，整体办案力量出现疲态。泸州部分基层检察院民行检察部门只有一至两名员额检察官，办案力量薄弱，案多人少矛盾长期存在。另外，检察机关提起行政公益诉讼涉及行政执法的各个环节和海量的部门法规，这就对办案人员的理论素养、业务能力提出了更高的要求。现阶段部分民行检察人员办案思维没有及时转变，知识储备没有及时补充，业务办理能力没有及时跟进，综合能力亟待提高。

5. 行政机关和群众缺乏应有的理解和了解

检察机关提起行政公益诉讼诉前程序对行政机关而言，是发现自身问题和开展自我纠错的良好途径。然而，部分行政机关对行政公益诉讼的价值存在认识不足问题，具体表现在：一是收到检察建议后，对检察建议载明的内容和整改要求理解不透彻；二是在履行整改职责和回复检察建议阶段不认真履行义务，最终导致保护公益的目的无法达成。深究其原因，还是行政机关对检察权扩大的不理解和刻意掩盖履职不足而产生的抵触情绪。例如，泸州H县检察机关在办理一起饮用水源地污染案件时，收到检察建议的当地镇政府潦草回复整改报告，检察机关跟进监督发现整改缓慢，再次督促时受到对方关于检察机关职权的质疑，经过详细讲法说理后才得以继续推动整改工作。

另外，人民群众无疑是推动检察机关提起公益诉讼的最大推力和长远推力，现阶段的现实情况是，群众对这项关乎自身利益的制度的了解还远远不足，表现为参与程度低，公益诉讼线索来源中的举报情形鲜有发生，检察人员在办理公益诉讼案件和开展公益诉讼宣传时常会遇到以下问题：一是多数群众表示并不太了解民行检察院的具体职责，对检察机关的具体印象停留在反贪反渎；二是群众对检察机关开展公益诉讼的范围和具体流程不了解。造成这一情况的主要原因归结于检察机关在各层面的宣传工作还不到位。

二　泸州检察机关的应对做法与成效

（一）加强组织领导，争取多方支持

泸州检察机关开展公益诉讼工作以来迅速明确管理职责，确立分管领导，积极构建两级院“一体化”工作模式，由市级院全面指导基层院围绕公益诉讼开展工作。各个基层院参考市院意见，结合本单位实际迅速作出调整，明确工作重点，制订工作计划，有条不紊地开展公益诉讼工作。

在加强自身制度构建的同时积极向各级检察机关对应的市委市政府、县委县政府、人大、政协、行政机关、法院宣传推广公益诉讼并寻求支持。2018 年 2 月，泸州市委办公室、泸州市政府办公室出台《关于贯彻省委办公厅、省政府办公厅〈关于深入推进公益诉讼工作的实施意见〉的通知》。2018 年 10 月，泸州市第八届人大常委会听取和审议了全市检察机关开展公益诉讼工作情况并出台审议意见。泸州下设的合江、叙永县委、县政府纷纷出台文件支持公益诉讼，为检察机关提供积极助力并营造了良好的工作环境。

（二）强化队伍建设，提高人员素质

泸州各级检察院机关积极适应职能变化，倾向民行检察部门，增加民行

部门员额检察官的同时，为员额检察官配备一到两名检察辅助人员，全市民事行政检察部门现有员额检察官 14 人，检察辅助人员 24 人，较调整前增加 13 人，极大增强了公益诉讼队伍的整体力量。

泸州市检察机关先后派出检察人员 8 人到国家检察官学院参加培训，加强理论储备。派遣检察人员 7 人前往贵州、江苏等地实地考察学习，传承试点经验，提升行政公益诉讼办案人员的专业知识水平和办案能力。

（三）严格案件管理，确保办案质量

泸州检察机关建立案件台账制度，强化调查核实，严格案件审批，推进精准化监督，确保每起案件都经过两级院共同审查，事实清楚，证据充分，符合发出检察建议的条件。基层检察机关定期开展公益诉讼案件“回头看”专项活动，对检察建议整改落实情况进行跟踪监督，确保了检察建议发挥实际效力。

（四）寻求技术支持，提升调查能力

泸州检察机关积极构建水污染防治、固体废物处置等领域专家库，已经储备各类专家 20 余名，公益诉讼及时咨询和问题反馈机制初步成形，其他领域的咨询机制工作尚在筹备中，这项制度的建立为办案人员提供了强大的外脑支持。在配置专业设备方面，积极与专业机构建立无人机调查取证协作机制，帮助办案人员突破了空间限制，获得了高空超广视角，为找寻隐蔽污染源、确定污染面积等提供了有力的技术支持。

（五）开展多类宣传，扩大社会影响

在缺少先进宣传平台的区域，继续采取设置宣传点、发放宣传单、开展宣传进企业等传统宣传活动。截至 2019 年 12 月，泸州全市检察机关共计开展公益诉讼宣传活动 30 余场，发出宣传单 90000 余份。同时，泸州检察机关在传统宣传方式中寻求突破，充分利用信息化发展带来的便利，制作公益

宣传短片《公益保护——检察监督》在城区公交车上播放。充分利用微信公众号等新媒体对公益诉讼典型案例和工作情况进行广泛宣传。召开记者会，以“筑牢长江生态屏障　护航酒城绿色发展”为题对泸州市检察机关公益诉讼工作情况进行通报和宣传。积极利用各类商业活动，在企业聚集的地方开展宣传，例如，在第十三届中国国际酒业博览会现场设置公益诉讼宣传台，开展“人民检察守护绿水青山·天地同酿润泽中国酒城”主题宣传。

（六）开展专项行动，助力环境治理

泸州检察机关结合地域实际，开展“维护长江上游生态屏障安全”公益诉讼专项监督活动，重点监督向长江、沱江流域排放工业废水、禁养区养殖禽畜等违法违规行为。围绕专项行动，就生态环境和资源保护领域在全市范围内搜集案件线索 78 条、立案 28 件，发出诉前检察建议 16 件。除此之外，各级检察机关还积极配合地方绿色发展，积极融入各类环境治理专项行动。泸州下设合江县人民检察院以“合江县打好环保督察反馈意见整改工作攻坚战”为契机，与水务局、环保局、农业局等责任单位建立良好的线索移送机制，积极参与合江县饮用水源地环境问题整治攻坚战、打赢碧水保卫战、打赢蓝天保卫战、打好农业农村污染治理攻坚战、打好“散乱差”企业整治攻坚战、打好环保基础设施建设攻坚战等，发现饮用水源地环境问题线索 14 条，农村垃圾堆积污染案件线索 7 条，规模养殖禽畜排污污染线索 10 条，共计发出检察建议 11 件，收到回复 11 件，全部整改并回复。

（七）构建长效机制，筑牢生态屏障

泸州市人民检察院与贵州遵义市检察院签订《关于开展赤水河流域司法保护协作机制（试行）》，整合古蔺、合江、叙永、习水、赤水、仁怀两省六院办案力量，对赤水河流域联合开展司法保护专项监督活动，推动川渝滇黔四省市检察机关建立生态司法保护跨省协作机制。2019 年初组织召开全市公益诉讼改革任务落实情况调研督察座谈会，与自然资源和规划局等七个单位（部门）会商公益诉讼联席机制建设，与相关单位（部门）联合转发最高人民检察院与生态环境部等九部门《关于在检察公益诉讼中加强协作配合　依法打好污染防治攻坚战的意见》，共同落实打好污染防治攻坚战相关要求；针对公益诉讼案件的管辖、证据标准、执行等问题，2019 年 5 月，泸州市人民检察院与泸州市中级人民法院研究制定了《关于加强协作　共同推进公益诉讼工作的意见》。

三　未来展望

（一）坚持诉前程序和诉讼程序双轨制运行机制

重视诉前程序独立性。在诉前程序阶段，如果行政机关认真依照检察建议实施整改，那么公益诉讼的目的达成即无须进入下一诉讼环节，实现了分流案件、节约司法资源的目的，也体现司法权的谦抑，但对于收到检察建议无动于衷的行政机关也要毫不犹豫、坚决果断地提起诉讼。只有在坚持双轨制运行机制下开展行政公益诉讼工作，才能确立正确的原则指引，刚柔并济地使用检察权。

（二）明确用行为标准判断行政机关是否履职

长期以来，检察机关的审查标准大致包含两个方面：一是审查行政机关是否有按照检察建议的要求履行责任的行为，即行为标准；二是审查行政机关是否通过履职弥补了国家利益或公共利益遭受的损害，即结果标准。现行规范体系的要求一般是对两种标准的双重审查，而实践中检察机关在出具处理意见时会对应实际，更具体地处理二者的关系，即倾向性选择。从行为本身和行为结果双重维度审查行政机关在诉前程序是否依法履职，不同检察机关会采用不同的判断模式，从不同角度出发，再加上审查的范围和强度不一，往往会导致类似案件有不同的案件走向。这里需要重视的是，过于倾向结果标准会导致检察机关向行政机关提出过于严苛的要求，而直接后果就是更多的案件将会进入诉讼程序，这并不符合行政公益诉讼制度设计的价值目的。实事求是地讲，不是所有的环境污染和生态破坏都可以在短期内得到恢复。环境公益损害是指环境被污染或者生态遭到破坏，但并非对一类生态要素的污染和破坏，而是指这一类生态要素因污染和破坏所导致的功能性丧失或者严重退化。例如，饮用水源遭受污染后，丧失的是水体饮用的功能性，耕地遭受污染，丧失的是其耕作的功能性。因此，在办理行政公益案件时，应当充分尊重自然规律和发展阶段的现实问题，遵循科学合理区分要素差异，听取行政机关的专业意见。同时，应当充分考虑采取以结果为导向的双重审查标准带来的负面效应。综上所述，在不断提高检察建议质量的前提下，采取行为标准审查行政机关在诉前程序中是否依法履职更能推动现阶段行政公益诉讼的健康发展。

（三）扩建“大配合”工作格局

一是继续加强“上下一体化，全院一盘棋”工作模式。泸州市各级检察机关实行联动工作模式，取得了一定工作成效，积累了两级院共同办案的经验。在接下来的工作中，还应当进一步扩大汇报与指导交互的范畴，积极构建与省级检察机关的汇报指导常态化机制，既包括案件指导也包括开展工作指导。要充分发挥基层检察院在工作中的独立性和创造性，不断加强经验交流学习和典型案例分享。各级检察院机关民行部门要加强与控申、案管、侦监、公诉、法警等部门的配合，在线索移送、调查取证等方面加强协作，快速提高泸州各级检察机关公益诉讼整体工作水平。

二是继续争取各方支持。公益诉讼工作的顺利开展离不开党委领导、人大监督、政府支持、各部门配合和广大群众的支持。下一步工作中检察机关应当围绕保护公益核心，抓住“双赢多赢共赢”发展理念，加大宣讲释法工作力度，树立“办理一件，影响一片”的工作思路，不断扩大公益诉讼社会影响，强化民众保护公益权利意识，增强社会参与公益保护的自觉性、主动性和广泛性。广泛争取各方力量对公益诉讼工作的支持，进一步营造公益保护大氛围，形成公益保护齐抓共管的大合力。

（四）高质量发展行政公益诉讼

一是建立高质量公益诉讼检察队伍。结合检察系统内设机构改革，组织和引进政治素质过硬、业务能力强的干警参与公益诉讼工作，充分发挥团队力量办好公益诉讼案件。加强学习培训和经验积累，提高队伍执法水平和能力。

二是完善公益诉讼各项制度。探索、建立和完善公益诉讼举报奖励、城乡公益诉讼网格员与专业人员参与办案、公益诉讼跨区域协作、公益诉讼纳入人大常委会干部述职评议、公益诉讼联席会议、公益诉讼依法治市考核、检察建议公开宣告等机制，形成稳定成熟的工作模式。

三是办理高质量公益诉讼案件。坚持办理高质量个案，继续以专项活动为抓手，集中力量办理类案、大案和要案，扩大公益诉讼影响。积极与法院、政府法制机构等就重大疑难案件开展研讨，确保公正执法。发挥12309检察服务中心的便捷功能，有序引导人民群众举报案件线索，提高人民群众参与度。

四是继续加强检察机关政治和思想建设。习近平总书记曾指出，“对需要长期抓落实的项目和任务，要以抓铁有痕、踏石留印的劲头，坚持不懈抓下去”。检察机关要不断提高自身政治站位，增强大局意识，明确自身工作职责，积极服务中心工作，对现阶段公益诉讼存在的困难，要全面、深入、体系化推动改革，大胆尝试，大胆创新，努力交出一份令人民满意的新时代检察工作答卷。

四　结语

现阶段行政公益诉讼诉前程序制度虽然已经取得不菲的成绩，但其自身的制度建设还不够完善，对检察机关而言，其可操作性也有所欠缺，这些都需要通过完善制度予以改进。在最高人民检察院提出进一步加强行政公益诉讼工作力度的要求下，不宜再依靠行政化的推动，而是需要通过进一步修改

《行政诉讼法》或单独制定行政公益诉讼法加强法律保障。另外，从大的发展方向来看，在新的历史条件下，检察机关应该立足于宪法授予的监督职权，放眼推行公益诉讼的广阔前景，充分认识到检察机关在新时代被赋予的重要职责，认真推动检察机关自身的改革和完善，为进一步发展行政公益诉讼诉前程序积累更多的理论成果和实践经验。

营商环境

Business Environment

B.18 四川法院发挥审判职能优化法治化营商环境的实践

四川省高级人民法院课题组*

摘　要： 法治是最好的营商环境。四川法院提高站位，充分认识发挥审判职能优化法治营商环境的重大意义，积极作为。近年来，四川法院在高效、有序推进依法保护产权和企业家合法权益、金融审判、破产审判等工作的同时，下大力气发现、研究、解决制约审判质量进一步提升的制度瓶颈问题，全力开展全省法院民事司法参考性案例库建设工作，努力为营造稳定、公开、透明和可预期的法治化营商环境提供有力的司法保障。

* 课题组组长：刘楠，四川省高级人民法院党组成员、副院长；课题组成员：何学敏、周静、蒲杨、王玥、许静、范升山。执笔人：蒲杨，四川省高级人民法院民二庭员额法官；王玥，四川省高级人民法院民二庭员额法官；许静，四川省高级人民法院民二庭员额法官；范升山，泸州市中级人民法院民二庭副庭长。

关键词： 审判职能 营商环境 审判质效

建设法治化营商环境是党的十八届三中全会的重大部署。近年来，中共中央、国务院印发《优化营商环境条例》《营造更好发展环境支持民营企业改革发展实施意见》《关于完善产权保护制度依法保护产权的意见》等文件，对优化营商环境、推进产权保护法治化和加强企业家合法权益保护作出全面部署和安排；最高人民法院立足人民法院审判职能，配套印发了《关于充分发挥审判职能 加强产权保护的意见》《关于为营商环境提供司法保障的若干意见》，为各级法院提供了统一的政策指引和具体的行动指南。

四川法院始终坚持以习近平新时代中国特色社会主义思想为指导，坚决贯彻中央、省委和最高人民法院系列文件精神，紧紧围绕“努力让人民群众在每一个司法案件中感受到公平正义”的工作目标，充分发挥审判职能作用，依法妥善审理各类案件，切实维护市场主体的合法权益，为四川省营造稳定、公开、透明和可预期的法治化营商环境提供了有力的司法保障。

一 重构民商事审判质效提升新机制，加强优化法治化营商环境的能力

近年来，随着“一带一路”建设、长江经济带发展、新一轮西部大开发等国家重大战略实施，四川法院受理的民商事案件持续高位增长，受理数约占全部案件的70%，法院案多人少矛盾突出，人民法院法官员额制实施导致的审判权分散，部分民商事案件审理周期长、裁判尺度不统一等问题日益凸显。为此，四川法院先后开展民商事审判效率提升专项工程、民商事审判质量提升专项工程，切实加强民商事审判效率制度机制建设，建立完善民商事审判质量支持新体系，不断提升民商事审判质效，加强四川法院民商事审判工作优化营商环境的能力。

（一）开展民商事审判质效提升工程

2017 年，四川法院开展了民商事效率提升专项工作，取得显著成效。四川法院 2018 年一审民商事案件平均审理周期低于全国 10 天；2019 年，省法院出台《关于加强民商事审判质量支持新体系建设工作指导意见》，就构建适应司法改革新要求的审判质量新体系，为切实解决民商事裁判尺度不统一的突出问题，提升民商事审判质量，营造稳定公平透明、可预期的营商环境提供有效制度保障进行了全面部署，大力提升审判质效，为服务保障民营经济健康发展提供有效的制度保障。

（二）开展四川法院民商事司法参考性案例库建设工作

民商事司法参考性案例库建设工作是四川法院 2019 年启动的一项具有创新性的重要工作，是解决裁判尺度不尽统一、提升民商事审判质效的重要举措，也是推动形成稳定、公平、透明和可预期的法治化营商环境的具体方法。案例库具有权威性、效力性和适用性的核心特点，切实回应审判实践中亟须统一法律适用的大类案件多发问题、发改案件常见问题、疑难案件分歧问题、法律适用漏洞问题。案例库建设分为组织实施、案例选编和入库运用三个阶段，该项工作调动了四川三级法院优秀法官，从全国四级法院生效裁判文书中精选质量高、借鉴性强的案例进行编撰。案例库的实际运用，将引导民营企业等各类主体形成合理预期，进而营造更加稳定、公平、透明和可预期的营商环境。

（三）制定《四川法院优化法治化营商环境司法工作指标指引体系》

为对标国际一流，优化法治化营商环境，2019 年省法院在深入研究分析世界银行营商环境评价体系中与法院工作相关的“破产办理”和“执行合同”指标内涵及要求的基础上，结合四川法院工作实际，制定并向社会公众发布了《四川法院优化法治化营商环境司法指标指引体系》，从案件审理全流程层面，为司法精准服务法治化营商环境提供“指挥棒”和评价标准，确保每一个民商事案件审理的各个环节都能落实高效、便捷、低成本及多元解决纠纷的价值导向，切实满足民营企业的核心司法需求，营造良好的营商氛围。

（四）完善民商事纠纷诉源治理工作机制

2019年，省法院出台《关于全面推进全省法院诉源治理实质化运行的实施意见（试行）》，全面推进“矛盾纠纷源头治理、多元化解、诉内治理”的分层递进式诉源治理模式，切实满足民营企业多元化解、快速化解和有效化解纠纷的实际需求；2019年10月，省法院与中国证券监督管理委员会四川监管局联合会签《关于深入推进证券期货纠纷诉调对接工作的实施意见（试行）》，实现证券期货等商事纠纷案件的有效分流和及时化解；2019年11月，省法院与省工商联会签《关于构建依法服务保障民营经济健康发展协作机制的意见》，共同确立了常态化、制度化服务保障四川省民营经济发展协助机制，旨在推动涉民营经济领域治理体系和治理能力现代化及民营经济纠纷多元化解，进而促进四川省法治化营商环境持续优化。

（五）强化律师调查令制度

2017年7月，省法院在全省法院试行律师调查令制度，取得了良好的法律效果和社会效果。为进一步提升律师调查令的权威性、规范性，2019年省法院再次推动省人大主导召开了《关于在民事审判和执行阶段适用调查令办法（试行）》协调会，省发展改革委、公安厅、民政厅、省市场监管局、人民银行成都分行、四川银保监局等20个相关单位参加会议，并联合会签了文件，旨在进一步降低民营企业的取证难度和成本，缩短民营企业维权程序周期。

（六）全面加强民营企业司法保护法治宣传工作机制

省法院坚持民营经济司法保护典型案例常态化发布机制，2018年以来，累计发布典型案例20余个。定期开展代表、委员“产权司法保护”联络活动，为民营企业健康发展营造良好的法治氛围；持续推进“法律进企业”活动，省法院和全省各地法院主动走进相关知名、重点企业，举办法律知识讲座，配合省工商联等单位和部门对民营企业家和民营企业法务工作者进行授课，宣讲法律知识，引导企业家自觉遵纪守法、诚信经营，提升法律素养，降低企业经营风险。

二　依法保护产权和企业家合法权益，激发市场主体活力

四川法院坚决贯彻中央、省委和最高人民法院关于产权保护和企业家权益保护的系列文件精神，坚持依法、平等、全面保护的基本原则，通过妥善处理各类涉民营经济主体案件，全面保护民营经济主体财产权、人身权以及经营自主权等各项权益，切实增强企业家创业创新的信心和动力。近年来，省法院制定《关于加强保护产权司法保护的实施意见》《关于为民营经济健康发展提供有力司法服务和保障的实施意见》，从产权保护等方面制定细化措施，将民营经济发展的司法保障落到实处。

（一）严惩各类突出犯罪，营造安全稳定的营商环境

一是依法惩治侵吞、私分、挪用企业财产和合同诈骗、内幕交易、强迫交易犯罪，有力保障市场主体财产安全和交易安全。2018 年以来，审理一审职务侵占、挪用资金、合同诈骗、内幕交易、强迫交易案件 1019 件。二是严厉打击破坏企业正常生产经营管理秩序的各类违法犯罪，纵深推进“扫黑除恶”专项斗争，严厉打击欺行霸市、收取“保护费”、阻挠施工等犯罪行为，依法审理涉黑恶及“保护伞”犯罪案件。2018 年以来，审理扰乱市场秩序、妨害对公司、企业的管理秩序犯罪 1602 件。申某等黑恶势力及“保护伞”被判刑，有力铲除危害营商环境的“毒瘤”。三是严格落实罪刑法定、疑罪从无的法律原则，正确区分经济纠纷和经济犯罪，坚决防止将经济纠纷作为犯罪处理，坚决防止将民事责任变为刑事责任，落实宽严相济的刑事政策。张某、田某职务侵占案件中，张某、田某依法被宣告无罪，切实维护了民营企业家合法权益。

（二）依法维护诚实守信、公平竞争的市场环境

一是依法审理合同纠纷案件，尊重市场主体意思自治，正确判断各类交易行为的效力，审慎认定合同无效和解除情形，依法制裁各类欺诈、逃废债务行为。深入研究三角债、互联互保等法律问题，助力解决民营企业融资难、融资贵。2018 年以来，审结各类合同纠纷 738383 件，促进生产资料有序流动。二是妥善审理涉公司纠纷，有效提振市场主体投资兴业信心。贯彻落实公司法及系列司法解释的规定，加强对中小股东的权益保护，促进公司治理规范化。明确裁判标准，促进市场交易规则更加清晰透明，交易更加高效有序。2018 年以来，审理公司决议效力、股东知情权、利润分配权、优先购买权和股东代表诉讼等公司诉讼案件 5905 件。三是依法规范适用诉讼保全措施。牢固树立谦抑、审慎、善意理念，严格落实《最高人民法院关于人民法院办理诉讼保全案件若干问题的规定》，防止当事人恶意利用选择性查封、超标的查封等保全手段，侵害企业正常生产经营。对作为债务人的民营企业采取保全措施时，依法灵活运用替代性保全措施，为企业日常经营保留必要的流动资金和生产资料，为有前景的企业恢复生机提供司法支持，最大限度降低保全措施对企业正常生产经营活动的不利影响。2018 年以来，四川法院办理财产保全案件 64778 件。

（三）强化司法监督，构建“亲”“清”政商关系

一是围绕“放管服”改革，改善营商环境、保护民营经济。依法审理涉及市场监管类案件，支持行政机关正确发挥经济和社会管理职能，平等保护各类所有制和自然人的财产权。2018 年以来，四川法院审理与工商、社保、城建、土地等行政案件 11550 件，审理行政许可案件 307 件，帮助企业消除不合理门槛，改善投资环境。二是依法公正审理土地资源领域的行政协议案件，认真审查协议不能履行的原因和违约责任，切实维护行政相对人的合法权益，促进法治政府和政务诚信建设。2018 年以来，审结土地、矿产、林业等资源类行政一审案件 4608 件。三是严格审查涉民营企业家产权的行

政征收、行政征用行为的合法性，防止公共利益的界限不当扩大。综合运用司法建议、行政争议多元化解机制，提升调撤率，减少程序空转，降低纠纷解决成本。2018 年以来，审理行政征收、征用案件 1027 件；依法调撤行政争议 4844 件，占一审结案数的 20.54%。

（四）加大执行力度，保障市场主体胜诉权益的实现

一是构建综合治理执行难格局，加快失信联合惩戒机制建设。省法院与省委、省政府联合印发意见，加快推进失信被执行人信用监督、警示和惩戒机制建设，将对非传统型财产产品、婚姻登记情况、住房公积金等信息的协助查询拓宽至被执行人信息查询范围。扩大信用惩戒的覆盖范围，对失信被执行人参与招投标等活动予以限制。二是继续巩固基本解决执行难专项工作成果，综合运用各种执行措施，切实保障市场主体胜诉权益的实现。省法院在全国率先出台执行工作追责规定，进一步强化规范化意识，全面规范执行行为，明确对 25 种执行不规范情形实行责任追究，加大力度打击“老赖”及消极协助执行行为。2018 年以来，受理各类执行案件 81.65 万件，对有财产可供执行的案件执结 60.6 万件，执行到位金额 1229.48 亿元。依法司法拘留 8137 人，罚款 1542 人。依法惩治拒不执行法院判决、裁定犯罪，判处刑罚 143 人。三是常态化开展涉民营企业专项执行行动。连续三年开展“失信大曝光”专项行动，累计发布失信被执行人名单 40.36 万例，限制消费 51.87 万例，公开曝光 107.64 万人次，限制 88.76 万人次购买机票，限制 13.93 万人次购买动车、高铁票；连续三年开展“拒执大打击”行动，共计罚款 1420 人、拘留 7003 人，判处刑罚 183 人。绵阳、广元、遂宁、达州、资阳、内江、自贡等地法院结合工作实际，开展专项行动，有效化解一大批难案要案，对营商环境优化发挥重要作用。

三 加强金融审判工作，有效防范化解重大风险

近年来，随着产业结构调整、银行信贷收紧和金融改革创新等因素叠

加，四川法院受理的金融纠纷案件增长迅猛，重大敏感、系列案件明显增多。四川法院高度重视涉金融纠纷案件的审理和化解工作，加强对重点敏感案件的指导，着力防范化解金融风险，保障四川省金融市场的稳定和安全。

（一）树立全局思维，统一司法尺度，探索建立关联案件统一协调机制

省法院制定下发《关于高度重视民商事重大敏感案件审理、依法保障经济平稳运行的通知》，建立五大工作机制，确保涉及区域性、系统性重大敏感民商事案件的妥善处理。加强涉诉金融纠纷关联案件的登记管理，积极探索建立关联案件“立、审、执”统筹协调机制，努力使关联案件管辖法院、合议庭相对集中，从审判资源、程序推进、司法公开等方面统筹安排，整体协同推进。在不同法院间、法院内不同部门间加强信息反馈共享，强化上级法院的监督指导。汇通系、安信系、金亚科技虚假陈述系列案件的统筹协调处理，取得良好的社会效果。针对浦发银行成都分行重大信贷资产风险引发的系列案件，省法院加大审判指导力度，与党委政府部门积极协作配合，创新府院联动机制，化解重大信贷资产风险，切实维护了经济金融秩序安全稳定。该案入选最高人民法院金融纠纷多元化解十大典型案例。

（二）立足审判实践，稳妥审理涉及金融领域的各类案件

一是深入开展打击非法集资犯罪专项审判，妥善审理集资诈骗、非法吸收公众存款等犯罪案件，助力防范化解系统性金融风险。2018 年以来，四川法院依法审理集资诈骗、非法吸收公众存款等案件 779 件，依法审理高利贷、“套路贷”、高利转贷等破坏金融管理秩序犯罪案件 943 件，并促进金融市场秩序规范。二是建立健全涉金融案件风险预警、研判机制，稳妥审理金融借款、不良债权转让等民商事纠纷，做好判后释法、疏导协调工作，维护金融市场稳定。依法妥善审理房地产纠纷案件，有效防范因房地产引发的系统性金融风险。三是进一步优化金融债权纠纷案件审执流程。强化立案审查和把关，防止企图通过诉讼逃避、消债等规避法律的行为。从立案、审理环节依

法为金融机构开辟“绿色通道”，实现快立快审。充分发挥简易程序、速裁程序简便、快捷的优势，努力缩短办案期限。认真审查重点企业和自然人的各类诉讼，防止通过虚假诉讼、恶意诉讼等形式拖延、规避金融债务。

（三）大力加强涉金融审判专业化建设，切实回应金融创新需求

四川法院积极探索专业化审判改革，有条件的法院成立了金融审判合议庭，专门审理金融纠纷案件。成都、德阳法院成立了金融证券类案件专业审判组织，负责审理金融纠纷案件，定期开展金融审判态势调研，为金融机构、企业防范金融风险提供有益参考。深入开展送法进企业活动，加强对金融机构负责人、信贷人员、资产管理人员的业务培训、指导，从源头上减少涉金融诉讼案件的发生，提高了金融机构管理水平，增强了防范意识。增进对新生交易模式、新型金融产品的了解，在审查金融创新产品合法性时，对法律法规规定不明确的，遵循商事交易惯例、尊重金融监管机构意见，为金融创新提供适度空间。

（四）构建完善多元纠纷化解机制，依法保障金融风险的防范化解

高度重视打击涉众型经济犯罪，省法院与省检察院、省公安厅联合会签《关于四川省办理非法集资刑事案件若干问题的会议纪要》《关于建立打击非法集资犯罪案件协调处置机制的意见》等制度文件，严厉打击涉众型经济犯罪，形成打击非法集资犯罪的合力；省法院与中国银行保险监督管理委员会、中国证券监督管理委员会四川监管局针对涉保险业纠纷案件、涉银行业纠纷案件、涉证券期货业纠纷案件签署诉调对接工作备忘录，推动和完善诉讼和调解相结合的保险纠纷、银行业纠纷、证券期货纠纷解决模式，促进司法资源合理配置与行业健康持续发展。

四　大力推进破产审判，服务保障供给侧结构性改革

四川法院认真贯彻落实中央、省委关于推进供给侧结构性改革的决策部

署，以处置“僵尸企业”为抓手，结合四川实际，运用法治手段推进破产工作，充分发挥破产审判在纠纷化解、产能配置、资产盘活、债权清理、职工分流等方面的集中优势、效率优势和经济优势，助力四川供给侧结构性改革和发展动能转换。2018 年以来，四川法院受理破产案件 1093 件，破产案件受理数位居全国前十位。内江方向光电、乐山金顶、川化股份、中国二重、泸天化等 5 家上市公司以及四川盛马化工、德阳西部国际商贸城、东方电气集团东风电机、自贡新源等多家省内知名重点企业均通过破产重整、和解程序实现再生，取得了良好的法律效果和社会效果。

（一）积极运用破产重整、和解方式挽救有价值的危困企业，助力产业转型升级

四川法院贯彻落实中央、省委“多兼并重组、少破产清算”的要求，对生产经营困难但符合产业政策、有市场前景的企业，从明确重整目标、强化前期协调、加强破产管理人选任、灵活重整方式，优化重整方案入手，依法通过破产重整、和解予以挽救，帮助企业改善经营、提升质效、促进良性发展，妥善审理了一大批影响重大、关注度高、关系当地经济社会发展稳定的破产重整案件。在中国二重破产重整案中，德阳法院探索实践庭外重组向司法重整转换的“预重整”模式，实现庭外重组与司法重组的有效衔接，该案入选全国首批司法服务保障供给侧结构性改革十大典型案例；2019 年，省法院指导遂宁法院妥善审理四川盛马化工合并破产重整案，四川盛马化工及其四家全资子公司合并重整成功，实现法律效果、政治效果和社会效果有机统一，对推动当地经济发展具有重大意义。

（二）依法进行破产清算，引导“僵尸企业”有序退出，推动化解产能过剩

一是精准识别、分类施策，对钢铁、煤炭、水泥等领域的产能落后、无清偿能力、无营业价值的“僵尸企业”，通过破产清算及时实现市场出清，将其占用的大量闲置土地、设备、人才等经济资源和社会资源从“僵尸企

业”中解放出来，实现市场资源的有效配置。二是积极推进建立“当事人意思自治为主、管理人充分履职、法院依法监督”三位一体的破产财产处置通道，推行破产财产网络拍卖，采取“管理人+辅助拍卖服务+网络平台”模式，实现破产财产处置的公平、公开、公正。乐山锐熙运业有限公司2艘船舶通过网络拍卖，分别溢价18%和20%成交，实现破产财产的高效处置。三是积极推进“执转破”工作。落实全国破产审判工作会议、“执转破”工作会议精神，在法院内部加强执行和破产审判部门之间的协调配合，充分发挥执行程序在财产查控和处置等方面的重要作用，最大限度实现“能够执行的依法执行，整体执行不能符合破产法定条件的依法破产”的良性工作态势。2018年以来，全省法院执行部门移送破产案件206件，涉及执行案件9876件，促成一大批“僵尸企业”依法转入破产程序。

（三）切实保障民生权益，维护社会稳定

一是在党委政府的大力支持下，全力做好债权人、债务人、投资人、企业职工等群体的利益平衡，建立社会稳定长效机制。多地法院建立欠薪保障机制，协调有关部门垫付工资，并在破产程序中优先偿付企业职工债权，在审执工作中及时发现和倾听企业职工的利益诉求，实现企业破产的“零震荡”和“软着陆”。二是保护中小股民合法权益，建立司法主导、政府配合的工作模式，通过政府协调维稳事项，保障中小股民合理表达利益诉求。在内江方向光电公司重整案中，内江法院在全国率先采用现场表决和网络投票表决的方式，让中小股民全员参与重整程序，表决、支持重整方案，为四川首例上市公司破产重整成功铺平道路，遍及全国的5万余名流通股中小股东摆脱血本无归的困局，消除涉稳隐患，取得良好效果。三是积极延伸司法职能，及时就企业风险预警、帮扶处置工作提出对策建议，促进企业改善管理，提升风险防范和应对能力。2018年以来，四川法院针对破产审判中发现的问题，共向相关行业发放法律风险提示6000余份，发送司法建议238份，组织企业家代表、经营管理人员旁听涉及公司治理、经营合同、劳动争议等纠纷案件审理320余场，引导企业依法合规经营。

（四）推动完善破产审判机制，构建完善的市场主体救治和退出机制

一是加强破产审判专业化建设。省法院制定下发《关于审理破产案件若干问题的解答》，为全省法院破产审判工作提供规则指引；乐山中院出台《关于推进破产案件繁简分流的实施意见》，成都中院出台《服务保障成都市国际化营商环境建设　着力提升“办理破产”水平行动计划》，提升破产案件办理的规范化水平；成都、德阳、宜宾、乐山等8个中级法院设立了破产审判庭专门集中审理破产案件，专业审判庭数量位居全国前列，形成了专业化的审判机制；发布破产典型案例，加强重点、疑难案件的审判指导。二是加强破产管理人队伍建设。改革管理人市场准入机制，督促管理人忠实、勤勉履职。省法院、成都等部分中院根据工作需要，重新编制了管理人名册；成都中院在全省率先成立破产管理人协会，实行破产管理人分级管理和淘汰、增补、升级制度。乐山法院创新性采用竞争性选择管理人，促进录入本地管理人名册的中介机构不断提升执业水平。三是构建常态化府院联动机制。省法院与省发展改革委等13个省级部门联合印发通知，推动建立破产审判常态化府院联动机制，强化破产企业甄别，对“僵尸企业”依法予以清算，促进有序退出市场；雅安、内江、攀枝花、自贡、德阳等多地法院与当地政府成立了工作领导小组，建立工作例会，健全协调联动机制，统筹解决企业破产清算过程中的相关问题。四是落实破产费用保障机制。建立破产费用援助基金，省法院协调省财政厅申请省级破产费用援助基金500万元，自贡中院出台《关于破产专项资金的管理办法》，有效解决无产可破案件启动难问题。

五　服务保障创新开放发展，营造国际一流营商环境

当前，经济全球化和知识产权保护国际化的趋势加速发展，四川法院将加强涉外审判、知识产权审判工作作为营造良好法治化营商环境、提升四川

核心竞争力的重要抓手，强化知识产权司法保护，对接“一带一路”司法需求，坚持平等保护，积极营造国际一流营商环境。

（一）严格知识产权司法保护

四川法院牢固树立保护知识产权就是保护创新的理念，公正高效审理各类知识产权案件，通过司法裁判明确法律标准和行为准则。加大四川省“五粮液”“国窖 1573”“娇子”等知名品牌以及新能源、电子信息技术、军民融合等重点领域发明创造司法保护力度，促进创新驱动发展。2018 年以来，全省法院审结各类知识产权案件 15905 件。

（二）全面推进知识产权审判“三合一”改革

四川法院从 2014 年开始即开展知识产权“三合一”改革，知识产权民事、刑事、行政案件均由知识产权庭统一审理，努力构建“三级联动、三审合一、三位一体”的知识产权审判模式，以专业化审判提高知识产权司法保护的质量和效率。

（三）不断优化知识产权案件管辖

2017 年 1 月 4 日，最高人民法院批准设立成都知识产权审判庭，集中管辖全省专利等技术性、专业性较强的第一审知识产权民事和行政案件。四川大力加强成都知识产权审判庭建设，形成了审判专门化、管辖集中化、程序集约化、人员专业化的良好局面。2019 年新增天府新区法院（四川自贸区法院）知识产权案件管辖区。

（四）建立符合知识产权案件特点的证据规则

由于知识产权具有无形性、时间性和地域性等特点，知识产权权利人在诉讼中长期存在“举证难”的问题。四川法院全面完善证据保全制度，合理分配举证责任，并构建由技术调查官、专家辅助人、专业化人民陪审员、技术鉴定人共同参与的多元化技术事实查明机制，适当降低了当事人对技术事实的证明难度，有效减轻权利人举证负担，获得广泛好评。2019 年，四川省有 10 余件专利等技术类案件引入技术调查官辅助法官查明技术事实，切实增强了技术事实认定的中立性、客观性和科学性。

（五）积极探索"知识产权案件快速审判机制"

四川法院结合知识产权审判规律和特点，积极开展知识产权案件"繁简分流"，实行"简案快审，繁案精审"，做到繁简有度，质量、效率双提升。目前，成都知识产权审判庭探索建立"基于'两表指导、审助分流'的知识产权案件快速审判机制"，合理配置审判资源，取得良好效果。该庭的知识产权类型化案件平均审理时间由 2015 年的 140 余天下降至 2019 年的 90.6 天，且 2018 年该庭类型化案件无被上级法院改判或发回重审情形，审判质效大幅提升。2018 年 12 月，该项机制作为四川首创经验，被列入国务院在全国推广的"第二批支持创新相关改革举措"，逐步形成了知识产权司法保护的"四川经验"和"四川模式"。

（六）积极营造激励创新发展的良好法治环境

常态化向社会公众发布知识产权司法保护白皮书及典型案例，全面公开四川省知识产权案件审理情况，展示四川省知识产权保护司法保护成果，充分发挥知识产权典型案例的示范作用，正确引导知识产权领域的价值判断和司法导向，为四川省打造稳定、公开、透明和可预期的营商环境发挥重要作用。

（七）主动对接"一带一路"司法需求

四川法院坚持"一视同仁、同等保护"基本原则，平等保护涉外、涉港澳台当事人的合法权益，推动形成全面开放新格局。出台服务保障四川自贸区建设的审判指导意见。依法进行仲裁司法审查，努力营造支持仲裁的司法环境，积极支持仲裁改革创新，保障和促进仲裁公信力提升。2018 年以来，审理涉外民商事案件 466 件，办理仲裁司法审查及执行案件 2563 件。

下一步，四川法院将坚持以习近平新时代中国特色社会主义思想为指导，切实落实中央、省委和最高法院优化法治化营商环境的各项决策部署，积极践行优化法治化营商环境的新理念和新要求。结合审判实践，不断完善、健全现有制度机制，充分发挥审判职能作用，为营造四川省稳定、公开、透明和可预期的法治环境提供更加有力的司法服务。

B.19
立足检察职能、服务民营经济发展的自贡实践

自贡市人民检察院课题组*

摘　要： 自贡市检察机关积极适应职能调整变化，在充分发挥打击犯罪和法律监督职能的同时，敢于担当、主动作为，协同社会各方，积极探索新常态下民营经济、民营企业法律服务方式，建立完善了内部涉民营企业办案机制，以民营经济法律服务中心和民营经济法律服务联席会议为民营企业打造了法律服务专业平台，取得了良好成效。

关键词： 检察机关　法律服务中心　涉企办案机制

一　检察机关服务民营经济提出的背景及必要性

（一）检察机关服务民营经济提出的背景

党的十八大以来，以习近平同志为核心的党中央多次肯定了民营经济的重要地位和作用，突出强调坚持“两个毫不动摇”和“三个没有变”，充分表明了党中央毫不动摇鼓励、支持、引导民营经济发展，激发民营企业创新发

---

* 课题组负责人：黄国清，自贡市人民检察院党组书记、检察长。课题组成员：兰顺利、刘邑、刘艳、明祥平、王东、但文英、刘晓东。执笔人：明祥平，自贡市人民检察院干警；王东，自贡市大安区检察院干警；刘晓东，自贡市沿滩区检察院干警；但文英，自贡市荣县检察院干警。

展的坚定决心和鲜明态度。2018 年 11 月以来，中共中央、四川省委、自贡市委先后召开民营经济健康发展大会，市委、市政府出台了《关于促进民营经济健康发展的实施意见》，各级党委政府均在努力营造支持民营经济健康发展的良好氛围。

民营经济的健康发展，需要良好的法治化营商环境。检察机关是国家法律监督机关，承担着维护国家法律统一精准实施、促进社会公平正义的职责。落实中央大政方针，依法保护民营企业合法权益是检察机关义不容辞的责任。最高人民检察院、四川省人民检察院先后出台了一系列促进和保障非公有制经济、民营经济健康发展的意见，开展了保护企业产权、知识产权以及涉企案件立案监督、羁押必要性审查等一系列专项活动。

（二）检察机关服务民营经济存在的问题

随着社会主义市场经济的发展，特别是民营经济地位的日益突出，检察机关基于服务经济建设和发展大局，职责也发生了一定变化。但部分检察机关在服务民营经济工作方面还存在如下方面的问题。

一是重打击轻保护。检察机关在充分发挥打击犯罪检察职能时，忽视了在法律允许的范围内对民营企业、民营企业家的司法保护，忽视了对民营企业、民营企业家审慎适用强制性措施，导致“办理一个案件，搞垮一个企业”现象时有发生。二是重办案轻服务。过去，检察干警办理涉民营企业案件时，更多的是“就案办案”，而未积极转变思路，提高服务意识，未加强与民营企业的沟通联系，主动了解企业的期盼和需求，亦未做好法律服务工作。三是重刑事轻民行。在“推动‘四大检察’全面协调充分发展”观念提出前，检察机关长期受“重刑事轻民行”观念的影响，在检察环节更多地关注民营企业刑事案件方面的问题，而忽视了民营企业民事、行政诉讼监督方面的诉求。

二　立足检察职能，服务民营经济发展的自贡实践

自贡市检察机关以充分履行办案和监督职能为重心，转变司法理念，积

极探索新常态下民营企业法律服务形式，建立了自贡市人民检察院民营经济法律服务中心。协同社会各方，设立了民营经济法律服务联席制度，凝聚执法、司法部门的力量，努力为民营企业创造更好的法治环境、提供最优的法律服务，让企业当好经济发展的主角、让自贡成为企业发展的主场。

（一）坚持“两个结合”，树立法律服务新理念

1. “走出去”与“请进来”相结合，深入认识民营经济法律服务工作

一方面，“走出去”学习先进经验。自贡市人民检察院先后组织前往江苏常州、浙江温州、福建泉州、广安等地检察机关，考察学习兄弟单位服务和保障民营经济的先进经验做法，通过学习对民营经济发展有了更深刻、更全面、更系统的了解。另一方面，“请进来”指导工作开展。自贡市人民检察院邀请十余名系人大代表、政协委员的民营企业家参与“检察开放日”活动，走进检察院，了解检察职能，提出工作意见建议；邀请广安市检察院的领导、同人来院分享服务民营经济经验并对自贡检察机关服务民营经济工作进行现场指导。

2. “学习研讨”与“走访调研”相结合，厘清民营经济法律服务新思路

（1）学习研讨，厘清工作思路

一是自贡市两级检察院党组高度重视民营经济法律服务工作，召开专题工作会议 9 次，召开民营经济法律服务工作推进会、专题研讨会 4 次。二是集体研究学习 20 余篇中央指示精神、先进经验、调研文章，同时通过报刊、网络媒体学习上级机关以及人民法院等单位的经验做法。进一步摒弃就案办案、机械司法理念，坚持效果导向，充分运用政治智慧、法律智慧办理涉民营企业的案件纠纷，确保法律效果和政治效果、经济效果、社会效果相统一。三是强化理论成果转化。自贡市检察院针对企业及企业家合法权益司法保护展开调研，相关课题被最高人民检察院确定为重点课题。荣县检察院以县政法委书记为课题组长向省法学会申报“从‘刑事合规’维度探究企业刑事免责的理论支点与实现路径”课题，探索免责的相关理论实现路径，将刑事合规作为出罪豁免和刑罚减轻处罚的情节，扩大企业犯罪的预防功

能，以理论研究成果转化，实现对民营经济的全面司法保护。

（2）走访调研，收集工作意见

一是加强与民营企业的沟通，不断提高检察工作服务保障民营经济健康发展工作的针对性和实效性。两级检察院主要领导先后走访了70余家知名企业。自流井区检察院深入辖区工业园区，实地走访300余家民营企业，了解企业对“检察产品”的需求情况，向企业发放了“暖企联系卡”和民营企业定制式法律服务动态需求表300余份，收到51家民营企业的法律需求意见建议。二是召开座谈会，互通信息。两级检察院先后与沿滩区民营企业、华西能源等企业召开6场次民营企业座谈会，围绕企业法律风险防范、合同诈骗、职务侵占及知识产权等企业关注热点进行深入探讨和交流，主动回应民营企业的司法诉求，通报全市检察机关落实保障民营经济发展等工作情况。三是走访职能部门，争取支持。两级检察院先后向当地党委汇报了检察机关开展民营经济法律服务的工作思路和打算。市检察院走访了市发展改革委、银保监分局、税务局、工商联等职能部门，沟通了民营经济法律服务工作，充分了解职能部门的职责，极力寻求协作方向。

通过“走出去”“请进来”及学习研讨和走访调研，全市检察机关进一步摒弃就案办案、机械司法理念，坚持效果导向，确立了“立足检察职能，协同社会治理”的工作思路。“立足检察职能”指充分发挥检察职能，坚持对各市场主体一律提供平等司法保护和法律服务，充分发挥打击犯罪和法律监督职能，坚决维护民营企业合法权益。“协同社会治理”指协同政法各家、行政部门、社会团体，协同开展法治体检、法治宣讲、矛盾纠纷排查化解等工作，实现“1+1>2”的目标。

（二）搭建“1+1”工作平台，打造法律服务新阵地

1. 建立内部职能平台，促进法律服务实质运行

自贡市人民检察院成立民营经济法律服务中心，区县检察院根据当地特点，分别在工业园区或企业设立民营经济法律服务工作站，搭建“1+6”法律服务联动平台。中心和工作站主要设办公室、沙龙室、会议室、企业家

大讲堂等功能室约18间，安排了26名专职工作人员，建立了法律服务工作日志和台账，两级院控申部门负责此项工作。形成领导值班制度，两级院中心及工作站每月由检察长值班一天，分管领导每周值班一天，控申部门负责人每周值班两天。同时，在12309检察服务中心设“民营企业绿色通道”，配套出台了10个法律服务工作制度，明确工作职责和规程。截至2019年底，各工作站共接受民营企业法律咨询89件次，收集意见建议99条，受理涉民企各类案件39件。

2. 搭建外部协作平台，形成法律服务工作合力

自贡市检察院牵头会同政法各家、经信、科技、人社、市场监管、税务、银保监、工商联等11家部门会签文件，建立“民营经济法律服务工作联席会议制度”，明确法治体检、法律法规政策宣讲、矛盾纠纷排查化解等六个方面的工作内容。与市工商联会签《关于加强协作依法保障和促进民营经济健康发展的若干意见（试行）》，与四川高校、律师事务所就为民营企业提供法律服务达成合作意向。全市检察机关已与政法各部门、市场监管、税务、银保监、工商联、律所等单位会签联席会议制度7份，会签服务民营经济文件9份，达成多项合作机制。通过联席会议制度协调解决问题14个，化解涉民营企业矛盾13件次。

（三）出台“1+3”办案机制，营造法律服务新环境

1. 出台实施意见指引，为服务民营经济提供保障

自贡市人民检察院出台《自贡市检察机关依法保障和促进民营经济健康发展的意见》，并报经市委全面深化改革委员会审议通过，该意见从提高政治站位、准确把握法律政策界限、发挥打击犯罪职能、发挥法律监督职能、统筹协调形成工作合力等五个方面，提出21条具体措施。出台了贯彻落实省检察院在“检察护航民企发展”座谈会上的会议精神，推动“四大检察”职能与服务民营经济健康发展融合。

2. 创新推行涉企案件认罪认罚从宽制度

市检察院出台《关于办理涉企刑事案件适用认罪认罚从宽实施意见

（试行）》，严格区分经济犯罪与经济纠纷的界限。创新设定三个月考验期，对符合起诉条件的，当事人自愿认罪，但尚未退清违法所得或挽回经济损失的，检察机关可以设定三个月的考验期，若在考验期限内该单位和个人退清违法所得或挽回经济损失的，可以依法对其作出不起诉的决定。2019 年以来涉企刑事案件适用认罪认罚从宽案件 38 件，对 22 名涉案人员从宽处理，9 人酌定不起诉、13 人建议从轻量刑，维护了 29 家民营企业的正常经营秩序。大安区检察院在办理某企业虚开增值税发票一案时充分考虑企业的发展需求，在当事人认罪认罚的前提下，创新设置 3 个月考察期，为企业筹集资金、补缴税款罚款等提供时间保障。同时，考虑到该企业法定代表人具有自首、补清税款等情节以及该企业的发展需要，该院依法对其作出不起诉决定。案件办结后，涉案企业产值、缴税额均有大幅增长。

3. 全方位依法保护民营企业合法权益

市检察院先后出台涉企羁押必要性审查、涉企刑事案件审慎适用强制性措施方面的办案规定；扎实开展非公经济案件立案监督和羁押必要性审查专项活动，出台有效措施，通过专项活动推动建立健全执法司法标准，促进源头防范治理，切实保障企业财产权和企业家合法权益，为企业发展提供良好的法治环境。2019 年以来，严厉打击侵害民营企业和企业家的犯罪，批捕 5 人，起诉 19 人。做到涉民营企业羁押必要性每案必审、每案必查，提出变更强制措施建议 4 件，均被采纳。自流井区检察院办理的一起非法吸收公众存款案中，犯罪嫌疑人将非法吸收款项多用于民营企业生产经营，自流井区检察院在帮助被害群众挽回损失近 310 万元的同时，对涉企的犯罪嫌疑人采取非羁押性措施，最大限度地保障犯罪嫌疑人的合法权益及其企业的正常经营，对后续退赔及企业员工权益保障等起到了积极作用。再如，沿滩区检察院在办理一起侵害久大盐业权益的案件时，考虑到事关自贡市知名企业权益，经过对企业经营状况慎重分析研究，最终决定在批捕阶段实行“区别对待”，建议公安机关采取分段提捕方式，依法批捕重要犯罪嫌疑人 7 名。充分保障企业经营需求，依法对 1 名嫌疑人作出羁押必要性审查，将原逮捕措施改为取保候审。

（四）推行“3+2”共治方法，创新法律服务新载体

自贡市检察机关不断拓展法律服务渠道，联合联席会议制度成员单位、四川高校和律师事务所等建立专业法律服务团，为民营企业、民营企业家提供重大事项法律风险评估、法律法规咨询、矛盾纠纷化解等法律需求服务，组织法制宣传，“以案释法”开展普法讲座、犯罪预防等工作，帮助民营企业完善内部监督制约和管理机制，成为民营企业的“贴心人”，为自贡市民营经济健康发展提供优质高效的检察服务。

1. 精准把脉，开展“法治体检”

一是组建专门团队。自贡市检察院与律师事务所组建“检察官+律师”法治体检团队，拟定了服务民营企业法治体检专项活动实施方案、民营企业法治体检工作指引以及涵盖基础管理风险、合同风险、财税风险、劳动人事管理风险、知识产权风险等的法治体检报告。区县检察院也分别与律师事务所、司法局等单位建立了法治体检团队，深入民营企业提供法治体检，了解企业生产经营和企业治理情况，分析民营企业法律需求以及风险点，帮助查找制度漏洞和薄弱环节，帮助其完善内部监督制约和管理机制。二是组织问卷调查。沿滩区检察院与区司法局联合组织，多个部门参与，召开了全区工业企业法治体检座谈会。发放“法治体检”问卷调查表，了解全区 50 余家规模以上民营企业基本情况和法律需要。三是体检企业排查梳理。两级检察院对近年来 152 件涉企案件的相关民营企业进行了排查梳理，以涉及食品安全和药品安全为重点，筛查出 35 家有典型代表性的企业，拟对这些企业逐一开展法治体检。各区县检察院分别与司法局、工商联等单位合作，已对 16 家民营企业开展法治体检，提出 29 条意见建议均被企业采纳。自流井区检察院在对某公司开展法治体检时发现，该公司安置有 18 名残疾人员就业，拥有球墨铸造生产技术，在西南地区已处于前三位，但存在法人治理结构不合理，财务成本高，未及时上缴税收问题。如果税收债务问题处理不好，被行政处罚或强制执行，则可能造成公司破产、员工失业等不稳定问题。法治体检后该院与民政、税务等多家单位会商出具“体检报告”，该公司根据报

告指出的问题制定了“关于三年拯救企业方案”，获多方认同。

2. 形式多样，开展法治宣传

市检察院针对新的法律法规、政策及规定，统一拟定了法治宣讲计划，每个季度确定一个宣传主题。目前，全市检察机关共开展“送法进企”活动50余次，法律专题讲座19次，受教育人数达1310余人次，发放法律宣传资料1410余份。沿滩区检察院联合区工商联邀请高校专家来区授课，促进民营企业管理人员能力提升。荣县检察院开展了“预防风险·法治宣讲进百企”主题活动。沿滩区、富顺县工作站联合当地税务局举办了深化增值税改革专题培训会，针对税率调整及发票开具、新政后的纳税申报等民营企业普遍关注的热点问题进行了详细解读，促进惠企政策落地落实。

3. 深入企业，开展矛盾纠纷化解

自贡市检察机关切实做好民营企业矛盾纠纷排查与化解工作，当企业遇到一些矛盾纠纷，特别是涉及政策、法律相关问题交织在一起时，积极参与矛盾纠纷化解。截至目前，已成功化解民营企业矛盾纠纷13起，涉及企业用工、公司股权转让、环境保护、工资报酬执行以及民事执行等方面。大安区检察院参与某企业股份转让纠纷调解，经了解核实，该民营企业三位股东就目前公司股权转让情况存在很大分歧，导致企业经营停滞，大安区检察院通过释法说理，促使多方达成一致意见。

在此基础上，自贡市检察机关进一步深入开展发送“检察建议”和编发“法律白皮书”工作，从法律角度总结民营经济法律服务工作成效，通报民营经济法律服务工作态势，对涉民营企业案件进行类案分析，重在发现问题、解决问题，共同营造良好的法治营商环境。

三　自贡市检察机关在民营经济法律服务工作中存在的问题

一是法律服务精准度不高。一方面，部分干警对民营经济的地位、民营经济的发展规律、运作模式、经营管理等认识不深不透，服务民营经济发展、促进企业家健康成长的创新意识不够、思路不广、办法不多，服务民营企业的主动性和自觉性不高，对促进企业家健康成长的全局性、长期性战略研究不够。另一方面，随着涉企犯罪科技化、智能化程度不断提高，检察办案人员知识储备、办案能力面临新的考验。同时，检察干警在服务民营经济方面的能力还尚有不足，特别是民商事法律方面的知识储备和专业人员不足，在综合服务能力上尚有较大差距。

二是法律服务持续性不强。目前，自贡市检察机关均建立了民营经济法律服务工作站以及联席会议制度，但部分地区存在“一阵风”情况，民营经济法律服务工作站、联席会议存在空转，实质化运行不够。另外，由于宣传力度不够，仍有很多民营企业对检察机关职能、检察业务不了解，对民营经济法律服务工作站的职能职责不了解，导致民营企业、民营企业家遇到合法权益被侵犯时，不知道向检察机关寻求法律帮助。

三是监督职能发挥不够充分。检察机关的法律监督职能还未充分发挥出来，与服务民营企业的要求和人民群众的期待仍有较大差距。部分检察干警监督意识不强，在办理涉企案件时，重视与公安、法院的协调配合，忽视对侦查、审判活动的监督制约，一定程度上存在不敢监督、不善监督、监督不到位的问题，民事行政检察监督力度也有待加强，现实中执法不严、司法不公现象仍然存在，检察机关的诉讼监督职能仍需加强。对民营企业经营发展相关问题的调查研究不够深入，体现检察职能的涉民营企业典型案例不够突出全面，对检察机关服务民营经济、民营企业健康发展的思路、举措、进展、成效、经验总结提炼不够，宣传工作不够积极主动。

四　检察机关完善服务民营经济发展的实施路径

一是充分发挥“四大检察”职能，为民营经济健康发展营造良好的法治环境。检察机关内设机构改革后，刑事、民事、行政、公益诉讼“四大检察”共同发展的格局初步形成，检察机关要综合运用“四大检察”职能，全面保护民营经济健康发展。在刑事检察工作方面，严厉打击侵犯民营企业、民营企业家合法权益的犯罪，继续加强民营企业产权司法保护，妥善办理涉民企各类案件。在民事检察工作方面，加强对涉企业债务纠纷、劳动争议、工伤赔偿等民事案件的诉讼监督，加大对侵害企业权益的虚假诉讼、恶意诉讼的监督力度。在行政检察工作方面，规范行政诉讼监督案件的受理和审查程序，依法保障涉案民营企业及企业家申请监督权，依法加强对涉民营企业行政案件生效裁判的监督。在公益诉讼检察工作方面，依法办理涉及企业的破坏生态环境和资源保护案件，对造成国家和社会公共利益损害的公益诉讼案件，检察机关依法支持起诉或向法院提起诉讼，保护企业权益，引导企业自觉遵守法律法规，促进企业转型升级。

二是畅通检企沟通渠道，完善联系机制。充分发挥民营经济法律服务联席会议机制的作用，积极探索检察机关、其他司法行政单位、工商联、民营企业深入融合方式，形成服务民营经济健康发展的工作合力，进一步打造“亲清”检商环境。强化检企合作，继续深入开展针对民营企业的专题法律讲座、涉民营企业典型案件剖析和庭审观摩等送法进民营企业活动，提升企业家及企业管理人员防范法律风险和企业法治化的治理能力。建立派驻民营企业工业园区工作站，零距离为民营企业提供法律服务。检察机关根据辖区民营企业实际情况，可以在重点民营企业和大型民营企业试点建立检察联系工作站，第一时间为民营企业提供法律咨询服务，零距离保障服务民营经济健康发展。

三是推动检察机关保障服务民营经济发展措施办法的法治化。检察机关应及时总结保障服务民营经济健康发展的工作机制、措施、办法等，对符合地方实际的办法措施，可以通过检察系统内部形成办案规定、制度，在本地区系统内推广应用，形成保障服务民营经济健康发展的检察制度保障；同时，也可以向地方人大提出立法建议，进一步完善地方法规对民营企业的法治保障。对于具有全国性的经验、制度等，可以向上一级检察机关书面提出，争取上升为全国性的制度规定，不断推动保障服务民营经济健康发展制度化法治化建设。

四是进一步提高检察干警服务民营经济的综合素能。涉企业犯罪科技化、智能化程度不断提高，检察机关办案模式、办案人员的知识储备、办案能力需要不断精进。检察机关要在知识产权、金融证券、妨害公司企业管理、税收征管等各个领域设立专业化检察官办案团队。要积极“借力”“借智”，建立由资深法律专家、经济专家以及优秀民商律师组成的涉民营企业案件智囊库。检察人员也要加强学习，不断跟进全球化视野下日新月异的企业法律服务需求。在办理涉企案件中，检察机关要深入推进司法规范化建设，防止出现以案谋私以及办关系案、人情案、金钱案。深化司法体制改革，严格落实检察官办案责任制，切实加强检察官办案主体责任。全面加强案件管理工作，经常性开展检务督查，全面加强对自身司法办案活动的内部监督制约，以“零容忍”的态度查处检察人员办理涉企案件中的违纪违法行为，构建“亲”“清”新型检商关系。

基层治理

Grassroots Governance

B.20
广元市探索乡村振兴法治路径调研报告

中共广元市委全面依法治市委员会办公室课题组*

摘　要： 实施乡村振兴战略是深入贯彻落实习近平新时代中国特色社会主义思想的重要体现，乡村治理体系是乡村振兴战略的重要内容。推进乡村法治建设是促进自治、法治、德治有机结合，有效维护基层社会和谐稳定的重要抓手。近年来，广元市积极探索乡村法治建设的有益做法，推动构建乡村法治建设体系机制，预防基层社会风险，着力提升乡村法治建设能力水平，经过不断发展创新，为加强创新乡村治理提供了可供借鉴的经验和路径选择。

* 课题组负责人：岳大文，中共广元市委全面依法治市委员会办公室主任、市司法局党委书记、局长。课题组成员：马玉东、陈建新、王开立、陈敏。执笔人：陈建新，广元市司法局法治调研科科长；王开立，广元市司法局普法与依法治理科科长；陈敏，广元市司法局法治调研科干部。

关键词： 乡村振兴　法治路径　村民自治

党的十九大提出，“加强社会治理制度建设，完善党委领导、政府负责、社会协同、公众参与、法治保障的社会治理体制，健全自治、法治、德治相结合的治理体系，打造共建共治共享的社会治理格局，提高社会治理社会化、法治化、智能化、专业化水平”。这为当前和今后一个时期推进乡村社会治理提供了科学的行动指南。当前，乡村已经从封闭走向开放，从静态变为动态，乡村发展和乡村治理进入发展新阶段，呈现阶段性新特点。广元作为集中连片贫困地区，发展不平衡不充分问题在乡村尤为突出，农村社会正在经历前所未有的变化，人口流动、利益多元、诉求多样，乡村振兴中的乡村治理尤为紧迫。近年来，广元市积极推进乡村依法治理实践，创新开展法治乡村建设，在推进乡村振兴战略、构建乡村治理新体系中发挥了重要的服务和保障作用。

一　基本情况及现状

广元市位于四川盆地北部，秦巴山脉南麓、嘉陵江中游，辖 4 县 3 区，2430 个行政村 314 万人，其中贫困村 739 个，22.98 万建卡贫困户，29.61 万贫困人口，乡村群众文化程度低、留守老年人和儿童多，脱贫攻坚任务重、乡村法治建设难度大。广元市各级党委政府高度重视农村基层法治建设工作，以“法律进乡村”为重要抓手，大力推进基层民主法治建设，法治在保障基层经济社会发展中的作用得到有效发挥。法治文艺演出、“法治赶场”、“以案说法”等法治宣传活动常态化开展；法治文化广场、法治书屋（图书角）、法治宣传栏等法治阵地建设推进有力；村委会会前学法、“农民夜校”等法治教育进一步落实；政务公开、村务公开、民主决策等制度有效运行；法律明白人、村民公约等基层自治方式进一步完善；法治加快了农村经济发展步伐，较好地解决了贫困村农民反映的强烈问题，密切了干群关系。此次调查中发现：法治建设推进越深入的村，基层干部群众的凝聚力和吸引力越强。农村基层干部群众的法治意识得到很大提升，第一书记的加入也为各村法治建设注入了新鲜血液，推动农村基层法治建设进程；同时，各村法治建设服从乡镇领导，改进和完善了法治建设工作方式，减少了不必要的行政干预，将重点放在了保障服务上。各地结合实际积极探索适合本地区的法治建设道路，典型如旺苍县“三进三到”、苍溪县“一会六员”、青川县“法治微社区”等。特别是近两年来，全市大力开展“法治扶贫”，积极探索推进法治乡村建设，为基层村民主法治建设开辟了新路径、指明了新方法。

二　基层法治建设的主要做法

（一）抓法治宣传，培育法治观念

一是多样化宣传，增强“学法”的吸引力。发挥互联网作用，拓展运用“两微一端”等新媒体开展法治宣传教育，建立法治广元 App 客户端、广元普法微信公众号和广元司法微博等，着力扩大法治宣传教育的覆盖面。全面开展“法律进乡村”活动，创新构建“五个一”法治文化阵地，注重挖掘民间文化艺术的内涵和表现形式，利用剪纸、皮影、文艺演出、小品、快板等民俗文化，把法律法规、党的方针政策、惠农便民措施等融入群众文化活动中，让群众自我教育、自我编演，在自娱自乐、潜移默化中学习法律知识，增强法治意识。结合基层社会治安综合治理、种植伐木、村干部换届选举、土地征收等日常工作，注重把法治宣传教育渗透到村民日常生活、平时劳作中，让群众养成学法守法、学法用法习惯。朝天区打造“百里示范走廊”，以建川陕法治走廊、诗词楹联等群众喜闻乐见的形式，集中设置宣传教育示范点 20 个，让群众在耳濡目染中接受熏陶。开设“百姓大讲堂”，通过“身边人讲身边事、身边事教身边人”开堂论道，邀请道德模范深入基层开展主题宣讲，每年开设讲堂 400 余场次，10 万人次参与学习。搭建“百姓大舞台”，深度挖掘平溪傩戏、李家舞狮、“三句半”等民俗文化，将道德规范编排成接地气的乡土节目，在寓教于乐中达到移风易俗的效果。

二是多角度渗透，强化“用”的观念。通过举办专题法治讲座、法律培训，紧扣群众现实需求，着眼群众日常法律政策需求。在不同的农忙时节，普及不同的法律法规，结合《农业法》《林业法》等加强法律法规宣传。在春节、农民工返乡期间，采取发放宣传单（册）、印制普法挂历、宣传漫画、法治扑克、法治袖套等进行法治宣传，把关于农民工权益保护的法律知识送到农民身边。在人口聚集、流动量大的区域，因地制宜采取法律宣讲、集中咨询、印刷海报等方式普及宣传法律法规。朝天区组织普法宣传队伍，通过“道德大讲堂”、“乡村法治大讲堂”、“坝坝会”、广场会等载体，宣传《宪法》《民法总则》等法律法规。

三是多样化培育，强化“守”的习惯。深入开展“百场法治文艺演出进基层”活动，大力弘扬社会主义法治理念、法治精神、法律要求和风俗习惯，积极传播法律知识点。深入开展“农民夜校”活动，针对群众关注的热点、焦点问题开展法治宣讲活动。广泛开展“巡回审判”活动，通过审判身边的人和事，现身说法。开展“好人榜”“好婆媳”“好邻里”评选活动，让群众互相监督、互相约束。全面落实法治文化建设“五个一”工程，建立一个法治文化阵地、发放一张便民服务卡、悬挂一张法治挂历、设立一个法治宣传栏、建设一个法治读书角，并在人口居住密集点，张贴法律顾问信息，开展婚姻家庭、劳动争议、人身损害等法律咨询；全市各村（居）采取墙画、绘画、匾牌、长廊、文化石、法治廊亭等形式使法治宣传处处可见、人人可学。

（二）抓法律服务解决实际困难

一是开展法律服务进乡村活动。坚持把法律服务向村（居）、居民小组延伸，引导支持法律服务所在农村建立和转移，优化基层法律服务布局。全面推进落实“一村一法律顾问”制度安排，鼓励律师、基层法律服务工作者、检察官、法官等法律工作者为贫困村担任免费法律顾问，推进乡镇（街道）法律顾问全覆盖，在经济往来、合同签订、婚姻家庭等方面提供优质高效的法律服务。完善法律援助网络，建成规范化法律援助工作站167个，解答群众各类法律问题咨询，代拟各类法律文书，办理各类民事、刑事法律援助案件。在739个贫困村全面建立公共法律服务工作室，将公共法律服务全面整合融入，实行司法所人员、法律顾问和基层法律服务工作者定期坐班，现场开展法律咨询、法律宣传、法律文书代拟等业务，受理并开展人民调解。

二是下沉便民服务到乡村。坚持落实并提供便民服务措施，通过下放医疗保障、企业服务、婚姻登记等方面的审批权限，设立代办点，简化优化行政审批流程，清理证明事项，缩短办理时限。全市各级机关开展“双联”活动，结合驻村帮扶把扶贫与法治宣讲相结合，与日常业务相融合，检察系统坚持阳光检务“五直通”工作法，通过增添触摸屏、建立工作站、悬挂宣传窗、开启大喇叭、开通直通车，让检察工作走进乡村、走进群众、走进身边。法院系统依托“庭、站、点”法治平台，将巡回审判、矛盾排查、纠纷调解、民意收集相结合，坝坝法庭、巡回法庭就地审理案件，进村提供法律服务和开展法治宣传。

三是搭建平台问需强服务。全面推行基层组织“一平台三中心”服务民生模式，热线电话24小时为基层群众提供乡土人才信息、农村产业发展、法规政策咨询、纠纷矛盾化解等服务。依托公共法律服务中心、乡镇法律服务工作站、村（居）法律服务工作室三级公共法律服务实体平台，发挥12348电话热线平台作用，用好普法微信公众号和《电视普法》栏目平台，强化法律顾问、村（居）干部、法律明白人、普法志愿者“四支”队伍，为全市村（居）定制“家庭法律顾问服务卡”，为739个贫困村配齐配强法律服务力量，并采取巡回问诊、坐诊接诊等服务方式，建立起集人民调解、公证、法律援助、法治宣传为一体的服务机制，“一站式”受理、多角度服务，着力提供优质高效的公共法律服务。

（三）抓治理共建促和谐稳定

推进“一网两站十大制度”。继续完善网格化建设；推进标准化综治工作站、便民服务站两站建设；完善落实群众议事制度、监督制度、评议工作制度、民情恳谈制度、村规民约制度，全面完善小区（院落）自治制度，村（居）务监督委员会制度，村（居）务公开制度，述职述廉制度，问责制度“十项制度”，初步实现了“人在格中走、事在网上办”。朝天区创新推出“互联网 + 平安边际”“1144”模式（一个平安边际联动中心，一张互联网，区、乡镇、村、网格四级互通平台，边际区县、乡镇平安建设上下左右四方互联互动），边际地区共享、共治、共建、共融，“互联网 + 平安边际破解省际边界治理难”入选全国社会治理创新优秀案例和省委组织部全省干部培训“好教材、好课程、好案例”。投资 1000 余万元推进“雪亮工程”建设，强化社会治安防控，2019 年全区刑事案件同比下降 10.63%，行政治安案件同比下降 20.7%。

（四）抓矛盾联调促纠纷化解

健全行政调解、人民调解、司法调解的“大调解”工作制度机制和衔接体系，全面落实维稳工作责任制和信访工作责任制。发挥退休干部、退休法律工作者、退休教师等老同志的优势，在全市组建了 123 个“夕阳红”爱心调解组和法律咨询、法律救助志愿者团队，为当地群众积极出谋划策、排忧解难，及时协调解决农村中的各种矛盾纠纷，维护农村和谐稳定。朝天区中子镇与陕西宁强县创新建立 22 个省际邻边村人民调解委员会，全面完成全区 64 个贫困村人民调解委员会规范化建设，常态化开展矛盾纠纷排查调处；创新形成“家事法庭 6311”“坝坝法庭”“巡回审判”等服务基层一线调处矛盾方式，人民调解全部进驻基层公安派出所、基层法庭，定期组织法官、检察官、法律从业者进村入户开展矛盾纠纷调解。基本形成了哪里有矛盾纠纷、哪里就有调解组织上门调解的全新矛盾纠纷调解格局，矛盾纠纷调解率达 98.5% 以上；推行“一村（社区）一法律顾问”制度，全区 221 个村（社区）基层党组织全部配备法律顾问，全面提升了党员干部的依法办事决策能力。驻村律师承担为村民提供法律咨询、开展法治宣传教育、帮助制定修改村规民约和合同协议、帮助困难群众依法获得法律援助等四大类职责，全区221个村（社区）21万多群众实现了足不出村（社区）就能享受到“私人律师”的法律服务。

（五）抓自治德治促自我规范

深入开展“民主法治示范村”创建评比工作。督促乡村健全完善村（居）民会议、村民代表会议等制度，依法规范事务决策范围、程序和方法，有效落实自治制度和基层民主管理相关制度。全市7个县区严格按照“三上三下”程序制定村规民约，通过村民大会、农民夜校、院坝会等形式对全村党员群众反复宣讲落实村规民约。旺苍县创新形式，以“提倡什么，禁止什么”、约束式“负面清单”和劝导式“正面清单”方式，采取通俗易懂、简单简洁、富有群众语言习惯的表述方式，村规民约村民听得懂、记得住、做得到，并且要求村（居）民按照每户户主签约落实村规民约（居民公约）。全县村规民约均在村（居）醒目位置设有告示牌。对违反村规民约（居民公约）的，村民委员会在星级户评定、道德积分管理、项目安排等方面，以表扬、公示、提醒、劝导和收益分配量化等方式兑现执行。村规民约（居民公约）真正成为群众认可、实在有效的“村规家法”。剑阁县充分运用道德、习俗、伦理的力量调节利益关系、化解矛盾纠纷，真正实现自我管理、自我教育、自我监督、自我服务。利州区实行村官家访，每月固定一日开展党群集中活动。全面推行“党员联户”机制，创新开展“民事民议民管”系列活动1200余场次，让群众在自主管理中接受教育、提升素质，形成依“约”做事的良好氛围。建立村民议事会、道德评议会、禁毒禁赌会、红白理事会，探索“三公治村”“民主质询”“村民积分”等机制，坚持“四议两公开一监督”，实施网上阳光村务，推进村务规范运行。利州区积极塑造乡村德治秩序，培育文明乡风，59个村成立乡风文明理事会，145个村全覆盖创新设立道德积分榜，以榜样的力量引领新风正气，省、市级“四好村”占比达65%。各村党组织坚持开展“守法文明户”“好儿女”“好儿媳”“好公婆”“最美家庭”等评选活动，贫困户凡万华荣获首届“四川脱贫榜样”称号。通过乡村自治，全面树立起文明乡风、良好家风、淳朴民风、清正社风的“四风”新气象；村（居）民“自治”活力、“法治”意识、“德治”素养得到培育加强。夯实了乡村振兴的根基，正有序实现“乡风文明、治理有效”的振兴目标。

（六）抓党建引领促基层治理

始终坚持把加强党的领导、强化党建引领作为推进基层治理的核心，切实提升组织力引领力，保障基层治理方向。一是强化两委班子队伍。旺苍县建立完善村（居）民代表议事决策机制，划清决策范围、决策事项和决策程序，村（居）务由村（居）民代表进行表决，依法保障村（居）民自己的事情自己决定。村（居）干部建立履职规范，村（居）监委会全程参与、全程监督和全程留痕，村（居）委具体落实村（居）代表议定的事项，在村（居）推动建立了“一核多元”的基层治理体系。朝天区构建符合基层治理需要的党组织构架。在社区层面建立“大党委”制，研究解决社区内社会治安、环境整治、设施建设等涉及群众共同利益的事项。在农村根据乡村治理和产业发展需要，打破按行政区划设置村党组织惯例，采取强带弱、富带穷、居带村等方式建立联合村党组织 13 个，以扫黑除恶专项斗争为契机，整顿提升“软弱涣散”农村基层党组织 27 个。以村民聚居点、传统院落等划分网格 227 个，建立网格党小组，统筹做好网格内党建和社会治理各项工作，实现基层社会治理党的组织领导全覆盖。二是“抓住牛鼻子”，实施“能人进班子”计划，从返乡农民工、复退军人、机关退休干部等能人中优选村党组织书记，同时从青年积极分子中选拔储备村级后备干部。实施村干部“学历提升”计划，开展村级干部全覆盖培训，全面提升能力素质。严格落实《村（社区）干部管理办法》，督促干部担当尽责，发挥基层治理“头雁”带领作用。旺苍坚持按照季度邀请行政执法人员、政府法律顾问、法官、检察官、警官等为村组干部和基层人民调解员进行辅导授课，传授法治常识和工作经验，辅导《宪法》《人民调解法》《婚姻法》等法律法规，边培训边测试边讲解，着力强化干部群众的法治意识和法治思维，提高基层干部依法办事、依法化解矛盾、依法推动发展的能力。

三　存在问题及原因分析

（一）一些村“两委”班子法治素养不高，推进农村法治建设缺少专业法治人才

广元是脱贫攻坚重点市州之一，村“两委”组成人员中，学历偏低、法律人才紧缺。对明兴村、印坪村、五红村、大塘村的抽样调查显示，村“两委”大专以上学历仅占9%，初中及以下的占54%（见图1）。

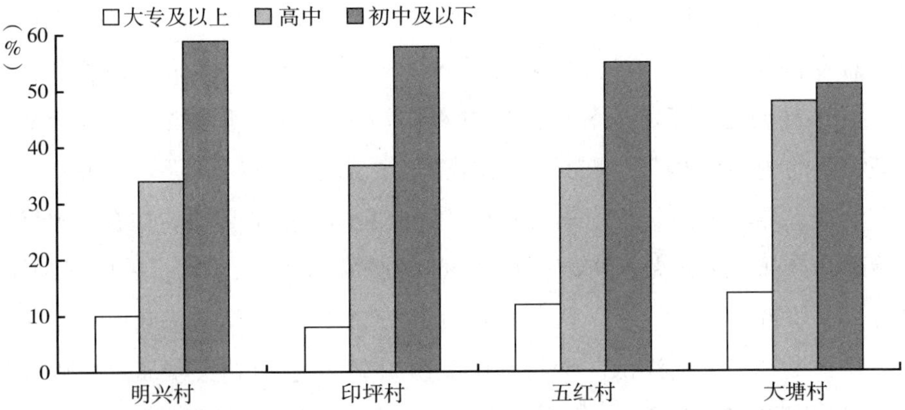

图1　明兴村、印坪村、五红村、大塘村村“两委”成员文化结构

对村党支部书记、第一书记和村主任培训期间的抽样调查显示，全市村“两委”领导干部文化程度绝大多数是初高中毕业（见图2），具有法律专业教育背景的成员仅占4%（见图3）。

由于村“两委”干部学历教育程度不高，法治素质偏低，在推进基层法治建设中显得力不从心。个别村组干部面对脱贫攻坚、婚姻家庭、邻里纠纷中出现的新变化适应能力差，不善于采取民主加法治的方式解决群众遇到的现实问题，缺乏学习能力和法治习惯，制约了村（居）干部发挥引领作用，影响农村“三治”融合深入发展。

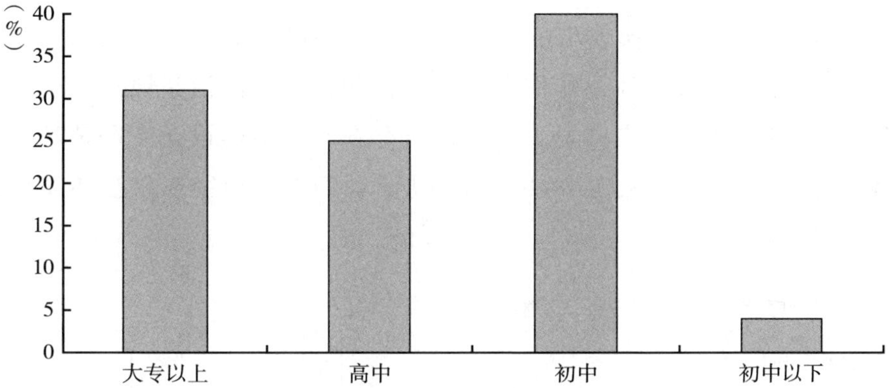

图 2　全市村“两委”成员文化结构

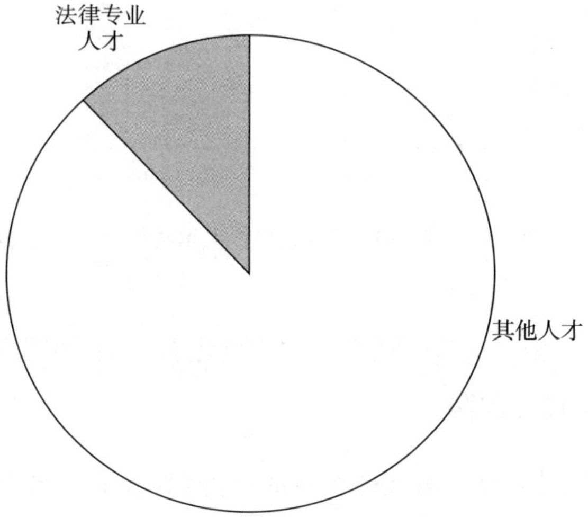

图 3　全市村“两委”成员具有法律专业教育背景占比

（二）农村外出务工人数增多，推进基层法治教育存在对象困难

新形势下，随着农村市场经济的发展和产业结构的调整，大批农民已从纯农业生产中分离出来，他们不再单纯靠自家土地吃饭，而是进城或到外地打工，在农村的多是留守儿童和老人，开展法治宣传教育活动

时间难集中、人员难到齐、思想难沟通（见图4）。农村青壮年在流入地的法治教育和行为表现很难准确掌握，原有的以家庭主要劳动力为主建立的“法律明白人”体系作用发挥打了折扣，基层法治建设进程受到一定影响。再加之农村“三无”现象依然存在，法治建设无专职依法治理工作队伍、无专门的工作手段、无专项活动经费，使得乡村法治工作出现了断层。

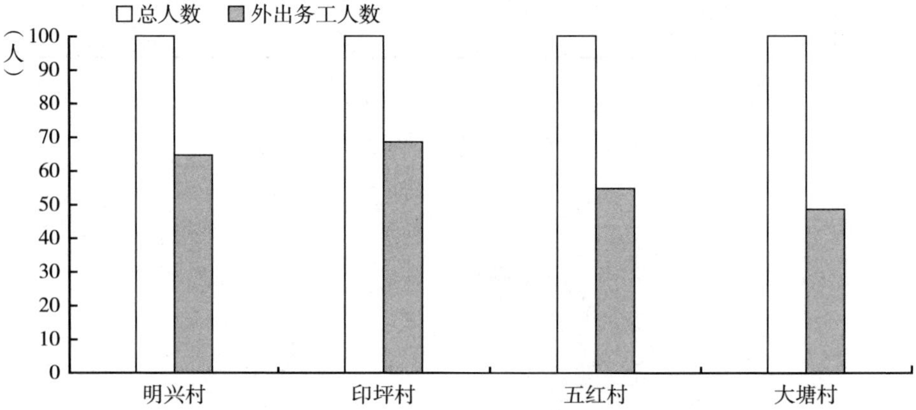

图4 明兴村、印坪村、五红村、大塘村外出务工人数对比

（三）村级集体经济薄弱，村级缺乏开展法治文化活动和组织法治阵地建设的必要保障

抽样调查统计显示，有集体企业的村占6%左右，有招商引资企业的占23%左右，无任何企业的村占71%（见图5）。部分村缺乏财力组织村民开展法治文化活动和推进法治文化阵地建设，不能发挥法治的作用。但也有推进比较好的村，如朝天区印坪村创新“党建引领、法治保障、正道奔康”基础法治建设模式，健全了村级各项制度规定，合理利用上级各项资金，以法治漫画、法治案例等形式打造了法治文化墙、法治长廊，让群众在生活休闲中受到法治熏陶，村级人财物等在法治、制度的轨道上运行，为农民群众增收致富、全面奔小康提供了制度保障。

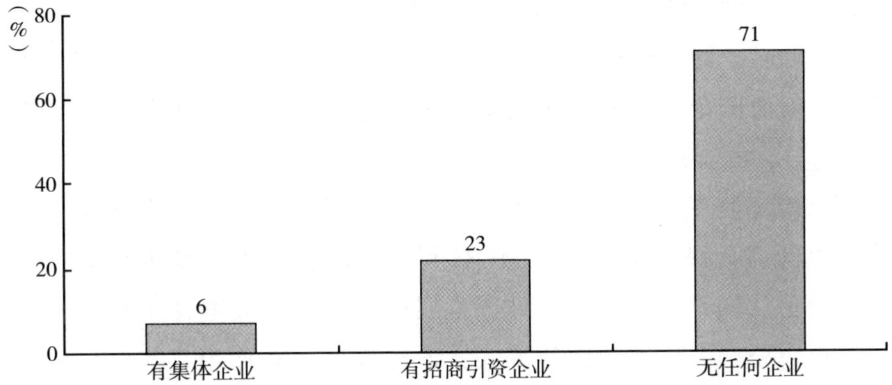

图 5　村级集体经济状况

（四）部分村党务、村务公开、民主管理不到位

党务、村务公开程度越高，村民对法治的信任度越高、发展得也越好。明兴村、五红村的党务、村务公开做得非常好，政务、事务、财务公开公布得非常详细，所有收支逐项逐笔公布明细账目，让群众了解、监督村集体资产和财务收支情况，村民随时可查，得到村民的高度赞同。然而，调查中也发现一些村干部对党务、村务公开重视不够，认为其无关痛痒、可有可无；一些地方村务假公开甚至不公开，特别是财务明细账不公开，公开情况不记录，无档可查；一些村在村务公开过程中，避重就轻，过分夸大成果，对村民普遍关心的热点、难点问题，采取回避和不负责任的态度；还有一些村干部在执政期间为政不廉，利用公款牟利受到查处，村务公开流于形式，致使老百姓对基层法治建设缺乏信心，满意度较低。

（五）部分贫困村干部法治意识不强，对法治的价值认同还没有形成

当前，越是贫困、边远地区，法治意识越薄弱，法治需求越强烈。基层群众需要法治来引导，干部依法行政行为需要法治来规范，各项惠民政策、资金更需要法治来维护。但部分群众法治意识淡薄，在处理纠纷的过

程中，不是求助于法律，而是寄托于信访，寄望于通过领导干预争取利益最大化。同时，利用婚丧嫁娶、升学乔迁等各种名目大操大办在农村风气浓厚，人情消费令老百姓不堪重负，表明农村法治建设还有很大延伸空间。

由于传统的专制思想在中国社会根深蒂固，部分基层干部还习惯于高高在上的“为民作主”，凭一己私利决定取舍，不顾及大局利益，没有法治价值认同感。因此，对推进基层民主法治建设顾虑重重甚至人为阻碍。村民公约、法律顾问等方式，没有发挥应有作用，甚至认为民主法治会引发不同意见，进而导致不稳定造成工作被动。随着基层法治建设推进越来越深入，权力会受到各方的更多制约，不能为所欲为，还要与老百姓平起平坐、讨价还价，民主监督会越来越到位，能够随意动用公共资源的空间会越来越小。

四　工作对策及建议

（一）加大农村普法力度，增强干部群众的法治意识和法治思维

“法律意识不会自发产生，必须有灌输。”要始终把普法作为农村法治建设的基础工程来抓，建立健全农村普法教育长效机制，解决农村普法“三无”现象。在新形势下，要结合“法律进乡村”和新媒体传播速度快、信息发布及时、个性化突出、成本低等优势，突出“多网点”，找准“切入点”，把握“着力点”，选准“结合点”，切实发挥“一村一法律顾问”微信工作群普法作用，让各项法规真正走进群众生活。要搞好法治培训，通过多种形式对乡村干部进行依法执政、依法行政、社会治理和法律法规培训，提高基层干部用法治思维和法治方式开展工作的本领、方法和能力；要发挥“农民夜校”的作用，培育尊法学法懂法守法用法的新型农民，让法律成为群众的信仰，让法治思维、法治方式成为群众生活常态。

（二）推进农村公共法律服务体系建设，满足农村法律服务的基本需求

良好的公共法律服务可以推动农村群众形成尊法守法学法用法信法的思想自觉。加强农村司法所、法律服务所、人民调解组织规范化建设，健全法律援助和法律顾问制度机制，落实“一村一免费法律顾问”，在农村设立法律援助点，推进法律援助进村、法律顾问进村，有效实施法律援助、司法救助，降低群众用法成本，让法律的服务功能、保障功能得到充分发挥，最大限度满足农村群众对法律服务的基本需求。

（三）加强农村基层组织建设，提高农村依法自治和依法自我管理水平

农村基层组织是农村法治的实施者和维护者，是法治农村建设的主要依靠力量，培养大批重民主、讲法治、为民服务的村组干部至关重要。选准选好带头人，增强村“两委”班子公信力、执行力，保障好、维护好农民自主管理农村事务的民主权利。要把乡村依法治理建设作为乡村振兴战略的重要保障，构建以村党组织为领导核心，村民会议或村民代表会议决策，村民委员会执行，村务监督委员会监督，群团组织、集体经济组织、农民合作组织、社会组织为补充的“一核多元、合作共治”村级治理体系。要发挥群众参与基层依法治理的主体作用，发挥好村规民约作用，引导农村群众自我管理、自我教育、自我服务、自我提高，实现家庭和睦、邻里和谐、干群融洽。

B.21
井研县法律服务助力乡村振兴的实践与探索

中共乐山市井研县委全面依法治县委员会办公室课题组*

摘　要： 习近平总书记在党的十九大报告中提出实施乡村振兴战略，要坚持农业农村优先发展，按照产业兴旺、生态宜居、乡风文明、治理有效、生活富裕的总要求，建立健全城乡融合发展体制机制和政策体系，加快推进农业农村现代化。但在乡村振兴战略实施过程中也面临群众法律意识淡薄、民主管理制度不健全、产业矛盾纠纷时有发生等诸多问题。井研县针对这些难点、痛点问题，坚持法治为本、法治护航，通过全方位法律服务探索助力乡村振兴的新路径。

关键词： 法律服务　乡村振兴　融合治理　共同富裕

2017年10月18日，习近平总书记在党的十九大报告中提出乡村振兴战略，为乡村繁荣发展、推进城乡一体化建设指明了目标和方向。2018年1月2日，国务院公布《中共中央国务院关于实施乡村振兴战略的意见》，搭建好了乡村振兴战略的“四梁八柱”。实施乡村振兴战略是顺应亿万农民对

---

* 课题组负责人：李爱民，井研县委常委、县委政法委书记；干航，井研县人民政府副县长、县公安局局长。课题组成员：毛洪川、潘涛、吴建新、王敏、雷振宇、邹永达、胡永、朱涛、程宇、涂仁垚、李旭东、但雄伟、黄学文、廖苻荃。执笔人：张志军，井研县司法局副局长；李瑞玲，井研县司法局普法依法治县股干部；王樱蓓，井研县司法局普法依法治县股干部。

美好生活向往作出的重大决策部署，是决胜全面建成小康社会、全面建设社会主义现代化国家、实现“两个一百年”奋斗目标的重大历史任务，是新时代做好“三农”工作的总抓手。

《中共中央　国务院关于实施乡村振兴战略的意见》明确指出，“要大力推进法治乡村、平安乡村建设”“乡村振兴，坚持法治为本，梳理法治治理理念”，为法律服务助力乡村振兴提供了根本遵循。在全面建成小康社会进程中，乡村振兴战略是加速推进中国乡村现代化建设进程的重要手段。在实施乡村振兴这一重大战略的过程中，更应该加强法治思维和法律规范的应用，将依法治理与乡村振兴有机融合，用法治思维和法治方式保障乡村振兴战略顺利实施，以法律服务助推乡村振兴良性发展。

一　井研县法律服务助力乡村振兴的基本情况

井研县位于四川盆地西南、乐山东部，地处天府新区1小时和乐山半小时经济圈，辖区面积840平方公里，辖27个乡镇、231个村（社区），总人口42万，是全国产粮大县和生猪调出大县、农村承包土地的经营权抵押贷款试点县，是乐山市唯一的省级农产品主产区、农村改革综合试验区、城乡融合发展综合改革试点县和现代农业建设示范县。

近年来，井研县认真贯彻党的十八届四中全会精神和省委“治蜀兴川重在厉行法治”要求，将全面推进依法治县作为保障全面小康的战略性工程，以“四抓四提四促”为载体，成功创建全国法治县创建活动先进单位，省级法治示范县、法治宣传教育先进县，为乡村振兴战略实施和县域经济社会发展营造了和谐稳定的良好环境。

当前，井研县正瞄准乐山乡村振兴“先行区”、“乐山一级副中心城市”和四川乡村振兴“示范区”总体目标，积极探索法律服务助力乡村振兴的“井研实践”，着力构建布局科学、制度健全、环境优良、服务高效、执法规范、监督严格的法律服务体系，推动乡村产业转型升级、生态持续改善、文明稳步提升、治理融合深化、生活同步小康，着力打造“全面开放新门户、乡村振兴示范区、产业转移承接地、公园城市会客厅、文旅融合新名片”，实现井研由“农业大县”向“农业强县”跨越。

二 主要做法和成效

（一）规划引领、规模经营，产业快速转型

1. 法治护航，壮大特色产业

特色产业要取得长足发展，产业的科学性、合法性是核心。

一是依法编制产业发展规划。坚持因地制宜、突出特色、市场导向、政府支持、融合发展、联农带农、绿色引领、创新驱动“八原则”，修订《井研县“十三五”现代农业发展规划（2016～2020）》，明确将优质粮油、畜禽养殖、精品水果、绿色有机蔬菜、生态水产等六大产业作为县域特色产业，通过综合性循环农业示范园区统筹呈现，为乡村“产业兴旺”指路导航。井研县以打造现代农业百里产业环线为载体，编制《特色产业专项规划方案》，划定涵盖10个乡镇49个行政村的百里产业大环线，围绕柑橘、畜牧、水产、粮油四类优势特色产业，创建现代农业园区。

二是健全园区建设管理制度。为避免特色产业触碰法律红线而成为问题产业，井研县制定《井研县现代农业园区建设管理办法》《井研县现代农业园区建设考评激励方案》等规范性文件，发布《井研县柑橘绿色团体标准》。聘请法律顾问为建设标准化柑橘示范园、建立良种储备库、校县合作搭建产教研一体化培训基地等产业项目立项、规划、实施、管理过程提供全程法律指导；设立产业巡回法庭，立足“30万亩优质杂柑百里产业环线”和“中国西部特色家居小镇”建设，在集益乡、千佛镇建立2个法官工作站，实行专业化审理。2019年，百里产业环线内10个乡镇共出具各类产业发展文件合法性审查意见5份，《乐山市井研县50万头优质生猪及1000万只优质肉鸡产业化暨乡村振兴项目合作协议》《井研县美好家庭农场生猪养殖项目合作协议》等产业项目法律意见书10份，审核合同8份，审结涉农、

涉产业纠纷案件104件，充分发挥了法律服务预警纠错功能，有效预防违法违规产业项目上马。目前，井研已建成标准化柑橘园60000亩，推出“井研柑橘”区域公共品牌，开通“超果”自主品牌，获得绿色食品和农产品气候品质认证。

三是招引培育新型经营主体。在集中流转土地、规范建设园区基础上，利用特色产业优势、优惠扶持政策和良好基础条件，招引外地业主、吸引本地能人入园承包果园、开办家庭农场等，形成“大园区+小业主”现代农业园区发展模式。2019年，全县农民专业合作社378家，较上年新增5个；家庭农场463个，较上年新增138个。

2. 完善机制，防控经营风险

法律服务先行介入，为井研农业产业经营方式转型升级把控风险。

一是盘活闲置土地资源。针对传统农业产业链条短、经营散、有量无效等问题，井研县探索土地股份合作社、土地托管、“大园区+小业主+农民”等土地规模经营模式，由繁盛杂柑专业合作社先期流转土地集中建园，“小业主”承包果园分户经营。依据《农村土地承包法》《四川省〈农村土地承包法〉实施办法》《农村土地承包经营权证管理办法》，为农村土地确权颁证，减少农村土地承包经营纠纷。截至2019年12月，全县确权农户102105户，颁证到户100804户。

二是打破产业融资瓶颈。率先开展农村承包土地经营权抵押贷款试点、专业合作社互助担保试点、财政支农资金“拨改投”等改革，制定出台井研县农村承包土地经营权抵押贷款试点工作方案和价值评估、贷款担保、风险补偿、抵押登记处置以及财政补贴等5个管理办法，以制度的确定性应对贷款风险的不确定性，吸引社会资本投入农业、金融资本投向农村。2019年组织评估专家对符合条件的24户业主的土地经营权价值进行评估，为新型农业经营主体发放贷款10笔、0.4855亿元。

三是规范土地流转程序。坚持土地预流转制度，落实土地流转合同规范性、合法性审查，依法登记备案，职能部门监督合同履行，为土地流转“立规矩”，稳妥推进土地连线成片流转，有效防范矛盾纠纷和提升抵御风险能力。

3. 强化监管，营造良好环境

强化执法监督，依法整治净化产业发展环境。

一是强化农地用途执法监督。加强土地规划执行和用途管制，深入开展“大棚房”清理整治、卫片执法检查等重点工作，保护合法产业生存空间。截至2019年，开展违法违规“大棚房”问题清理排查5次，累计核查各类线索1992个，发现违法违规用地215宗，逐宗按照“坚决拆除、整改规范、保留完善”三项内容合理分类建立台账，高效落实整改；实地核查土地矿产卫片发现的疑似图斑280个，季度卫片图斑60个，对下发图斑逐一进行合法性判定，及时整改问题图斑。

二是深化农业产品质量监管。建立产地追溯制度，完善养殖档案记录和投入品使用管理制度，加大对农业投入品监管力度，实现“生产有记录、流向可追踪、质量可追溯、责任可界定”。2019年，全县71户兽药经营者全部建立可追溯监管平台，覆盖率达100%。

三是优化产业发展营商环境。坚持“政府搭台、企业唱戏”，清理取消县级行政审批项目前置条件300余项，企业行政审批办理提速90%以上；推行违法案件公开制，建立“红黑”名单，实行信用监管，促进市场公平自由竞争，以良好的营商环境吸引市场主体落户，为乡村导入资本、IP、技术、人才等资源。

（二）综合治理、绿色优先，生态持续改善

1. 和谐共生，建设生态人居

坚持生态优先、绿色发展，因地制宜推进环境综合整治，追“清”逐“绿”，治“乱”清“脏”，全面提升乡村人居环境质量。

一是控源截污规范化。出台《井研县河长制管理实施方案》，落实“一河一策”措施，建立“一河一档”台账，健全县、乡（镇）、村三级河长管理体系，创新设立河道警长、民间河长，聘请法律顾问参与岷茫水系连通工程规划论证，全程参与研溪湿地公园、生态水网工程、畜禽粪污综合利用整

县推进等项目建设，环境、水务等部门联合执法，以法律手段助推净水、引水、活水三大水环境治理工程落地见效。2018 年，依法关停“10 +9”散乱污小企业 28 户、取缔 27 户，对企业偷排行为实行顶格处罚，对 14 名相关责任人实施行政拘留，震慑警醒企业依法生产。

二是畜禽养殖标准化。制定《井研县畜牧业养殖发展规划》《井研县畜禽养殖污染防治管理办法》和《井研县畜禽养殖污染综合整治工作方案》，严格划定禁养区和限养区，通过法治集中宣传、送法上门等，引导养殖户依法和谐拆除流域内养鸭场 94 家 7. 6 万平方米、禁养区适度规模养殖场 146 家 6. 9 万平方米，茫溪河综合治理初见成效。

三是垃圾处理精细化。全面推广“户分类、村收集、乡转运、县处理”垃圾收运处理模式，开展非正规垃圾堆放点达标整治，建成 6 个覆盖全县的垃圾压缩转运站，实现城乡垃圾资源化、无害化处理。

四是村貌提升品质化。坚持保护与改造并重原则，对涉及村貌改造提升的违建拆除、工程招投标等事项提供现场监督公证服务 3 件，确保传统村落保护、旧村落改造、聚居点建设依规合法、增色添彩。2018 年，井研县千佛镇民建村入选“四川最美古村落”。

2. 瞄准市场，发展生态经济

依托法治助推生态经济发展，是法律服务助力生态宜居的题中应有之义。

一是“零门槛”支持生态经济发展。坚持生态种养和特色文旅融合发展，充分利用土地整理、高标准农田建设等项目夯基础，支持业主发展“娃娃鱼”“小龙虾”“精品杂柑”等特色种养基地，建成各类体验园、采摘园 45 个；倾心打造三青台、长山湖国家库钓基地等特色民俗旅游景点，培育长山湖度假村等休闲创意农业、乡村民宿酒店，引进国际盐湖城特种旅游度假区项目，发展康养产业。

二是“零容忍”损害生态行为。井研县秉承“绿水青山就是金山银山”绿色发展理念，织密法治保障生态经济发展防护网，做到项目开发有法可依、有法必依，生态环境监管执法必严，损害生态环境违法必究，监督、引导乡村开发严守耕地和生态保护红线，严厉打击破坏生态环境资源犯罪。2019年，办理非法占用农用地、非法采伐国家重点保护植物等犯罪案件2件，涉案人数4人。

三是“零死角”化解项目纠纷。顺应产业融合趋势，组织律师、基层法律服务工作者、人民调解员及时及早化解民俗、民宿经济壮大过程中遇到的征地拆迁、民俗扬弃等纠纷，用“绿色”法律服务推动园区变景区、田园变公园、产品变商品。据统计，2018～2019年两年内累计调解长山湖度假村征地拆迁补偿、土地置换等各类矛盾纠纷2件，为度假村合法规范运营提供法律意见7件。

3. 丰富活动，弘扬生态文化

文明进步要靠人类来传承，要靠文化来传播。

一是落实普法宣法责任。贯彻落实“谁执法谁普法，谁服务谁普法”普法责任制，将生态文化建设内容融入普法宣传，通过“世界水日”“世界森林日”“6·5世界环境日”等时间节点，采取集中宣传普法与环境保护执法司法活动“以案释法”结合方式，运用法治思维和法治方式宣扬绿色生活理念，倡导和谐共生生态价值观。

二是借力特色文旅活动。举办全省“库钓冠军赛”“打鱼节”“繁盛采果节”“研溪湿地·橘颂文化节”等特色活动，开展环境普法宣传教育，营造人人参与环保的法治生态文化氛围，为“绿色+农业+旅游+文化”兴农品牌塑造注入动力，达到既展示推广生态农业，又传播弘扬生态文化良好效果。

三是融入质朴自然景观。建成集生态补水、休憩散步、文化宣传教育于一体的研溪湿地公园，以廊桥栈道、千亩河湖、绿地乔木为基调，融合生态环境保护法治元素，在感受自然中唤起群众环境保护意识，养成绿色健康生活习惯。

（三）筑牢阵地、传承文化，文明稳步提升

1. 深挖内涵，搞好文化传承

乡风文明是乡村振兴的软件基础，弘扬和传承优秀文化是培育文明乡

风、良好家风、淳朴民风的关键。

一是文化引领传法思。深入发掘井研县国学文化、耕读文化、红色文化等传统文化遗产中蕴含的社会主义法治理念，实现厚重历史文化与社会主义法治文化深度融合，打造内外兼修的国学县、书画乡、民俗村。

二是家风家训弘新风。着力从名人遗风中择取精华、汲取营养，弘扬优良传统，凝聚法治力量，整理《雷氏族谱》《廖氏宗谱》《熊氏家训》中的乡贤家规家训及经典小故事 20 个、“好吃懒做，光想走人户”“不怕家里穷，就怕出懒虫”等具有地方特色的百姓家规家训 30 条，制作《家风家训礼赞》。

三是榜样示范促传承。组织开展“弘扬好家风、传承好家训、建设好家庭”家风助廉巡回宣讲报告会，柑橘产业致富带头人范敬超、乐山市“助人为乐”道德模范肖华清走上讲台分享家风家训故事，建成井研县家风家训展览馆，推广一句文化语、一面文化墙、一本文化册、一台文化戏“四个一”工程，让井研的历史文化、民俗文化与法治文化相生共兴、相得益彰，变法治文化下乡为法治文化在乡。

2. 打造品牌，创建文化阵地

文化振兴是在文明传承基础上的扬弃，需要有守得住的阵地和叫得响的品牌。

一是农民画“画”法治。利用“四川省唯一农民画乡”品牌效应，综合运用“农民画 +”形式“画”说法治，组织本土农民画画家围绕“法律七进”主题，创作 7 个系列 117 幅农民画，编印《画说 · 法治井研》系列读物，建成四李桥法治文化公园、“法律七进”农民画展厅各 1 个。

二是专题教育“讲”法治。全县 27 个乡镇综合文化站建设实现全覆盖，借用农家书屋、农民夜校开设“法治影院”“法治沙龙”“顾问讲堂”“法治书屋”。2019 年，累计放映主题教育电影 2000 余场次，开展法治讲座 150 余场次，覆盖群众 12 万余人次。

三是文艺巡演“演”法治。集聚具有方言韵白顺口溜、说唱敲打三句半、连说带唱打快板等表演特质的文艺骨干，创作编排三句半《法律法规教育好》《乡村振兴就是好》等群众喜欢听、听得懂、记得牢的文艺作品，在各乡镇开展法治文艺巡演“演”说法治。

四是新媒体“传”法治。用好四川法制网、“法治井研”微信公众号、“井研司法”微博账号等新媒体普法媒介，打造“双线运作、同步推进”的法治文化阵地，广泛传播法治正能量，推动乡村法治文化盛行，培树村民法治信仰。

3. 育好典型，推进文明带动

一是创建典型示范。坚持每年开展“道德模范”“见义勇为标兵”“感动井研人物”“脱贫能手”等先进评选表彰，树立标杆、宣传榜样，引导群众向上向善向美。把井研县青少年宫建成集法治教育、国防教育、安全教育、劳动实践、素质拓展于一体的省级法治教育基地，为青少年法治宣传教育、预防青少年违法犯罪工作搭建一个更具吸引力的大众化、互动性教育传播平台，培育遵法守法的青少年，通过“小手牵大手”，辐射家庭、社会法治氛围。

二是培养学校“宣传员”。发挥学校教育优势，聘任52名政治素质高、法律业务强、基础经验丰富的政法干警，对口担任全县各学校法治副校长、法治辅导员，2019年累计开展社会主义核心价值观教育、法治文化教育450余场次。

三是培育身边“明白人”。创新校地合作模式，联合乐山师范学院开展“法律明白人”素能提升工程，定期邀请乐山师范学院政法学院教授为培养对象专题授课，以研城镇、马踏镇、集益乡、千佛镇为首批试点乡镇，培养“法律明白人”1000名。坚持法律顾问“蹲点”培训，通过培养一批带动一片，逐步建立一支村（社区）法律人才队伍，通过“身边人讲身边事、身边事教身边人”的方式，为群众普法，让群众知法，教群众用法。

（四）宣传贴近、服务贴心，治理融合深化

1. 抓住“关键”，提升组织“法力”

推进乡村依法治理，提升治理能力，领导干部是关键，基层组织是窗口。

一是建好阵地。坚持“党建引领、法建随行”，启动“建立百个党建示范点、储备千名后备干部、激励万名党员发挥作用”百千万工程，投入1000万元开展特色党建示范点建设，探索政治讲堂、关爱食堂、名人殿堂、绿秀水堂“农村四堂”建设和心连心探亲室、关爱室、健康室、电商室、便民服务厅“四室一厅”打造，提升基层组织凝聚力、组织力、战斗力和依法治理能力。

二是带好班子。组织开展村“两委”班子“健康体检”和分析研判，整顿提升软弱涣散党支部27个；落实落细公开栏、监督举报卡、群众评议等措施，深化整治“微腐败”，以形象换口碑，从作风看干劲。

三是用好人才。全覆盖开展人才资源调查统计，建立囊括1013名具备法律专业学历的人才数据库，确保乡村治理法律人才库常更常新、能存能取，掌握经过法律知识、政策法规培训的村组干部2116名；推行“执行书记”活动，在岗轮训干部组织领导能力，选拔储备正科级、副科级、中层干部300余人；借力川农大、浙大、清华大学深圳学院等高校院系资源举办专题培训班，分批次培训干部人才156余名，培养干部法治思维，提升乡村治理人才政策法律素养。

2. 突出“重点”，发挥专人“魅力”

推进乡村依法治理，提升治理实效，人民群众是主体，专业人才是骨干。

一是配齐用好法律顾问。整合律师、公证员、基层法律服务工作者等法律人才资源，为全县27个乡镇231个村（社区）配齐法律顾问，实现法律顾问全覆盖，参与重大事项决策，为乡村治理事务把脉开方。落实法律顾问法治培训责任，“以案说法”开展法治讲座、专题培训，持续提升乡村干部法治能力和法律明白人法治素养。

二是选好用好调解能手。推进公调、信调、诉调“三调”对接，搭建矛盾纠纷多元化解网络体系。关口前移，形成组、村、乡三级排查、县级汇总工作机制；健全矛盾纠纷“三色预警”制度，对可能引发“民转刑”命案重大风险（红色等级）纠纷，协调地方政府、司法所、法院、公安等各方力量多元化解，成功化解刑释人员周某某扬言报复等案件；深化“信访积案清零行动”，创新“点名约访”信访机制；吸收基层组织和村民自治力量参与纠纷调解，形成全民共治氛围。2019 年，排查矛盾纠纷 853 件，预防纠纷 409 件，受理纠纷 1352 件，成功调解 1334 件，调解成功率 98.7%，其中村、组两级调解案件 973 件，占比 72%。

3. 增添“措施”，激发自治“活力”

推进乡村依法治理，提升治理水平，需要内外联动，“三治”融合。

一是订好村规民约。在完善自治组织基础上，发动村民修订、完善村规民约 231 个，因村定策、一村一规，保证遵循“德业相劝、过失相规、礼俗相交、患难相恤”原则的村规民约实体合法、程序正当，合理约束和规范群众在人情消费、邻里关系等方面的不良行为。2019 年，在全体群众的自我约束、自觉行动下，井研县省级卫生县城复核、国家级卫生县城创建一次性通过验收。

二是抓好联防联治。高标准实施综治“雪亮工程”，1100 个农村视频监控建成运行，实现农村重要节点全覆盖，把 1100 个农村“电子眼”和 8800 名农村综治巡逻队员打造成犯罪分子“身后的警察”，有效减少违法犯罪。2019 年，全县警情数 3965 件，同比下降 17%。深挖摸排涉黑涉恶线索，用好群众举报途径，职能部门分类核查，重点线索专案办理，成功破获“云海 KTV”寻衅滋事案，打响全省扫黑除恶“第一枪”。

三是管好特殊人群。创新管理教育方式，组织社区服刑人员参观乡村振兴示范村，参加就业创业技能培训，帮助其尽快树立信心、融入社会。做好刑满释放人员信息核查、衔接管控、联帮联教等工作，与民政、社保等部门协调解决住房、就学、就业等基本生活问题，落实帮扶救助管理措施，避免安置帮教对象重新犯罪。2019 年，安置帮教刑满释放人员 194 人，其中重点帮教 15 人，帮教率达 100%。

（五）救助相伴、内外发力，生活同步小康

1. 普法渗透，激发脱贫动力

坚持扶贫与扶志相结合，做到既增智又壮志，内外发力。

一是精准普法增智力。以“法律七进”为抓手，用活“道德讲堂”“家风家训”和“四好村”创建多样载体，用好农民夜校、四川科技扶贫在线平台，组建田间普法队走村入户开展渗透性普法教育。2019 年，开展扶贫、治贫主题“法治赶集”100 余场次，因人因户精准宣讲法律法规和重要政策，帮助 842 户贫困户增收脱贫。

二是典型带动强志气。挖掘选树一批贫困群众先进典型，创新“我脱贫·我光荣”励志对话主题活动，邀请身边脱贫典型邵俊毅、杨志强等走上讲台，面对面分享脱贫路上自强不息、奋斗不止的励志故事，宣传道德法治、文明新风、感恩教育，有效提振贫困户脱贫信心决心和内生动力，从心里拔掉“穷根”。截至目前，累计开展“感恩奋进·我的脱贫路”“青春励志·脱贫共行”等活动 400 余场次。

2. 政策扶持，营造致富环境

坚持政策依法制定，举措依法落实，资金依法管理，过程依法监督，形成人人创业就业、户户增收致富的良好局面。

一是培育集体经济拉动。出台《“五区联动”集中经营土地发展集体经济试点办法》，向上申报扶持发展村集体经济项目 8 个，全覆盖完成赋码登记工作，探索形成发展集体经济“强村十法”，在人社、司法、农业等职能部门设立集体经济“双向服务站点”3 个，分片区公开咨询电话，全方位提供政策、法律咨询服务。

二是强化产业环线带动。创新开展主体带动、股权量化、代种代养、统价联销、异地入股、二次返利六大产业带动试点，依靠产业带动农民群众变身“土地出租有租金、入园务工有薪金、资产入社有股金、二次返利有红金、自主生产有补贴金”的“五金”农民，依靠农民做大做强产业环线，形成“土地流转入园区—园区建成引业主—业主承包雇农民—农民务工转土地”的良性循环。2019 年，环线内农户人均可支配收入高出全县平均水平 10%。

三是促进人才回流驱动。实施“优秀农民工定向回引培养工程”，编发《井研县返乡农民工政策汇编》，举办“归雁入夜校”专题培训，帮助农民工懂法律、学技术、提能力，择优收集 21 名农民工先进事迹汇编《归雁风采录》，示范带动农民工返乡创业就业，增产增收。2019 年，全县成功回引优秀农民工 325 人、创业人才 459 人，整合资金 1.6 亿元，流转土地 4.5 万亩，建成创业园 156 个，发展种养产业 3.6 万亩。

3. 服务保障，筑牢维权屏障

公共法律服务，是维护群众合法权益、促进共同富裕的重要保障。

一是着力平台搭建。以公共法律服务体系建设为统领，搭建县、乡、村三级公共法律服务平台，建成公共法律服务中心 1 个、公共法律服务站（室）167 个，设立法律援助联系点 9 个，每个村明确 1 名法律援助联络员，实现公共法律服务一站式、均等化、全覆盖。

二是加强队伍建设。吸纳优秀党员、离退休干部、乡贤等热心公益、为人正派、具备法律素养的人才，充实壮大公共法律服务骨干队伍，重点针对拖欠农民工工资、农民社会保障争议、农产品购销合同履行争议以及农村婚姻家庭纠纷等易发纠纷，配置律师服务、公证服务、调解服务、援助服务“四位一体”综合法律服务套餐，帮助村民及时维权。

三是开展专项服务。针对井研县农民工数量多、文化低、经济弱、欠薪严重的现状，扎实开展“岁末年初农民工讨薪法律援助专项活动”。2019 年，办理农民工讨薪法律援助案件 83 件，为农民工讨回薪资 288 万元。

三　存在的问题

（一）懂法律熟乡情人才短缺

一是法律专业人才短缺。农村虽全覆盖配备法律顾问，但法律顾问队伍总人数仅有 12 人，一个人负责几个镇多个村现象普遍存在，难以时常下村入户开展普法讲座、培训、化解矛盾纠纷等，无法满足群众日渐多元的法律需求。而乡村干部文化程度、法律素养普遍不高，有守法的意识，缺宣法、讲法、用法的水平。即懂法律的不一定熟乡情善调解，熟乡情善调解的人不一定懂法律，缺乏既有专业法律知识储备又熟乡情、善调解的复合型人才。二是乡村治理人才缺乏。随着城镇化进程的加快，大量青壮年外出求学务工，乡村留守的多为老幼妇残，“空心化”严重。有思想、有见识、有文化、有能力的人才因为乡村条件艰苦、工资待遇低、发展空间小等因素不愿留在农村。新型职业农民和农业科技、经营管理、品牌营销、信息技术等专业技术人才不足，制约了乡村振兴的均衡发展。

（二）纵到底横连通体系不全

一是纵向延伸不够。井研县虽建成一个县级公共法律服务中心、27 个乡镇司法所、167 个公共法律服务站（室），但还未形成完善的服务体系，且法律产品有限，仅在县城能集中提供法律咨询、法律援助、公证、人民调解等法律服务产品，未形成一套完善实用明晰的服务产品，在满足群众需求、护航产业发展、保障生态宜居等方面后劲不足。二是横向联系不紧。受基层人财物等方面制约，法律服务实体平台、热线平台、网络平台三大平台尚未完全建成，实体平台初步建成，网络平台和热线平台尚未启用，一些职能部门对公共法律服务的职能、作用了解不够、参与度不高，行政执法部门与政法系统联系不紧密、融合不深入，呈现“单打独斗”局面，推进法律服务建设成为司法行政部门唱“独角戏”。

（三）高需求弱反馈服务矛盾

一是供需不匹配。随着社会经济的发展和全面依法治国的深入推进，人民群众法治意识不断提高，对法律服务的需求日益增长，但目前的法律服务方式及质量尚不能适应新形势下群众对法律服务的需求，存在法律服务标准不高、服务质量参差不齐、服务模式较为落后单一等问题。基层法律服务工作者常常一人身兼多职且法律水平有限，在面对群众的法律诉求时不能给出专业、明确、及时的解决方案。二是参与度不高。例如，当前法律宣传多采用挂标语、摆展板、发资料等传统形式，App 研发及短视频应用少，微信、微博公众号等新媒体普法平台内容单一、趣味性低、关注量少，群众接受度较低、参与度不高，造成法治宣传“雷声大”、群众反映“雨点小”、普法实效差的情况。三是群众的办事依法、遇事找法、解决问题用法、化解矛盾靠法意识尚未完全形成，在个人权益受到侵害或表达个人诉求时，多习惯求助政府、公安、信访等部门，服务与需求对接错位，导致法律服务社会效应未能充分发挥。

四　对策和建议

（一）打好基层治理人才“引育用”保卫战

1. 外引一批专业人才

党委、政府要科学布局、统筹规划，通过政策保障、资源倾斜、重点扶持等创造有利的政策环境，提档升级当地发展条件，建立一个求发展、能发展、发展好的法治环境，吸引外来人才，引导法律专业人才、外出务工经商能人、农村致富能手、退役军人、高校毕业生等人才在乡村治理中发挥积极作用。

2. 培育一批优秀人才

有计划、分层次开展村干部培训，提升综合素质和专业技能，抓实“一把手”工程，把一批忠诚、实干、干净、担当的干部充实到乡镇班子，优选村支部书记，储备村级后备力量。将法律服务人才纳入全县社会事业人才引进和培养计划，重点培养一批重点领域的法律服务骨干队伍；广泛开展法律服务志愿者招募活动，组织动员退休政法干警等社会力量参与法律服务，通过传帮带、老带新培育提升队伍整体法治素养。坚持“不求所有、但求所用”，发掘可用人才、留住本土人才，通过培育一批心系故土、心向农村、心爱农民的优秀农民人才队伍，为乡村振兴战略注入新动能。

3. 用好一批本土人才

创造条件提高人才队伍的工作积极性，做好量才适用，使人才尽其所能，尽显其才，对不作为、不能干、做事慵懒的人员给予一定惩罚或解职，做到公平公义、公平竞争、任人唯贤、任人为才。坚决整治形式主义、官僚主义，让基层干部真正从繁文缛节、文山会海、迎来送往中解脱出来。完善基层人才激励和保障机制，通过物质奖励、经济补贴等方式，引导各类人才和资源合理配置，进一步激励干部新时代新担当新作为，鼓励各地创新乡村治理机制，确保人才队伍在乡村振兴发展中能够得到充分发展，挖掘一批有真才实干的人才典型作为榜样带动各方面的工作力量，为乡村振兴、法治乡村发展造势。

（二）打好法律服务体系“放管服”攻坚战

1. 更新换代开放到底

充分利用互联网和大数据等科技手段，紧跟百姓需求，探索建立“便捷式”“体验式”法律服务平台。整合法治井研微信公众号、法律服务微信交流群、司法系统工作群等网络资源，连接“大调解”体系、法律援助体系、政务服务体系、网格化体系、社会治安防控体系、“雪亮工程”和基层司法行政网络平台等优势资源。积极探索利用有线电视网络平台、App、公众号为广大群众提供生动的法律课堂和便捷的法律服务功能，让法律服务紧跟时代潮流，群众足不出户便触手可及。

2. 加强考核管理到位

乡村振兴办、司法行政部门要发挥牵头抓总作用，对法律服务乡村振兴工作情况开展督查指导，确保法律服务融入乡村发展全过程、各方面。同时建立法律服务产品供给、服务质量评价和运行监督管理机制，量化标准指引基层工作规范化，主管部门建立健全考核评价机制，对全县律师、基层法律服务工作者、人民调解员、法律顾问、公证员进行严格考核监管，让法律服务质量更优、效果更好。

3. 整合资源服务到民

统筹协调资源，加强部门联动，严格落实责任，建立法律服务助力乡村振兴协同运行机制。整合行政执法部门、政法系统、律师事务所和法律服务从业人员、人民调解员、网格员、执法人员等资源，建立一支强大的法律服务工作者队伍，全覆盖建立公共法律服务站（室），实现城乡群众与法律服务从业人员沟通零距离、服务无障碍，缩短群众寻求线下法律服务的时间和流程，解决偏远乡镇法律服务资源不足和服务不便的问题，确保群众在最短时间内获得优质法律服务。

（三）打好问需于民提升群众“满意度”克难战

1. 加强保障

将法律服务纳入政府采购范畴，将公共法律服务体系建设和运行费用纳入财政预算，按照“分级负责，共同保障”的原则，建立公共法律服务体系托底预算制度，并进行动态调节，健全人民调解个案补贴、法律援助案件补贴、法律顾问驻点服务补助等制度，激发律师和法律服务工作者的工作热情，确保满足人民群众最基本、最直接、最现实的法律服务需求。

2. 问需于民

以群众需求为导向，变被动接受为主动获取，解决好村民真正关心的问题，让村民切实受惠，激发全民参与乡村振兴的热情。全面推广“订单式”普法，普及对农民来讲最关注、最实用、最切身的法律法规，坚持“民有所呼，我有所应”，着力打造更加专业化、个性化、差异化的产品与服务，通过提供与村民需求一致的法律服务培植农村法律信任，全面提升民众法治认同感。

3. 丰富载体

高标准打造特色鲜明、形象生动、教育深入的法治文化公园、法治文化广场、法治文化长廊等法治阵地，在村道两旁、农户围墙、路边侧石、休息长椅张贴村规民约、法治标语、法治漫画等，通过专题讲座、以案说法、三句半文艺演出等群众喜闻乐见的形式加强宣传，让村民成为“普法能手”，形成“民以法尊，法为民用”的良好局面。

B.22

游仙区军民融合法律服务机制的探索与实践

中共绵阳市委全面依法治市委员会办公室课题组*

摘　要： 游仙区作为国家科技城核心区、绵阳市主城区，其区位优势明显、军工科技资源富集，军民融合发展优势明显。近年来，游仙区紧紧围绕国家关于“加强军民融合深度发展法治保障”战略部署，以专项法律服务团为重要支撑，以编织多层次、广覆盖的企业法律服务网络为基本形态，依托“互联网＋公共法律服务”，探索军民融合法律服务工作有效路径。以开展多种形式的法律服务活动为载体，落实优质精准服务，满足企业日益增多的法律服务需求，不断提高军民融合发展法治化水平。

关键词： 军民融合　法律服务　法治保障

游仙区位于巴蜀腹地、涪江以东，是中国（绵阳）科技城核心区，成德绵发展轴、成渝西“黄金三角”交通枢纽。辖区面积1018平方公里，2019年乡镇行政区划调整后，辖1个经济开发区、1个经济试验区、3个街

---

* 课题组负责人：赵开年，中共绵阳市委全面依法治市委员会办公室主任、市司法局局长；江彬，中共绵阳市游仙区委书记、区委全面依法治区委员会主任。课题组成员：肖龙明、廖超伦、李昶、杨庆斌、卢明镜、于勋。执笔人：李昶，中共绵阳市游仙区委全面依法治区委员会办公室主任、区司法局局长；王婧，绵阳市游仙区司法局法律服务监督管理股股长；孟雪，绵阳市游仙区司法局法治调研股股长。

道、8 个乡镇，总人口 56.83 万。党的十八大以来，游仙区坚持以习近平新时代中国特色社会主义思想为指导，深入实施军民融合发展战略，运用法治思维和法治方式推动军民融合发展。通过整合资源力量，创新工作平台，完善工作措施，优化服务质量，解决军民融合法治保障中存在的体制、机制、制度方面的问题，为游仙区军民企业深度融合和健康快速发展提供高质量的精准法治保障。

一　建立军民融合法律服务机制的背景

游仙区科技资源富集，辖区有中国工程物理研究院、中国航发四川燃气涡轮研究院、中国兵器装备集团自动化研究所等 3 家国家级军工科研院所，省部级及以上重点实验室 7 个、企业技术中心 25 个，有副高级以上专家 1500 余人。建成院士（专家）工作站 5 个、博士后工作站 2 个，拥有两院院士 25 名，国家“万人计划”、省市“千人计划”“千英百团”聚才计划等各类领军人才 80 余名，全区人才总量突破 8 万人。截至 2019 年 12 月，游仙辖区共有军民融合企业 73 家。成功获评首批四川省军民融合高技术产业基地，全省首批院士（专家）产业园落地游仙。

（一）国家军民融合发展战略部署的贯彻落实

以习近平总书记为核心的党中央从国家发展和安全全局出发，将军民融合发展上升为国家战略，先后作出关于“加强军民融合深度发展法治保障”“完善政策法规构建军民融合法治保障体系”等战略部署。习近平总书记在中央军民融合发展委员会第一次会议上强调，“推进军民融合深度发展，要善于运用法治思维和法治方式推动工作，发挥好法律法规的规范、引导、保障作用，加快推进军民融合相关法律法规立改废释工作”。2018 年 10 月 15 日，中央军民融合发展委员会第二次会议审议通过了《关于加强军民融合发展法治建设的意见》，标志着军民融合发展法治建设步入“快车道”，为提升军民融合法治化水平，不断开创军民融合深度发展新局面指明了方向，意义重大而深远。加强军民融合发展法治建设既是贯彻落实国家军民融合发展战略，推动军民融合深度发展的必然要求，也是促进军民融合产业健康可持续发展的重要途径。

（二）地方军民深度融合发展路径的有益探索

2018 年 2 月，习近平总书记在四川视察时专门就绵阳军民融合发展作出重要指示，强调指出“绵阳是中国重要的国防军工和科研生产基地，军民融合发展潜力巨大，要促进军地、军民融合发展，蹚出一条军民深度融合发展的路子”。绵阳市以习近平总书记的重要指示精神为指引，以“争当全国军民融合创新发展的排头兵”为目标，深入实施“五大行动”（体制机制改革创新行动、军地一体化建设行动、军民科技协同创新行动、军民融合产业培育行动、军民融合生态优化行动），成立了“中国（绵阳）科技城军民融合法律服务中心”，不断探索具有绵阳特色的军民融合深度发展之路。游仙区将军民融合作为“四大兴区战略”（军民融合兴区、质量品牌兴区、基础设施兴区、人才科技兴区）之首，全力推进全创试验。建立了全省首个地方军民融合专业孵化器，加快建设“西部独特、绵阳特色”的军民融合产业园区，出台“支持军民融合企业（单位）发展十条政策”，成立促进军民融合发展的“大联盟、小组团”，形成“产学研”利益共同体。建立军民融合项目“绿色通道”，探索军民融合法律服务机制，当好“店小二”，提供“保姆式”“一站式”服务。

（三）军民融合企业法律服务需求的不断满足

军民融合的深度发展，离不开系统完备的政策制度体系，更离不开公平正义的法治环境和坚实有力的法治保障。合法经营、依法治企已成为企业稳步发展的内在需求，做强做大的必由之路。针对部分军民融合企业存在的内部法务部门建立不完善，未聘请法律顾问或法律顾问作用发挥不充分，对国家、地方出台的相关法律法规掌握滞后，法律服务品质不高、效果不佳等问题，通过建立健全军民融合法律服务机制，根据企业需要，量身定制法律服务产品，有针对性地开展法律宣传咨询、提出法律意见，提供矛盾纠纷化解等服务，不断提升军民融合企业依法治企、依法经营理念，预防和控制企业经营中的法律风险。

二 主要做法

（一）高点定位，建立军民融合法律服务机制

一是高度重视，加强领导。2017 年，游仙区委、区政府成立军民融合发展法律服务工作领导小组，组长由区委分管军民融合产业发展的领导担任，副组长由区委政法委书记、区政府分管司法工作副区长担任，成员单位包括区委政法委、区委依法治区办、区法院、区检察院、区委军民融合办、区公安分局、区司法局、区法学会、区法协会等。领导小组办公室设在区司法局，负责指导、督促和考核军民融合发展法律服务工作。自 2017 年起，区委连续 3 年将军民融合法律服务机制建设纳入全面深化改革项目持续推进，明确一名区级领导直接抓改革方案的落实，推进军民融合法律服务领导机制、运行机制、考核机制不断完善。二是强化调研，落实责任。2017 年，游仙区委办公室、区人民政府办公室在充分调研、广泛征求意见的基础上，在四川省率先制定出台《关于建立健全军民融合发展法律服务机制的意见》（绵游委办发〔2017〕33 号），就建立健全军民融合发展法律服务机制提出意见，明确了建立健全军民融合发展法律服务机制的指导思想、组织领导、职责分工、法律服务方式、法律服务事项、工作要求等内容。在意见实施过程中，做到逐年细化工作任务，落实工作责任，推动军民融合法律服务创新发展。三是加强协作，形成合力。建立部门联动机制，出台了《游仙区发挥法学会重点团体会员单位作用　为军民融合企业提供精准法治保障实施方案》（绵游法委办发〔2019〕4 号），明确了法学会重点团体会员区委政法委、区委依法治区办、区法院、区检察院、区委军民融合办、区司法局、区市

场监管局、区行政审批局等单位在服务军民融合企业，提供法治保障方面的工作职责，强化协作配合，实现资源、信息共享。四是先行探索，提供示范。开展“军民融合法治示范区”创建活动，聚焦提高军民融合发展法治化水平的总体要求和关键内容，制订创建指标体系，包括“军民融合体制机制健全、发展环境优化、法律服务到位、法治保障完善”四个方面内容，细化16项二级指标，63项三级指标。将军民融合法治示范区创建与全国法治政府建设示范区创建、中国（绵阳）科技城法治示范区创建等活动有机结合，着力在军民融合法治保障方面进行大胆探索，积累经验，作出示范。

（二）搭建平台，织密军民融合法律服务网络

一是纵向到底，延伸服务。游仙区不断深化公共法律服务体系建设，完善“智慧型、开放式”公共法律服务中心功能，设立军民融合法律服务窗口，开通军民融合企业法律服务“绿色通道”，变被动“等客上门”为“主动上门”服务，为军民融合企业提供“自助式、一站式”的法律服务。依托镇（街道）公共法律服务工作站和村（社区）公共法律服务工作室，延伸服务触角，解决好法律服务“最后一公里”问题。二是横向到边，覆盖重点。在游仙军民融合产业园、西部军民融合试验区服务中心、西城大学生创新创业园等军民融合企业聚集地，建立3个军民融合公共法律服务工作站，在四川某科技股份公司、四川某实业公司建立公共法律服务点，问需于企，送服务上门，开展驻点服务。三是线上互动，高效对接。依托“法治游仙”微信公众号，探索构建军民融合企业法律服务微平台，提供在线查找、预约、咨询服务，畅通应答渠道，努力为企业提供“触手可及、法在身边”的“一键式”法律服务。

（三）招强引优，培育军民融合法律服务资源

一是推进法治人才“双百”培育工程。游仙区推行“先落户后就业”，建立“星期六工程师”“周末俱乐部”等人才柔性培育引进机制，

积极为军民融合等领域的科研人才在创业、生活、配偶就业、子女就学等方面提供优质服务。针对辖区法律服务资源短缺的现状，游仙区制定实施招引100名法律服务人才、招聘100名法律顾问的“双百”培育计划。截至2019年12月，新建律师事务所1家，争取市区共管律师事务所7家，通过服务承诺签约律师事务所7家，引进各类法律服务人才300余人。二是组建军民融合法律服务“一团一库”。根据军民融合法律服务需求，从全市法律服务队伍中，择优确定了34名律师，组建“军民融合法律顾问服务团”，与绵阳市律协军民融合专委会结对共建，不断拓展军民融合法律服务的广度和深度。遴选具有涉外、投融资、知识产权等专长的优秀律师，邀请市区涉及军民融合实务工作的党政干部，高校军民融合政策理论研究专家学者等22名，组建“军民融合法律服务专家库”，形成智囊团，切实解决全区军民融合企业发展中涉法“疑难杂症”问题。三是加强“校地合作”。游仙区依托清华大学、西南科技大学等高等院校军民融合法律政策研究团队，加强军民融合政策法规调查研究，组织开展军民融合人才实训，在培养具有法律专业和军民融合专业复合型人才上下功夫。2019年，通过对省市（区）出台的涉军民融合政策法规进行梳理，提出修订完善意见14条，就游仙区需要新出台的政策提出可行建议16条。

（四）细化举措，丰富军民融合法律服务项目

一是落实“免费法律顾问”制度。向未聘请法律顾问的军民融合小微企业择优推荐法律顾问，为企业提供1~3年免费法律顾问服务。签订法律顾问协议，明确服务内容、方式，帮助引导企业完善内部治理结构，建立健全企业管理制度，促进企业依法运作、依法规范管理行为，夯实企业依法经营基础。目前已为3家军民融合小微企业提供1年的免费法律顾问服务。二是落实“法治体检”制度。针对军民融合企业需求，及时组织专家团队开展“一对一”法治体检，出具体检报告，帮助企业梳理经营中的法律风险，提出法治建议。2019年，深入军民融合企业开展

法治体检10家次，督促和帮助企业建立和完善法务部25个，落实专兼职法务人员68人。三是落实“法治讲座”制度。每季度开展一次安全、保密、知识产权保护、招标投资等法律知识培训讲座。举办“法治沙龙”活动，邀请军民融合企业高管、法务部律师，有针对性地开展业务培训，帮助解决企业法治需求，维护企业合法权益。2019年共举办各类法治讲座4场次。四是开展法治宣传活动。编写印发了《军民融合政策法律汇编》，充分利用普法和法治宣传手段，深入社区、镇街、企业有针对性地向军民融合园区建设方、征地拆迁群众等开展法律法规宣传，普及法律知识，强化法治意识。2019年共组织开展军民融合法治宣传12场次。五是深化矛盾纠纷调处。协调指导人民调解组织积极开展矛盾纠纷排查，及时化解因工程建设、土地征收、房屋搬迁、回建安置等引发的矛盾纠纷及群体性事件。同时，出台了《关于成立涉军民融合企业重大矛盾纠纷及重点疑难案件协调小组的通知》（绵游政〔2019〕61号），加强对该项工作的组织领导。成立了由区委政法委、区法院、区检察院、区公安分局、区司法局、区人社局、区自然资源局、区信访局、区法学会、游仙经济试验区、游仙街道、石马镇、新桥镇等相关单位为成员的协调小组，负责涉军民融合企业重大矛盾纠纷处置化解。2019年共排查和化解企业内部及与周边村居各类矛盾纠纷15件。六是提供公证服务。围绕项目建设，主动引导帮助被征地、搬迁村民通过法律渠道解决信访、群访问题，做好重点项目土地征收、拆迁安置过程中涉及的补偿协议、安置协议、授权委托等公证服务，有效预防和减少了矛盾纠纷。2019年共办理涉及军民融合方面的公证书305份。

三　存在的问题和困难

（一）法律法规有待完善

中国军民融合法律法规还不够完善，尚未出台军民融合发展专门法律，上位法缺位，导致各部门职责不清。在部门立法模式下，立法碎片化，缺乏统一性、系统性，政策法规之间存在冲突。部分法律法规立法时间较早且未能及时更新、修订，与现行军民融合发展要求不相适应。在“民参军”方面，民营企业积极性高、产品竞争力强，但由于信息不对称、机制不畅通，进入军工领域的限制多、门槛高。在“军转民”方面，军工企业拥有优质的技术资源，但受国家保密要求的限制，对民用市场真正所需掌握不全面、不准确。

（二）法律服务资源匮乏

律师是军民融合法律服务的主力军，目前虽整合了全市部分法律服务资源组建了法律服务团（库），但仅能满足军民融合企业基础性、日常性的事务需求，对企业所需的高端、深度、精细的法律服务，具有相应资质的律师事务所、专业律师人才匮乏（全市仅有 1 家律师事务所、5 名律师取得资质）。同时，因为法律法规、政策的滞后，军民融合发展过程中出现的法律壁垒、体制机制障碍急需专业人士来研究、突破。

（三）服务水平总体不高

服务方式传统、服务手段单一，缺乏与企业有效沟通，未能及时掌握企业的法律服务需求，导致法律服务内容、方式针对性不强。因缺乏专业资质的法律服务人员，企业的核心法律事务无法涉猎，服务表面化、零散化、服务深度不够，成效不明显。“互联网 + 法律服务”方式探索不彻底，实用性有待增强。

（四）运转经费保障不足

政府购买军民融合发展法律服务的制度体系尚未建立，未纳入财政预算，无专项运行资金，一味要求法律服务工作者尽义务，提供无偿服务，必然会影响法律服务的效率和质量。

四　进一步完善军民融合法律服务机制的建议

（一）推动军民融合法律法规体系建设

一是深化军民融合法治调研。加强涉及军民融合法治理论、政策的研究，深入军民融合企业充分听取意见建议，发现和解决军民融合企业发展中的法治“短板”和“瓶颈”问题，强化对策措施、注重结果运用，为推动军民融合法律法规的立、改、废、释提供翔实的数据支撑和基层理论基础。二是强化行政规范性文件管理。全面推行行政规范性文件合法性审核机制建设，建立健全程序完备、权责一致、相互衔接、运行高效的合法性审核机制，保证规范性文件合法有效。严格推行行政规范性文件备案审查，建立健全行政规范性文件异议审查制度，及时受理投诉举报。协调推进相关规范性文件的制定和清理工作，依法撤销和纠正不利于军民融合发展的规范性文件，消除各种隐性壁垒。三是完善军民融合发展相关政策法规。认真贯彻落实中央《关于加强军民融合发展法治建设的意见》，配套完善相关政策，在涉军民融合政策法规制定和实施过程中，畅通军民融合企业意见建议征集和诉求表达渠道，切实维护和协调好军民、军地等各方利益，将权利保护贯穿于军民融合发展各环节。

（二）优化军民融合服务人才资源配置

一是加大法律服务机构的招引和培育。出台场地租赁、业务优先供给等优惠政策，为法律服务机构在游仙区设立创造有利条件，积极招引律师事务所，尤其是具有承办军方法律事务资质的律师事务所。同时，鼓励现有法律服务机构向高端法律事务发展，提升影响力和服务水平。二是夯实高精尖法律服务人才储备。多渠道挖掘高端法律服务人才资源，将尖端法律服务人才纳入区级人才招引、落户、培养计划。进一步整合军民融合法治领域专家力量，满足军民融合发展所需的高端、定制法律事务服务。三是充实军民融合法律服务专家团队力量。进一步优化现有军民融合法律顾问服务团、军民融合法律服务专家库成员结构，鼓励引导全市优质律师参与军民融合法治化建设。提升法律服务团（库）能力和水平，为企业提供优质、高效、精准的法律咨询、法治宣传、法治讲座、法律顾问等服务。

（三）提升军民融合法律服务质效

一是创新法律服务产品。建立健全军民融合法律服务项目清单，厘清公共法律服务和有偿法律服务事项范围，为军民融合企业提供“点餐式”服务。二是深化专项法律服务。进一步完善小微企业免费法律顾问服务制度，为初创小微企业配备“法律管家”，协助企业处理日常法律事务，帮助企业完善治理结构、健全管理制度、防范法律风险。建立“法治体检”常态化机制，完善法治体检项目、内容、方式，梳理企业依法经营、依法管理、依法维权等方面问题，提供法律意见。三是扩大公证服务。为军民融合企业开展投融资、购置与处分资产、转让（质押、代持）股权、权利申报登记等事项提供公证服务，加强公证服务金融风险防范。四是优化政务服务环境。深化政务服务和行政审批制度改革，探索建立军民融合领域市场进入与运行的“负面清单”和政府管理的“责任清单”“义务清单”。大幅度精简审批事项，降低准入门槛，优化办理流程，提高办事质效。

（四）构建军民融合法治保障“四大”机制

一是构建军民融合企业精准法律服务供需对接机制。依托公共法律服务平台点多、面广的优势，坐班服务，为上门企业解疑释惑。在重点企业设置法律服务联系点，密切关注其在发展过程中遇到的问题，广泛收集掌握军民融合法律服务需求，快速回应、无缝对接。二是构建军民融合企业矛盾纠纷诉前化解机制。积极推动完善以人民调解为基础的多元化矛盾纠纷化解机制，持续深化诉调、访调、公调、检调对接，及时处置化解影响项目落地、企业安全健康发展的各类矛盾纠纷。协调工商联、商会鼓励企业建立人民调解委员会，健全人民调解组织网络。建立军民融合调解工作室，进一步拓宽纠纷化解途径。三是构建军民融合重大疑难案件集体讨论机制。针对企业在法律、维权等方面存在的重大疑难问题，邀请法律专家、相关职能部门的负责人集体讨论会商，为企业研究制定具有针对性、可操作性的解决方案。落实案件“专人专案”跟踪制度，掌握案件进展动态，确保法律服务跟进及时。四是构建军民融合企业高端法律服务经费保障机制。加大政府投入，将政府购买军民融合法律服务工作经费纳入财政预算予以保障，建立健全经费管理制度，梳理政府购买法律服务清单目录，实行项目化管理。加大服务质量考核，并将考核考评结果与法律服务经费发放挂钩，切实提高法律服务人员的工作积极性。

B.23

南江县探索基层社会治理法治化的新路径

中共南江县委全面依法治县委员会办公室课题组*

摘　要： 多年以来，基层治理一直是摆在党和政府面前的重点课题，也是最大的难点。最近几年，四川省巴中市南江县关坝镇小田村有效探索“法治道德银行”，旨在充分发挥人民群众的主体地位作用，法治建设人人参与、法治建设人人监督、法治成果人人共享，确保人民知情权、参与权、表达权、监督权，架起党和人民群众的“连心桥”。实施三年来，该村群众参与率大幅提升，村风民风有效改善。

关键词： 道德银行　尚法守治　社会治理

近年来，四川省巴中市南江县深入学习贯彻习近平总书记全面依法治国新理念新思想新战略，坚持人民群众主体作用，大胆探索基层治理新机制、新办法，率先在关坝镇小田村开展“乡村法治道德银行”建设试点，将爱心摆上货架、道德树牢心中、法治记在心田，将“遵纪守法、行为文明”“热心公益、支持发展”“诚实守信、勤劳致富”“移风易俗、树立新风”“家庭和睦、邻里团结”纳入法治道德银行建设，实行村民民主评议，旨在改善群众生产生活环境，倡导孝老爱亲等传统美德，营造人人崇德尚

---

* 课题组负责人：陈槟，中共南江县委副书记、中共南江县委全面依法治县委员会副主任；吴开财，中共南江县委常委、政法委书记、县委依法治县办主任。课题组成员：周国安、王健、陈万杰、青正鉴。执笔人：青正鉴，中共南江县委全面依法治县委员会办公室秘书股股长。

法的乡风民风新时尚[①]。乡村法治道德银行试点工作的开展已经有了一定历史，村民参与率大幅上升，由过去的40%增至90%。全县各村积极学习借鉴“小田经验”，创新开展乡村法治道德银行建设，大力推进乡村振兴战略，极大夯实了乡村治理根基，谱写了南江农村基层依法治理的新篇章。

一　南江县基层治理面临的困境与挑战

（一）基本情况

小田村是典型的贫困村，位于大巴山腹地，与外界的联系不多。最近四五年间，小田村实现了村社道路硬化，居民吃上了自来水，还修建了“巴山新居”，积极发展特色产业，并于2016年成功脱贫，但相当一部分群众并没有真正摆脱“等靠要”思想的束缚，没有形成良好的卫生习惯与健康的生活理念，攀比之风盛行，红白喜事大操大办现象比比皆是。为了扭转这种局面，该村坚持以新风培树为切入点，围绕“自我管理、自我教育、自我服务、自我监督”新型农村社会治理体系完善，本着厚植“积小善为大善、积小德为大德”的道德理念，广泛传播凡人善举，持续引导道德自觉，细化完善了以“道德可积分、文明又加分、满意度得分”为主要内容的家庭道德积分激励机制。每个季度以现场测评与集中打分相结合的形式对155户村民进行测评。测评时重点关注五大板块的内容，其中包括卫生环境、遵纪守法、移风易俗等，共设立了32项指标，每户村民可以用自己的积分兑换相应的生活用品或生产工具。“乡村法治道德银行”积分管理机制，让尊法有荣、道德有价、德者有得，推动形成崇德尚法、见贤思齐、向上向好的新风尚。

① 方杰：《坚持自治法治德治相结合走乡村善治之路》，《农村工作通讯》2019年第9期，第1页。

（二）面临挑战和困境

以关坝镇小田村为例，结合南江县其他村的调研情况分析，目前南江县乡村基层治理面临如下一些挑战。

1. 乡村自治力量薄弱

近年来，城镇化进程不断加快，大量农村人口涌入城市，从事非农业生产活动，农村社会精英都转移到城市，留在农村的只有一些劳动能力低下、文化水平不高的“三留守”人员。在这种情况下，乡村社会结构发生了明显改变，“空村化”现象越来越严重。

乡村治理不能只依赖基层政府，村民才应该是最重要的治理主体，但当前村民最为缺乏的就是治理意识、公民意识，即使参与治理活动，也显得十分被动。所以，在选拔与任命村干部时，一定要从学历、管理、技术、能力等方面对所有应聘者作出合理评价，挑选出最佳人选，使所有村干部都能肩负起重担，带领群众走上发展之路。然而，当前农村地区基本以“三留守”人员为主，他们并没有掌握多少文化知识，对乡村治理知之甚少，参与治理的能力较弱。再加上农村精英人才的流失，民主自治开展过程中往往四处碰壁，选举无人投票、村民会议无法正常召开，不能开展正常的公共生活，公共事务无法引起村民重视，民主监督、民主管理得不到有效落实，这些都会削弱村民参与的热情，对于基层“自治、法治、德治”融合完善推进基层有效治理造成冲击。

2. 乡村德治约束力不够

历经岁月的洗礼，当代乡村与过去相比发生了翻天覆地的改变，少了几分质朴，多了几分纷杂。自古至今，中国农村一直是名副其实的熟人社会，兄弟和睦、邻里互助、孝老敬亲等观念代代相传，成为村民们约定俗成的行为准则，在维系农村人际关系、促进社会稳定等方面起到了积极作用。然而，受市场经济发展等因素影响，乡村伦理道德的约束力越来越弱，乡村共同体濒临瓦解，乡村社会也逐渐呈现“后乡土性”特征。在这种情况下，群众人际关系日趋陌生化发展，许多由血缘维系的利益共同体解体，过于追求个人名利，撼动了传统的乡村价值体系。

3. 乡村社会组织不够健全

村民自治的实现，离不开组织与制度的有力支撑，但当前农村治理主体毕竟有限，乡村事务过于繁杂，需要将不同的力量统一起来。经济的飞速发展，稳定的政治局势，为新型农村组织培育奠定了基础。除了最传统的村民委员会，还包括乡贤理事会、专业合作社等组织，在这些组织的不懈努力下，农村地区社会、文化、经济等方面的建设取得了一定成绩，村民活动空间得以拓宽。从小田村情况看，由于农村社会组织不够健全，最为缺乏的就是村民议事平台，村民文化素质有待提升，组织协调能力较差，村民即使参与治理活动，也存在一定的盲目性，很难产生良好的治理效果。

二　“乡村法治道德银行”建设实践

南江县关坝镇小田村为促进基层有效治理，积极开展“乡村法治道德银行”建设，由村支部书记担任“行长”，只存道德不存钱，即把村民的优秀道德行为兑换成一定积分，存入自己账户，储户可凭账户内的道德积分争先评优、兑换奖品和换取服务，资金渠道来源于项目整合、帮扶部门支付、社会捐赠。具体情况如下。

（一）具体做法

1. 民主科学制定管理章程

“乡村法治道德银行”这一模式最早出现于2017年，在正式实施之前，先进行了民意调查，也召开了村民讨论大会，共同制定出考核标准、测评流程，明确积分兑换办法，为该模式的具体实施做好准备，形成了《乡村法治道德银行管理章程》，并创新制定乡村法治道德银行的“增值”机制和“贷出”功能。让存入“乡村法治道德银行”的积分有合理足够的“利息”，存储的时间越久、储值越大、“利息”越高；根据家庭的法治道德积分建立动态信用评级体系，按季度对银行储户评定信用等次，每个等次对应可以贷出的积分，通过法治道德积分实现“文明做担保、诚信做抵押”，不但解决了贫困家庭的现实困难，还能收获更多的法治、道德力量。

2. 民主选举银行机构成员

根据《小田村乡村法治道德银行管理章程》的相关规定，该村通过召开村民大会，选举产生了由驻村干部、村“两委”干部、党员代表、村民代表等17人组成的乡村法治道德银行理事会，并推选村支书记任行长。行长对“乡村法治道德银行”活动负总责，银行内其他成员参与乡村法治道德银行的运行管理，负责组织道德积分的评定、登记和兑换。还聘请群众代表3~5人担任乡村法治道德银行监督员，监督检查乡村法治道德银行运行情况，每半年审计一次资金，确保专款专用，加大了乡村法治道德银行的透明度和公信力，确保“乡村法治道德银行”工作有序推进。

3. 公开评议道德银行积分

该村围绕“遵纪守法、行为文明”“热心公益、支持发展”“诚实守信、勤劳致富”“移风易俗、树立新风”“家庭和睦、邻里团结”等5个方面科学设定100分基础分值，量化道德标准和具体行为评分细则，突出针对性和可操作性。坚持一月一评比，以家庭为单位进行积分申报，让群众互评互议、互比互看，道德积分评定小组对申报情况和群众评定情况进行核实，并将相应积分存于村民在乡村法治道德银行的“户头”，以院坝会、公示栏、村民微信群等方式公布。同时，针对违反村规民约的失德失范事件建立扣分制度，并点名道姓予以曝光。将多次曝光经帮扶劝教仍不改正、影响恶劣的家庭，记入乡村法治道德银行诚信平台，对其评优树模、奖补项目、信贷等方面予以限制。

在当地村里人看来，这些分数不是简单的数字，涉及一个人的面子和行情，甚至决定了一个家庭在村里的社会地位。在农村这样的熟人社会，尤其重要。道德积分变现，是村集体和社会对好人品的认可、信任和回馈。

4. 张榜公示模范带动示范

实行物质奖励和精神激励相结合，小田村根据村民家庭四个季度道德积分总体情况，按照得分高低评选出首批守法之星、卫生之星、致富之星、爱亲之星、移风易俗之星 14 户，给予先进模范每户 200 元的奖励，并颁发“××之星”奖牌，在扶贫项目支持、技能技术培训、就业助学推荐等方面给予优先支持，以此表扬先进。同时，在积分最低的家庭中评选反面典型，张榜公示，以示鞭策（见表 1）。

表 1　村（社区）“乡村道德银行”积分评定细则

项目	得分细则	分值	得分	备注	加分细则	计分	备注
律己守法	家庭成员无违法违纪行为、无违反村规民约行为	3			参与和帮助干部依法化解村里民事纠纷，每次加 2～3 分		
	主动参加乡镇、村政策或法纪宣讲活动	3			参加乡镇、村政策或法纪宣讲活动，宣讲者每次加 5 分		
					自觉维护村内平安稳定，主动检举揭发各类违法违纪行为，经查证属实的，每次加 10 分		
	不参加邪教组织，不参与传销，不加入黑社会性质的团伙	3			主动参与公益设施建设，被群众推选为组织者或监督员并认真履职的，加 5 分积极参与抢险救灾、社会捐助等活动的，每次加 5～10 分		
文明有礼	热情接待客人，主动为游客服务	3			喜事新办、丧事简办，不大操大办和铺张浪费的，丈夫或妻子患重病不离不弃，尽心照料的，加 3～5 分		
	家庭成员无赌博行为	3			劝阻他人参与封建迷信活动和邪教组织的，加 5 分		
	不搞封建迷信活动	4			热心社会公益，主动参与社会公益活动的，每次加 2～5 分		
	家庭成员言行文明有礼，无打架骂人行为	3			关爱扶持困难群体的，每次加 10 分		
	家庭成员积极参加乡镇、村组织的文化娱乐活动	5			捐资或主动出力不要报酬修路、建公共设施的，每次加 5～10 分		

续表

项目	得分细则	分值	得分	备注	加分细则	计分	备注
爱护环境	完成门前三包，爱护绿化树木，爱护公共环境	5			主动制止其他村民乱搭乱建乱倒行为的，每次加5分		
					参与村里临时性的环境卫生整治集体活动的，每次加10分；清洁卫生评比，获评最清洁每次10分，清洁每次5分		
创业创富	积极创业创富，不懒惰，不等靠要	3			回乡创业带动村民发展的，加10分		
	积极参加技能培训	3			能运用掌握的知识和技能增收致富的，加5分		
	创办农家乐等经济实体，并不断提高服务质量	3			参加村内组织的劳动竞赛活动，参加者每参加一次加2～5分		
	有效利用土地发展产业，无撂荒地	3					
诚实守信	信守承诺，无欺诈行为	3			在践行诺言时付出较多，事迹突出，影响良好，加5分；拾金不昧的，加5～15分		
助人为乐	他人有困难时主动帮助	3			村民、游客有难，主动帮忙，不收取任何费用的，每次加5分		
敬老爱亲	家庭团结、和睦、孝老爱亲	5			义务为孤寡老人、残疾人做农活、提供生活帮助的，每次加5分		
		5			满足老人合理小心愿，加5分		
其他加分事项	受到国家、省、市、县、镇、村表彰表扬和宣传报道学习的，每次分别加50、40、30、20、10、5分						

续表

<table>
<tr><td>项目</td><td>得分细则</td><td>分值</td><td>得分</td><td>备注</td><td>加分细则</td><td>计分</td><td>备注</td></tr>
<tr><td>项目</td><td colspan="5">扣分细则</td><td>计分</td><td>备注</td></tr>
<tr><td rowspan="18">扣分事项</td><td colspan="5">受到党纪国法处理的，每次扣5～10分</td><td></td><td></td></tr>
<tr><td colspan="5">家庭成员越级上访（中央、省、市、县、乡镇），群众闹事，无据网络炒作，损毁村镇形象，每人次扣30、25、20、15、10分</td><td></td><td></td></tr>
<tr><td colspan="5">损坏村内公共设施、七彩林业公司苗木设施设备，除照价赔偿外，每次扣5～10分。</td><td></td><td></td></tr>
<tr><td colspan="5">煽动群众阻挠公益设施建设，每次扣5分</td><td></td><td></td></tr>
<tr><td colspan="5">虐待老人和残疾儿女的，每次扣10分</td><td></td><td></td></tr>
<tr><td colspan="5">主张不收彩礼，因彩礼事情在当地影响恶劣的，扣10分</td><td></td><td></td></tr>
<tr><td colspan="5">公众场合煽动组织迷信活动的，扣10分，参与者扣3～5分</td><td></td><td></td></tr>
<tr><td colspan="5">夫妻不和睦，有家暴行为；夫妻间不忠诚，有婚外情行为的，每次扣5分</td><td></td><td></td></tr>
<tr><td colspan="5">在村里乱搭建、乱悬挂、乱张贴、乱摆放、乱扔倒的，每次扣5～10分</td><td></td><td></td></tr>
<tr><td colspan="5">经常不刷牙、不洗头、不理发、不洗澡，经教育引导仍不改的，扣5分</td><td></td><td></td></tr>
<tr><td colspan="5">在清洁卫生评比中，排倒数第一名的，扣5分</td><td></td><td></td></tr>
<tr><td colspan="5">好吃懒做、等、靠、要的，扣10分</td><td></td><td></td></tr>
<tr><td colspan="5">村里组织要求参加的技术培训，无特殊情况不到场的，每次扣2分</td><td></td><td></td></tr>
<tr><td colspan="5">把产业扶持方面的资金拿来买酒肉吃或打牌的，每次扣5分</td><td></td><td></td></tr>
<tr><td colspan="5">主动与老人分家，自己去过轻松日子的，扣5分</td><td></td><td></td></tr>
<tr><td colspan="5">克扣老年人吃、穿，辱骂父母、翁婿、兄弟、妯娌、乡邻的，每次扣10分</td><td></td><td></td></tr>
<tr><td colspan="5">家庭成员与邻居挑拨离间、吵架、打架斗殴的，每次扣10分</td><td></td><td></td></tr>
<tr><td colspan="5">农家乐因服务态度差、服务质量低等方面被举报，并查证属实的，第一次扣10分，第二次扣20分，第三次取消季度评选资格</td><td></td><td></td></tr>
<tr><td>村委会意见</td><td colspan="3">年 月 日</td><td></td><td></td><td></td><td></td></tr>
<tr><td>考评组意见</td><td colspan="3">年 月 日</td><td></td><td></td><td></td><td></td></tr>
</table>

注：1. 基础分为60分，部分事项不得每季度重复报送；

2. 违法犯罪、计划生育、安全稳定一票否决。

（二）取得成效

1. 把道德资产“存”起来，让干群关系“亲”起来

过去，在入户走访中，常听到这样的声音：“又在给他们发棉被了哦，好久才轮到我们?”“国家的政策我们啥都没享受到，国家的一颗米我们都没看见过”部分非贫困户对干部怨气特别大。自从乡村法治道德银行成立以来，通过干部的政策宣讲，正面引导，非贫困户对自己享受的国家惠民政策越来越明了，对贫困户所享受的特惠政策越来越理解。与此同时，村“两委”干部也感觉到了压力，他们主动抛开心中的“小九九”，全身心投入脱贫攻坚“主战场”。通过活动的开展，群众的思想观念不断改变，感恩意识不断增强。该村在2019年6月接受脱贫攻坚国家验收时，群众满意度达到100%。

2. 把歪风邪气“刹”下去，让崇德尚法新风“树”起来

小田村通过建设乡村法治道德银行，开展积分集中兑换活动，给予必要的物质刺激，让村民群众在“看、听、评、学”的过程中，弘扬法治正义，传递文明、传承孝道、播撒善举，让好人好事传播到村庄的每一个角落。实施一段时间以来，横行霸道、嚣张跋扈的现象消失了，铺张浪费、大操大办的现象再难发生了，“知荣辱、明礼仪、扬善德”的淳朴民风也形成了。关坝镇小田村矛盾纠纷调处由2016年的13件下降到2018年的2件，2017年1月至2019年12月，该村信访、刑事案件发生率为零。

乡村法治道德银行不仅激发了村民对积分的重视，也帮助银行解决了缺少抵押物带来的农村贷款信用鉴别难题。此外，还激励了农民的创业热情，为农业农村经济发展引来活水，可谓一举三得。乡村法治道德银行，不只彰显农民的道德水平，更体现农村治理智慧。在党中央高度重视乡村治理的今天，在大力提倡自治、法治、德治相结合的当下，小田村“乡村法治道德银行”的开展再一次有力证明，积极的制度创新对集聚正能量、鼓励正义感、引领心灵美的重要作用，再一次用民间智慧和基层创新印证了自治、法治、德治融合对基层治理的正向作用，以及其扎根于中国农村土壤的现实

性、可操作性。

3. 把道德账单“晒”出来，让争先争优之风“立”起来

“凡是因为致富受到乡级以上政府部门表彰者都会加分，乡、县、市、省级分别加30、40、50、60分”“一年度之内家庭成员没有发生违法乱纪现象者，加10分”“不孝敬父母，克扣老人生活费、辱骂老人者，一次扣20分”……每次组织积分评定大会时，获得加分的村民兴高采烈，被扣分的垂头丧气。积分高的家庭可以兑换各种生产与生活用品，从物质上刺激了村民积极参与乡村法治道德银行建设。乡村法治道德银行通过定期公示乡村法治道德银行账单，给村民增加了无形的压力，在村里形成了你追我赶、争相崇德尚法的良好氛围。自“乡村法治道德银行”试点开展以来，从每个村民的户容院貌中能体现出卫生习惯，从个人的言行举止中能看出文化素质与修养，从家庭经济发展情况中可以看出综合能力，从教育子女与赡养老人的行为中可以看出村民的道德水准，使讲文明、守道德的村民都能成为众人学习与模仿的对象。村民参与率由2017年的40%上升到86%，全县31个乡镇、516个行政村已全部完成道德银行建设，各村积极学习借鉴“小田经验”，创新开展乡村法治道德银行建设，大力推进乡村振兴战略，极大改善了村风民风、村容村貌，提升基层治理能力。

三　遇到的障碍、困难以及对应的建议

（一）遇到的障碍和困难

1. “乡村法治道德银行”缺乏多元投入机制

目前，由于集体经济发展不足，农村法治道德建设专项资金投入较少，法治道德银行运行基本靠挂联单位帮扶、社会捐赠以及村干部到处“化缘”，缺乏稳定持续的资金来源。截至2019年12月，全县35%的行政村乡村法治道德银行运行缺乏稳定持续的资金来源，特别是经济欠发达的北部山区乡村。

2. “乡村法治道德银行”认识上还未从利益兑换到自治手段转变

很多人看到通过义务劳动、照顾残疾人的日常积累换到了一袋米、一桶油的美好积分兑奖，认为“法治道德银行”容易激发一定程度的投机行为，背离了初衷，没有将“法治道德银行”当作优化村民自治、基层治理的手段去推动完善。

3. “乡村法治道德银行”还未真正由“官方组织”向“民间组织”转变

道德银行的发起、组织、实施均由村两委牵头，群众代表比例不高，作用发挥不大，普通村民自发组织的积极性未充分调动，存在趋利性、应付式参与。部分乡镇对“乡村法治道德银行”的建设还缺乏认识，不少村“两委”有厌战情绪，究其原因是法治道德建设不像经济工作容易出彩，干出的成绩看不见、摸不着。

（二）完善建议与发展方向

1. 开展乡村法治道德银行建设，需要坚持党的领导

党的十九大明确表示要下大气力完善社会治理制度，在各级政府的指导下，在社会的支持下，在群众的参与下，形成健全的社会治理体系，提高社会治理水平，使之向着智能化、法治化的方向发展。在这一过程中，要将德治、法治、自治三者融合到一起，必须坚持党的领导，充分发挥乡村基层党组织的战斗堡垒作用，大力开展“乡村法治道德银行”经验总结，创建良好的法治环境。

2. 开展乡村法治道德银行建设，需要坚持多元化投入

必须坚持多元投入，才能让乡村法治道德银行成为引领崇德尚法新风的有效载体。“养成好习惯，形成好风气”的核心内涵在于“养”和“形”，“养”突出的是文明风尚要大力培养，“形”突出的是良风好习惯要用有形的手段推进和形成。要想让尊法守法、崇德向善成为一种全民自觉，让法治和道德成为助推基层有序治理的力量，就绝不能只靠纸上谈兵，政府部门要有必要的资金和物质作保障，同时要发挥先进典型的示范和引导作用。

3. 开展乡村法治道德银行建设，必须坚持广泛参与

只有坚持广泛参与，让乡村法治道德银行成为决战“思想贫穷”的制胜法宝。乡村法治道德银行的主体是村民群众，活动受益的对象也是村民群众，它的运行成效如何，关键在于调动全体村民参与的积极性，要让群众从被动参与向主动参与转变。乡村法治道德银行运行过程中，必须要与村民自治契合到一起，增强群众的自治意识，使其掌握自我教育、监督、管理的方法。同时要通过开展“乡村法治道德银行”，充分发挥好正面典型的标杆作用和反面典型的镜鉴作用，唤醒群众“崇德尚法”的意识，让法治信仰深入人心，道德规范成为自觉习惯。

4. 开展乡村法治道德银行建设，需要循序渐进、形成合力

乡村法治道德银行试点工作的开展，标志着社会文明的进步，进一步明确现代文明社会中农村群众应该具备什么样的品质，遵守什么样的道德准则。有学者对“道德”进行了概念界定：把善恶当成重要的标准，在社会舆论的影响下，运用传统习惯、内心信念等对人们的行为作出评价，协调好人与人之间的关系，使人们的行为得以规范。对这一定义进行分析，道德主要包括两大板块的内容，一是调整，二是行为，乡村法治道德银行将这两方面的内容巧妙地融合到一起，既肯定了行为的价值，也对人与人、人与社会的关系进行调整。当前，全社会呼吁讲文明、树新风，各个领域都掀起了学习社会主义核心价值观的热潮，在这种情况下，每个人都要用道德来约束自己的行为。乡村法治道德银行的内涵会伴随着文明的进步、社会的发展而越来越丰富，凡是能恪守道德规范、自觉向不道德行为发起挑战的行为都应该得到肯定，都应该加分，不仅要拓宽奖励的范围，还要树立标杆与典型。同时，也要向所有破坏道德、违背道德的行为发起挑战，使之为自己的行为付出代价。政府与媒体要加大宣传力度，培养道德典型，使更多人了解道德模范事例，让自己的内心变得更加敞亮，拥有更大的胸襟与气度。

5. 保留原有风俗习惯，强化法治和秩序

农村地区是典型的“熟人社会”，在血缘关系的维系下，人与人之间形成了千丝万缕的联系，但要制定并实施合理有效的乡村规范，一定要打破熟

人关系的束缚。

一方面，在制定评分细则过程中，要适当增加一些与法治有关的内容。另一方面，无论是制定规则还是具体落实，都要遵循民主、公平的原则，严格按规范行事，杜绝各种请情面、送人情现象的发生。乡村法治道德银行在实施之前，不仅要进行民意测评，还要组织村委大会进行协商，听取群众的意见。每个月底都要为各户村民评分，每个季度进行积分兑换，年底还要召开表彰大会。回顾整个操作流程，主要包括申报、测评、公示、兑换四个环节。

仁义与道德，是历经漫长岁月的泛而获得的“赤纯之金”，几千年来，行善、积孝、勤俭等佳话不绝于耳，代代流传。乡村法治道德银行试点工作的开展已经有了一段时间，实际上就是对农村群众的习惯进行引领，所有讲文明、讲道德的行为都可以积分，都会赢得他人的赞誉，而各种违背道德、违反法律条款的行为则要扣分，要受到全社会的谴责。只要能保证积分的公正性、合理性、透明性，一定会发挥应有的作用，使向善、乐施、勤俭、敬老等在农村蔚然成风。培根认为，集体的习惯将产生无限的力量，如果能处于一个良好的社会环境中，所有公民都会逐渐变得奋进、向上。由此可见，乡村法治道德银行，在实施乡村振兴战略、形成优秀家风、打造淳朴乡风等方面都将产生积极影响。

B.24

德阳“三书模式”以法治助力乡村振兴

中共德阳市委全面依法治市委员会办公室课题组*

摘　要： 德阳坚持把法治乡村建设作为实施乡村振兴战略的有力抓手，运用法治思维，通过法治手段保障宅基地农户资格权和农民房屋财产权，落实适度放活宅基地和农民房屋使用权的要求，实现资源优化配置和规范利用，进而激发乡村活力，推进乡村振兴战略实施。围绕破解农村大量闲置农房资源，交易平台缺少、流转程序不规范等问题，通过开展深入细致、大量扎实的调研，秉承改革创新的法治思维和突破勇气，创新提出由市司法局搭台，农村产权交易中心、律师事务所、公证处协同联动的“三书模式”，即“律师法律审查意见及见证书+公证书+交易鉴证书”。实现闲置农房规范良性流转，最大限度保障了流转双方当事人的合法权益，促进了农民增收，开辟了一条法治助力乡村振兴的新路径。

关键词： 闲置农房　“三书模式”　乡村振兴

德阳深入贯彻落实党的十九大精神和省委决策部署，坚持以习近平新时

* 课题组负责人：陈春平，德阳市委依法治市办主任、市司法局党委书记、局长。课题组成员：李玉龙，德阳市司法局党委委员、经济技术开发区分局局长；康琼，德阳市司法局副局长；谢光辉，德阳市司法局公共法律服务管理科科长；阳文东，德阳市司法局区域发展服务科副科长。执笔人：刘鑫，中共德阳市委依法治市办秘书科工作人员；童小波，中共德阳市委依法治市办秘书科工作人员；杨茗，德阳市司法局办公室主任。

代中国特色社会主义思想为指导，创新探索形成了“律师法律审查意见及见证书+公证书+交易鉴证书”的闲置农房流转“三书模式”。“三书模式”在闲置农房流转中发挥了积极作用，现已拓展用于农业投资项目综合服务及农村集体资产处置领域，同时，还将引入更广领域的农村产权交易流转，以推动法治乡村建设，助力乡村振兴。

一　实施背景

农村产权流转是乡村振兴的重要抓手，要实现农村产业化，就必须先设计和建立好农村产权（包括村民家庭承包地、闲置农房、宅基地、特色农产品等）的有效规范流转制度和风险防控体制，以盘活农村闲置资产。2018年中央“一号文件”明确了探索宅基地所有权、资格权、使用权“三权分置”的改革意见，从而为农村产权制度体系的发展指明了方向，但这些顶层设计需要各地区结合实际，在实践中具体落实、细化和明确，并在法律和政策规定的框架下自主设计和大胆创新，才能建立切合实际的可操作的农村产权流转体制和相应的风险防控体制，才能有效保障乡村振兴战略的顺利实施。

（一）乡村振兴的践行需要

实施乡村振兴战略，是新时代“三农”工作的总抓手。推进乡村振兴，要求我们全面推进高质量发展，加快促进农业全面升级、农村全面进步、农民全面发展。为深入贯彻落实习近平总书记关于实施乡村振兴战略的重要论述，全面贯彻党的十九大精神和《中共中央　国务院关于实施乡村振兴战略的意见》《乡村振兴战略规划（2018～2022年）》，按照中央农村工作会议对司法行政工作提出的明确要求，司法行政工作要在满足人民群众，特别是广大农民对民主、法治、公平、正义、安全、环境等方面更高需求上下功夫，努力提供更好更丰富的农村公共法律服务产品，使广大农民获得感幸福感安全感更加充实、更有保障、更可持续。德阳组织调研组结合实际，从有效合法推动乡村振兴及农村产权交易的目标出发，对全市现有农村产权所涉产品项目进行了深入调研，走访了12个乡镇和9家与农村产权交易相关的公司企业，组织数次农村产权交易业务研讨会，与专家学者进行了农村产权法律服务产品的论证，按照政策法律法规、立足程序公开透明、文本规范有效制作设计农村产权交易“三书模式”法律服务产品，从而为农村产权交易制度创新打下了坚实的基础。

（二）市场资源的供给需要

农村的土地、房屋和集体资产很多时候也被称为“沉睡的资源”。有房有地，却不能像城里人一样抵押贷款；村集体资产挂着自己的名，却看不见、摸不着。近年来，随着城镇化进程的快速推进，农村“空心化”现象突出。经调研，德阳全市有1412个村，每个村至少有5套以上的农房闲置，造成资源浪费。随着康养、民宿、乡村旅游等市场不断发展，农房租赁需求激增。如何依靠市场手段打破城乡二元体制，破除阻碍城乡生产要素双向自由流动的体制机制障碍，促进城镇和乡村各类资源要素平等交换，激发乡村各类资源要素活力，促进农村闲置房屋有效流转和利用。2016年12月，围绕推动服务“三农”和农村产权交易，成都、德阳两地政府组建了成都农交所德阳所“农村产权交易平台”。各县（市、区）依托市级平台设置县域“农村产权交易中心”，在乡镇建立“农村产权交易工作站”。“平台+中心+工作站”的交易辐射网，促进了农村生产要素加速流动和优化配置，实现农村资产资本化、农村资源市场化、农民增收多元化。

（三）法治建设的现实需要

在推进新一轮农村改革中，要进一步解放思想，发挥政府在规划引导、政策支持、市场监管、法治保障等方面的积极作用，围绕农民群众最关心最直接最现实的利益问题，加快补齐农村发展和民生短板，让亿万农民有更多实实在在的获得感幸福感安全感。但在农村闲置农房交易中涉及的法律政策多、专业性强、运用要求高，现阶段村民的法治素养明显难以满足需求。例如，中央提出探索以出租、合作等方式盘活利用空闲农房及宅基地，增加农民财产性收入的指导意见，同时也提出了闲置农房流转的三禁止原则，闲置农房流转的方式多样（包括直接流转、间接流转、入股、合作、出租等不同方式），构成不同性质的法律关系，现行流转程序涉及多道手续、多项证明和多种风险，没有形成集合法性、规范性和代表性于一体的操作模式，造成农村闲置房屋流转效率低下、纠纷不断。因此，高效便捷、专业规范、公益普惠的“三书模式”应需而生。

二 主要做法

第一步，根据流转人意向，梳理双方法律关系，确定流转性质，避免违法流转发生。如通常错误地认为流转即买卖房产，或可以任意改变使用性质，随意改建、修造。第二步，明晰流转主体资格，厘清是否多处占地建房，集体内成员以户为单位，共有情况是否明确，是否存在主体错位或遗漏情况。第三步，规范交易行为，保证流转程序规范性。一般为直接交易，需要委托的应完整传达沟通意愿，并可通过远程视频沟通取证，交易现场进行录像保全。第四步，现场勘察房屋现状，借助土地集体所有人主体身份，由该集体村组织出具证明，确认流转房屋真实性、客观性，对流转房屋状况通过影像设施进行完整证据保全。第五步，充分的提示告知，通过律师现场解读“闲置农房使用权流转合同”条款及“风险告知书”条款，公证“询问笔录”等形式，准确无误地提醒各方应享有的权利和应承担的义务，以及可能出现的情势变化、风险事项，各自承担的责任等。第六步，由律师事务所及公证处和农交所分别出具和发放律师法律审查意见及见证书、公证书、交易鉴证书。

（一）实施“三项审查”保障合法性

针对自主交易合同中存在的主体资质不清、标的物产权不明，易致交易合同无法律效力、事后产生产权及债务纠纷等问题，在交易前对转让方资质、受让方资质及流转房屋权属进行逐一审查，确保双方当事人最终形成的流转交易合同合法合规。一是房屋权属审查。转让方向农交所提交房屋产权、建房手续、村委会证明和公示等佐证资料，由律师对拟流转农房的基本情况、权属关系进行审查。对存在房屋“产权纠纷、房屋边界纠纷、与房产有关的债务纠纷、涉嫌违规占地建房、一户多宅、农房流转后自身无居住保障条件”6 种情形的一律不予受理交易。二是转让方资质审查。对转让方提交的农房流转交易委托合同、审查申请和个人（法人）基本情况 3 项资料，由律师对其民事权利、民事行为能力进行资格审查。审查通过后，再由律师对转让方全部家庭成员流转真实意愿进行调查，确保转让方各项条件符合法律规范要求。三是受让方资质审查。转让方条件及房屋权属情况审查通过后，由农交所在产权交易平台公开发布交易信息，广泛征集受让方意向，受让方通过平台提供个人（法人）基本情况及征信记录，并由律师进行审查。在此基础上，由律师及公证员共同见证流转合同签订事实，为流转双方分别出具“律师法律审查意见及见证书”和公证书，以确认流转合同的客观性和合法性。

（二）开展“三项监督”保障真实性

针对自主交易中存在的程序不规范、证据缺失、告知不及时，导致事后毁约、产生纠纷等问题，以规范流转交易行为和完善服务功能为重点，公证处全程参与农房流转交易各环节，确保交易过程得到全程监督。一是程序履行监督。由公证处对转让方、受让方资料提交，签订委托合同、律师审查见证、农交所信息发布等程序进行全程监督，确保交易各环节法定程序得到全面正确履行。二是证据收集监督。由公证处对律师审查环节涉及的交易主体资质审查、房屋现状及权属证明、家人真实意愿表达等情况进行全程监督，依法录音录像，并形成光盘资料进行证据保存。三是规范告知监督。交易合同签订前，由律师事务所、公证处与转让房屋所有权人或委托代理人签订“农村闲置房屋使用权流转风险告知书”，在此基础上签订“农村闲置房屋使用权流转合同”，并依法出具“公证书”。

（三）做好“三项服务”保障公平性

为解决农房流转中供需信息不畅、效率不高、矛盾调处困难等问题，德阳以成都农交所德阳所为主体，建立市、县、乡、村四级农村产权流转交易服务平台，将农房流转交易全部纳入平台管理。一是交易鉴证服务。律师事务所出具律师审查及见证书，公证机关出具公证书后，由农交所为流转双方办理流转合同签订、流转款项支付等具体手续，向流转双方出具“交易鉴证书”，确认交易完成。二是纠纷处置服务。农业项目投资周期长，履约期限也长，因此不规范的土地承包经营权流转合同纠纷多发于签约后5~8年，具有明显的延后性，因此加强土地流转风险防控，将工作重心前移，并加强建立合法、有效、规范的土地流转风险防控体制是防范后期出现纠纷的有效举措。设立德阳市区域协同发展法律服务中心农交所工作站和德阳仲裁委农交所联络点，负责全市农房流转交易的法律服务以及涉及产权、债务等纠纷的调解和仲裁，提供多元化的纠纷化解方式，为交易双方提供事前、事中、事后全程服务，依法保障流转双方的权益实现。三是农村产权金融保险服务。将信息发布、资产评估、融资担保、资产处置等配套服务统一纳入流转交易平台，为农村产权抵押贷款业务提供“一站式”服务。积极探索建立农房流转多元化风险补偿机制，探索建立农房流转履约保证保险制度，增强金融机构开办农房抵押业务的意愿，保障参与各方的主体权益，为农房流转及农村产业发展提供强有力的金融支持。

三　主要成效

2018年8月22日，在什邡市同心村，全国首例闲置农房使用权运用“三书模式”流转成功。至2019年12月，全市共收集有效房源452套，已办结闲置农房流转93宗、交易金额2400余万元，“三书模式”不仅促进农村闲置资产盘活，帮助农民增收，推动农业增效，更为健全农村公共法律服务体系、增强法律服务工作的主动性、提高村民对法律权威的认同感、推动法治乡村建设探索出了一条新路径。

（一）便捷的一站式服务，推动形成依法办事的浓厚氛围

过去，农村闲置农房流转中，农户面临买主难找、程序难跑、合同难起草“三大难”。“三书模式”运用到闲置农房流转中，寻找交易意向人、标的查勘、资料收集审查、法律文书起草签订等都由农交所、律师、公证处直接到农户家中现场办理，为农户提供“一站式”服务。“三书模式”让村民在具体法律关系建立中充分认识到学法用法的重要性，切身感受到法律的保障作用，培养了法律思维，增强了法律意识，由被动找法转变为主动用法，现场学法。2009 年，位于德阳市罗江区白马关镇倒湾的一处闲置农房，受让双方根据口述内容签订了购房合同，村委会盖章确认。2019 年，受让方孟某在村里的法律讲座中了解到闲置农房流转相关法律法规后，担心之前私下签订的买卖合同会存在不规范或无效的法律风险，与出让方陈某共同协商，主动提出采用“三书模式”重新办理转让交易。律师、公证人员、农交所对原签订购房合同“现场把脉”。通过法律解读与政策引导，流转双方意识到了这份购房合同的不利法律后果，遂强烈要求采用“三书模式”，在合法合规的基础上重新签订了一份闲置农房使用权流转协议，有效避免了流转双方的法律风险，保障了交易双方的合法权益。

（二）精准的专业化服务，有效提升依法治理能力水平

过去，在土地流转中，因为没有规范的产权流转体制，有相当部分乡镇的村民没有依法规范流转，容易造成隐患。主要表现在以下几个方面：一是土地流转合同签约主体与实际承包主体分立，从而出现权利主体错位；二是对土地流转受让方的资信情况缺乏前提调查，从而出现后期履约不能的情况；三是流转合同条款的约定出现显失公平的情况，一方当事人擅自毁约或提出解除合同。对此，“三书模式”提供了一个简洁明了、步骤明确、标准统一的交易办理程序，只要提出交易申请，就会自动纳入“三书模式”闭

合操作流程。律师事务所出具的律师审查意见书，公证处出具的公证书，农交所出具的交易鉴证书，系列专业文书充分考虑平衡双方当事人的合法权益，并对可能出现的法律风险进行了明确约定，弥补了村民法律经验和法律知识欠缺的短板，有效避免因交易引发的法律纠纷。甘孜州九龙县村民张某为子女教育，期望在什邡市寻找一处闲置农房，但苦于没有信息渠道，又担心因自身法律知识欠缺导致自身合法权益无法得到有效保障，因此一直没有结果。2019 年 3 月，张某获知“三书模式”，立即通过成都农交所德阳所服务平台找到什邡市马祖镇村民周某，双方通过“律师法律审查意见及见证书 + 公证书 + 交易鉴证书”的形式达成了闲置农房使用权的流转。双方在“三书模式”框架下既享受到快捷专业的法律服务，又消除了各自的担心，达到双赢。同时，基层组织受“三书模式”启发，充分发挥法治的治本功能，推动乡村形成自律自治、共建共享的共识，引导乡村主动把法治运用贯穿到村规民约制定和乡村民宿管理中，通过依法治理提升乡村游品质，规范行业管理，形成稳固的客流，增加村民收入。以德阳市绵竹市遵道镇棚花村为例，该村吸纳“三书模式”规范化专业化经验，将全村的民宿和农家乐统一管理、统一标准、统一登记、统一服务、统一价格，有效避免了各民宿哄抬价格、拉客宰客、互挖墙脚、服务作假等恶性竞争和损害棚花村民宿业美好声誉的不良行为，为游客提供了一个公平公开的消费环境，通过“自治 + 共享”，推动乡村旅游经济持续健康发展。

（三）普惠的公益性服务，深化公共法律服务体系建设

律师、公证人员在“三书模式”框架下发挥各自的专业优势和实践优势，积极参与公共法律服务活动，提升公共法律服务水平，推动建立健全城乡基本公共服务均等化的体制机制，推动公共服务向农村延伸、社会事业向农村覆盖，打通公共法律服务的“最后一公里”，为法治乡村建设奠定了坚实的基础。农户和农村集体组织在闲置农房流转中所享有的律师、公证及农交所“三书模式”服务不承担任何费用，农交所、律师事务所、公证处坚持为农服务宗旨，突出公益性，不以营利为目的，支持农村产权流转交易市

场化发展，促进城乡生产要素双向流通和资产资源优化配置，充分发挥其服务农村改革发展的重要作用，免费向农户和农村集体组织提供服务，推动覆盖城乡、便捷高效、均等普惠的现代公共法律服务体系建设。在“三书模式”的运用中，紧扣法治乡村建设这个主题，通过“一宗一讲、一村一题、一人一码”。每办理一宗流转交易，律师提前到标的所在村居开展关于闲置农房流转、合同订立等相关法律法规的免费讲座；针对不同的村居实际情况，以需求为导向确定主题进行免费讲座；对村民信任满意的律师，打破区域限制制作二维码公示牌，悬挂在村居院落便于及时咨询，进一步丰富了公共法律服务的公益性内涵，增强了农村基层干部法治观念和法治为民意识，提高了农民法治素养。截至 2019 年 12 月底，全市参与“三书模式”的律师、公证员免费提供关于特色农产品交易、农业项目投资、土地承包、征地拆迁、继承抚养等方面咨询 750 余次。

四　探索启示

建设法治乡村正是实施乡村振兴战略的有力抓手，而以法治保障乡村有效治理，正成为夯实基层基础的固本良策。“三书模式”将在维护农民权益、规范市场运行、农业支持保护等方面不断深化，推动新时代“三农”工作。

（一）在“全”上下功夫

围绕助力乡村振兴，进一步健全完善农村实物资产处置及使用权流转、集体土地使用权流转、农户土地承包经营权流转、农村闲置房屋使用权流转等平台建设，全方位满足农村交易需要。探索出台相关政策，通过政府购买法律服务的方式，进一步激发相关专业机构和人员参与的积极性，主动融入农村产权交易流转所系列法律服务产品研发设计。开展农村产权公共法律服务产品的研发工作，特别是对《土地管理法》修改实施后“三书模式”运用于集体经营建设用地的相关公共法律产品进行论证研发。抓住乡村振兴的重点领域和关键环节，进一步推广运用农村产权流转等公共法律服务产品，加快向行政村拓展延伸达到全覆盖，以实现全市农村产权交易的规范性。

（二）在“多”上做文章

推动“三书模式”在农村产权流转多品种多领域的运用开发，在闲置农房个人及集体房屋使用权流转之外，进一步开展如特色农产品交易、安置房合同权利转让、商品房合同权利转让、农业项目投资、农村集体资产处置等多个领域的运用。探索试行对涉及投资两千万元以上的重大农业项目所涉农村产权流转，全程引入律师及公证机构提供专项法律服务，以防范农业投资风险，规范投资行为。不断加大公共法律服务供给模式的创新推广力度，把“三书模式”广泛运用到乡村产业高质量发展、乡村绿色发展中，助力乡村经济基础夯实。通过村民广泛参与，提升法治能力和素养，推动自治、法治、德治相结合的乡村治理体系建设，让农民获得感幸福感更充盈更实在。

（三）在“新”上破难题

农村产权流转风险防控体制建设亟待进一步完善和创新，以适应《土地管理法》修改实施后不断发展的乡村振兴新形势。继续深入研究“三农”新主题新要素新业态的法律服务需求，加强探讨农村产权交易不同品种的交易方式及法律特征，加大适用于农村产权交易品种的法律服务系列产品及相关制度建设。针对农村产权交易的数量或金额，细化流转类型，建立农村产权流转分级审查登记制度。针对交易双方主体的适格性、履约能力及征信状况，流转产权的所有权或使用权有效性、合法性，建立健全农村产权流转全过程风险审查制度，强化风险审查，有效防范农村产权流转风险。有效加强农村产权流转风险防控体制建设及相关配套管理制度和相应法律服务产品的研究运用，防范交易风险和后期流转中双方当事人履约纠纷的发生，推动农村产权交易体制建设和稳步发展，最终为乡村振兴战略的实施起到积极的风险防范作用。

附　　录

Appendix

B.25

四川全面依法治省大事记（2019年）

1月6日　中共四川省委办公厅印发《关于省委全面依法治省委员会及其协调小组组成人员的通知》，明确省委全面依法治省委员会、委员会办公室及立法、执法、司法、守法普法四个协调小组组成人员。

1月19日　新当选的四川省第十三届人民代表大会常务委员会主任彭清华进行宪法宣誓。

3月5日　四川省人大常委会发布《四川省人大常委会2019年立法计划》。

3月19日　中共四川省委全面依法治省委员会召开第一次会议，省委书记、省委全面依法治省委员会主任彭清华主持会议并作重要讲话。

3月21日　中共四川省委办公厅印发《2019年省委党内法规和规范性文件制定计划》。

3月22日　中共四川省委全面依法治省委员会立法协调小组召开推进《四川省十三届人大常委会立法规划》实施工作会议。

3 月 22 日　中共四川省委全面依法治省委员会办公室第一次全体（扩大）会议在成都召开。

3 月 28 日　中国社会科学院法学研究所、社会科学文献出版社在北京发布法治蓝皮书《四川依法治省年度报告 NO. 5（2019）》，中共四川省委全面依法治省委员会办公室在北京举办“四川全面依法治省理论与实践探索研讨会”。

4 月 3 日　中共四川省委全面依法治省委员会办公室、省委宣传部、教育厅、司法厅在四川师范大学成龙校区龙湖剧场举行“宪法法律进高校”启动仪式暨首场宣讲。省委副书记、省委全面依法治省委员会副主任邓小刚主持仪式并作重要讲话。

4 月 4 日　中共四川省委全面依法治省委员会司法协调小组第一次会议暨省委全面深化改革委员会社会体系改革专项小组会议在成都召开。

4 月 4 日　中共四川省委全面依法治省委员会执法协调小组第一次会议在成都召开。

4 月 8 ~ 11 日　中共中央政治局常委、全国人大常委会委员长栗战书率领全国人大常委会执法检查组在四川检查《水污染防治法》实施情况。

4 月 9 日　中共四川省委全面依法治省委员会办公室召开新闻发布会，通报全面依法治省委员会第一次会议精神及省委依法治省办工作开展情况，并回答记者提问。

4 月 10 ~ 19 日　中央依法治国办食品药品监管执法司法第五督察组在四川开展专项督察，向四川省反馈了 5 个方面问题。

4 月 12 日　中共四川省委全面依法治省委员会印发《四川省全面依法治省 2019 年工作要点》。

4 月 15 日　中共四川省委全面依法治省委员会守法普法协调小组第一次会议在成都召开。

4 月 15 日　中共四川省委办公厅印发《省委全面依法治省委员会工作规则》《省委全面依法治省委员会协调小组工作规则》和《省委全面依法治省委员会办公室工作细则》。

4月26日 全省推进法治政府建设工作电视电话会议举行，省委副书记、省长、省委全面依法治省委员会副主任尹力主持会议。

5月5日 四川省人大常委会法制工作委员会、四川省司法厅联合印发《关于加强地方立法工作联系沟通若干措施》。

6月17日 四川省法学会主办的“一带一路”法治服务实践创新论坛在成都举行，四川省“一带一路”法律研究培训基地揭牌授牌，“一带一路”法律服务共享平台“丝法通”App正式上线。

7月31日 中共四川省委全面依法治省委员会办公室第二次全体（扩大）会议在成都召开。

9月10日 庆祝中华人民共和国成立70周年四川经济社会发展成就系列新闻发布会第五场在成都举行，省委依法治省办、省人大常委会法工委、省委统战部、省委政法委围绕“统筹推进民主法治建设不断夯实治蜀兴川法治根基”进行主题发布和答记者问。

10月15日 全省营造法治化营商环境、保护民营企业发展专项督察动员培训会在成都召开，组建2个督察组分赴绵阳、南充、泸州、自贡开展营造法治化营商环境保护民营企业发展专项督察。

11月24日 中共四川省委全面依法治省委员会办公室在中国政法大学举办“四川全面依法治省能力素质培训班”，分两期对全省党委法治建设议事协调机构的办事机构工作人员进行为期七天的集中培训，300余人参训。

12月4日 “新中国70周年四川法治历程回顾暨‘12·4’宪法宣传周”主题活动在成都城市音乐厅举行，省委书记、省委全面依法治省委员会主任彭清华作出批示，省委副书记、省委全面依法治省委员会副主任邓小刚出席并致辞，揭晓2019年度“四川十大法治人物”，展示《治蜀兴川法治建设70年》等法治书籍。

12月6日 中国共产党四川省第十一届委员会第六次全体会议在成都举行，审议通过《中共四川省委关于深入贯彻党的十九届四中全会精神推进城乡基层治理制度创新和能力建设的决定》。

Abstract

The Institute of Law of Chinese Academy of Social Sciences has been closely following the practice of and innovation by the Government of Sichuan Province in ruling the province by law for five consecutive years. This book carries out a comprehensive review of the experiences gained and achievements made by the Government of Sichuan Province in 2019 in implementing the major policy arrangements made by the Central Government for ruling the country by law and advancing the work of ruling the province by law, analyzes the existing problems in the work, and puts forward suggestions on the further improvement of the work.

The General Report reviews the general situation of implementing various arrangements made by the Central Government for ruling the country by law, comprehensively advancing ruling the province by law, and speeding up the construction of the rule of law in Sichuan Province, analyzes in detail the progresses made and problems encountered by the province in such fields as governance by law, scientific legislation, administration by law, judicial construction, and the building of a law-based society, and looks at the future prospect of the construction of the rule of law in the province.

This book features a series of special investigation reports on such topics as the construction of the people's congress system, public interest legislation and grassroots governance. Two investigation reports-one on guiding and safeguarding rural revitalization through legislation and the other on the current situation of local legislation in Ganzi Prefecture-have been selected to demonstrate the legislative work of the people's congresses at the provincial and municipal (prefectural) levels; special reports on law-based government cover such topics as the practice of resolving administrative disputes at their sources, exploration in the "incompleteness-tolerant" acceptance of application for administrative approval, and the regulation of health food products and market access negative lists; with respect to the construction of the judicial system, the book mainly summarized the practices and experiences of the province in dealing with juvenile delinquency and in the integrated construction of the prison and community correction system, the implementation of the system of leniency upon admission of guilt and acceptance of punishment, and the provision of legal aid to criminal suspects belonging to special groups; the book also contains several reports on the exploration in and practice of public interest litigation, which is of great significance to further improving the mechanism for the judicial protection of state and public interests; the Government of Sichuan Province has carried out active explorations in the creation of a good business environment in the province and for this reason, the book contains two reports on the optimization of business environment in the province; and finally, the book also contains investigation reports on the grassroots governance in such localities as Guangyuan City, Jingyan County, and Youxian District of Mianyang City, so as to share the experiences of local governments in promoting law-based rural revitalization, integrated military-civilian legal service, and law-based grassroots governance.

Contents

I General Report

Abstract: In 2019, the Government of Sichuan Province implemented Party General Secretary Xi Jinping's new idea, new thought, and new strategy of ruling the country by law in a comprehensively way, comprehensively deepened the practice of ruling the province by law, speeded up the construction of the rule of law in the province, advanced in a coordinated way and achieved certain results in the work of governance by law, scientific legislation, construction of a law-based government, fair administration of justice, construction of law-based society, and providing the rule of law safeguards, formed its own characteristics and bright spots worthy of summarization and accumulated practical experiences in such fields as effectively strengthening the Party's leadership over the legal work, coordinated advancement of construction of the rule of law and solution of difficult problems in legal reform. In the future, the provincial government will, in light of the existing problems in various fields, strengthen democratic and scientific legislation, raise the level of law-based government, uphold judicial credibility, and promote universal observance of law.

Keywords: Ruling the Province by Law; Governance by Law; Law-Based Government; Law-Based Society

Ⅱ Construction of the People's Congress System

Abstract: In 2019, the People's Congress of Sichuan Province and its Standing Committee took the spirit of a series of important instructions given by Party General Secretary Xi Jinping on the work on agriculture, rural areas, and farmers and on the work in Sichuan Province as their guidance, thoroughly implemented the decisions and arrangements made by the CPC Central Committee and the Provincial Party Committee for implementing the rural revitalization strategy, and advanced the work of formulating and adopting regulations on rural revitalization, thereby promoting development and good governance with good law. Meanwhile, they have based their work on the actual situation in the province, performed their functions in accordance with law, taken active steps to strengthen the work of adoption, revision and abolition of other agriculture-related local regulations, continuously optimized legislative methods, adopted the problem-oriented approach, and made positive contributions to the construction of the system of administrative regulations on the work relating to agriculture, rural areas, and farmers, the high-quality development of agriculture and rural areas, and the transition of the province from a big agricultural province to a strong agricultural province.

Keywords: Rural Revitalization Strategy; Local Legislations; the Work on Agriculture, Rural Areas, and Farmers

B. 3 Investigation Report on the Current Situation of Local Legislation in Ganzi Prefecture against the Background of Implementing the Strategy of Ruling the Prefecture by Law

Project Team of the Party School of the Party Committee of Ganzi Prefecture / 039

Abstract: The local legislation of ethnic minority areas in Ganzi Prefecture has undergone the stages of development: initial exploration, accumulation of experience, and steady development. Through local legislation, the Government of Ganzi Prefecture has safeguarded the right of autonomy of ethnic minorities, speeded up the development of local economy, promoted the inheritance of ethnic minority undertakings, an raised the level of educational and cultural undertakings. Currently, there are still some problems in the legislative work in Ganzi

Prefecture, including poor quality of legislation, insufficient utilization of legislative resources, lack of local characteristics, and weak publicity. In the future, the Government of Ganzi Prefecture will further improve the quality of legislation, fully utilize legislative resources, enhance local characteristics of legislation, and strengthen the publicity of legislation.

Keywords: Regional National Autonomy; Local Legislation; Law-Based Governance

Ⅲ Law-Based Government

Abstract: Effective prevention and resolution of administrative disputes is an important task faced by China in the construction of a law-based government. In recent years, the Government of Chengdu High-tech Development Zone has based its work on the actual situation in the development zone, actively carried out explorations, and adhered to the method of resolving disputes at the early, minor and emerging stage, thereby achieving certain results in preventing and resolving administrative disputes at their sources.

Keywords: Administrative Disputes; Resolution of Disputes at Their Sources; Mechanism-Building

B. 5 Exploration in the Mechanism for the "Incompleteness-Tolerant" Acceptance of Applications for Market Regulation Administrative Approval in Zigong City

Project Team of the Market Regulation Bureau of Zigong Municipality / 066

Abstract: The "incompleteness-tolerant" application acceptance mechanism, which embodies the requirement of "one visit at the maximum" in the application for administrative approval, has gradually become an important content of deepening the reform aimed at streamlining administration, delegating powers, improving regulation, and upgrading services and the optimization of business environment. It has been known as a warm-hearted and wise reform measure and received extensive attention and favorable reception from both citizens and enterprises. However, as an institutional innovation, this mechanism is still faced with many problems in practice. This report explores the ways of improving this mechanism in practice.

Keywords: Market Regulation; Administrative Approval; the "Incompleteness-Tolerant" Application Acceptance Mechanism

B. 6 The Practice of and Reflections on the Fight against the Crime of Telecommunication Network-Related Fraud in Sichuan Province

Project Team of the Public Security Department of Sichuan Province / 076

Abstract: In recent years, with the rapid development of communication and Internet technologies, new types of criminal activities represented by telecommunication network-related fraud are becoming increasingly rampant, seriously endangering the property safety of the masses of the people, disrupting the normal social order, affecting the people's sense of security and social harmony and stability, and posing severe challenges to the modernization of social governance system and capacity. Faced with this situation, the Government of Sichuan Province had, under the unified arrangement of the Ministry of Public Security, launched a new round of special campaign against the new-type crime of telecommunication network-related fraud in 2019. Currently, the special campaign has achieved certain results, but is still faced with huge challenges. This report summarizes the concrete practice of Sichuan Province in this field of work and puts forward suggestions on further improving the work.

Keywords: Telecommunication Network-Related Fraud; Social Governance; Public Security

Abstract: Currently, China is faced with the serious situation population aging. As a result, the demand of the elderly for medical and health care is raising constantly, and the problem of conference marketing of health food products is becoming increasingly prominent. Against the background of ruling the country by law in a comprehensive way, exploring a road of effective law-based regulation of conference marketing of health food products is an inherent part of the work of construction of the grassroots rule of law. This report takes Anju District of Suining City as an example to analyze the problem of and explores countermeasures against the conference marketing of health food products, with a view to laying a solid rule of law foundation for the comprehensive advancement of the strategy of ruling the country by law.

Keywords: Conference Marketing; Health Food Products; Regulation

Abstract: In recent years, China has adopted a number of important policy measures, especially those for the implementation of the system of negative list of market access, that have greatly promoted the creation of a law-based business environment. However, the implementation of the system of negative list of market access does not mean that a law-based business environment will be created without an effort: the implementation of the system will be a long-lasting battle. In recent years, the Government of Neijiang Municipality has adopted the thinking of "win-win development of production, livelihood and ecology" in making an overall plan for the development of Tuojiang River Basin, taken the application of negative list as the starting point to establish the secondary market access system of "three lines and one list" under the market access system, and constructed the environment management information platform and enterprise information platform, thereby providing new ideas for the creation of a law-based business environment in Neijiang City and for the implementation of the market access negative list system in the Neijiang Tuojiang River Basin.

Keywords: Bringing under the Rule of Law; Tuojiang River Basin; Negative List

Ⅳ Construction of the Judicial System

Abstract: In recent years, procuratorial organs in Sichuan Province have focused on their legal supervision functions and adopted multiple measures in light of the characteristics and trend of development of juvenile delinquency in the province, vigorously advanced the work of special prevention and general prevention of juvenile delinquency, and achieved marked decrease in the total number of cases of juvenile delinquency in the province. In the practice of preventing juvenile delinquency, procuratorial organs in Sichuan Province have encountered such problems as lack of synergy between judicial organs and between judicial organs and units and departments responsible for the protection of minors, imperfection of the social support system, and especially the negligence of the issue of crimes committed by children left behind in rural areas by their parents who work in cities. All these problems need to be attached high importance to and dealt with appropriately by the procuratorial organs in their future work.

Keywords: Juvenile Procuratorial Work; Crime Prevention; Special Procedure

Abstract: Prisons and community correction organs are an the most important component parts of the criminal punishment system. Against the background of the new round of judicial reform, the CPC Central Committee with Xi Jinping as its core has attached high importance to the judicial reform work and raised new demands on the reform of the criminal punishment enforcement work, which play an important role in guiding the relevant practice. This report takes the pilot work on the integrated reform of the criminal punishment enforcement system, namely the integrated construction of the prison and community correction system carried out by the judicial administration system of Sichuan Province in Xindu District of Chengdu City as an example to make bold explorations, summarize the relevant experiences, and carry in-depth analysis of the "Xindu Model" of integrated construction of prison and correction system, with a view to finding a new path to the integrated reform of the criminal punishment enforcement system.

Keywords: Prison; Community Correction; Integration

Abstract: This report analyzes from the procuratorial organs' perspective the main practice and effect of the pilot work carried out by Procuratorate of Meishan City on the system of leniency upon admission of guilt and acceptance of punishment in criminal cases. The main objective of the pilot work is to realize substantive leniency and expedient handling of cases through sentencing consultation under the precondition that the criminal suspect or defendant voluntarily confesses his crime and is fully aware of the legal consequences of his confession. In the pilot work, the Procuratorate has encountered such problems as the narrow scope of applicable cases, insufficient participation by legal aid duty lawyers, and inaccurate determination of the extent of leniency - all of which need to be solve in order to realize the expected results of the pilot work and form an effective, replicable and transferable Meishan Experience.

Keywords: the System of Leniency upon Admission of Guilt and Acceptance of Punishment; Rule of Criminal Law; Criminal Litigation

Abstract: Arrest, as the severest form of coercive measure, provides effective safeguard for the normal activities of criminal litigation. However, if applied inappropriately, it can lead to serious violation the lawful rights and interests of criminal suspects. In judicial practice, the rate of defense lawyer's intervention at the stage of examination of arrest request is far lower than that at the stage of examination of prosecution. Therefore, its role has been far from given full play to. To solve the practical problem of absence of defense lawyer's intervention at the stage of examination of arrest request, the procuratorial organs of Yibin City have adhered to the principle of the unity of punishing crimes and safeguarding human rights, explored the mechanism for the provision of legal aid to criminal suspects belonging to special groups at the stage of examination of arrest request, and realized the full coverage of legal aid in the whole criminal procedure.

Keywords: Special Groups of People; Criminal Suspect; Legal Aid

Abstract: In recent years, courts in Guang'an City have treated judicial suggestions as the extension of their trial function, highlighted the diversified dispute resolution mechanism, developed the "Fengqiao Experience" in the new era, based themselves on the characteristics of their own jurisdictions to strengthen their participation in rural governance through the trial of cases, made solid progresses in the "six substantiations" of administration of justice for the people, guided villagers in law-based self-governance, carried out publicity of law, analyzed the practice of people's courts in participating "joint construction, joint governance and sharing" and in the modernization of social governance, and put forward relevant countermeasure suggestions. Currently, people's courts should focus on their trial functions, practice multi-dimensional law-based good governance, give prominence to the resolution of disputes at their sources, carry forward the "Fengqiao Experience" in a new era, innovatively modernize social governance, and voluntarily integrate themselves into the modernization of social governance.

Keywords: Joint Construction, Joint Governance and Sharing; Fengqiao Experience; Resolution of Disputes at their Sources

V Public Interest Litigation

Abstract: The system of initiation of public interest litigation by procuratorial organs is a major reform measure adopted by the CPC Central Committee for advancing the strategy of ruling the country by law in a comprehensive way, as well as an important institutional design aimed at improving the legal supervision system and speeding up the construction of the rule of law. The public interest litigation work carried out by procuratorial organs is of great significance to upholding state and social interests, improving the public interest protection system, advancing administration by law, and strengthening the construction of the rule of law. In recent years, the procuratorial organs of Nanchong City have adhered to the win-win/all-win idea, been guided by their mission and responsibility, taken the handling of judicial cases as their central task and public interest litigation as the new growth point of procuratorial work, focused on the key field of economic and environmental protection, and taken active measures to effectively promote the deep development of public interest litigation work.

Keywords: Procuratorial Organs; Public Interest Litigation; Grassroots Rule of Law Practice

Abstract: Since the comprehensive advancement of the public interest litigation work, the procuratorial organs in Ya'an City have taken the central work of local Party committees and local governments as their main task, adhered to the people-oriented approach, focused on the protection of ecological and environmental resources in the city, and actively explored a development path of public interest litigation work compatible with the actual condition in the city. By joining forces, creating new mechanisms, making overall personnel planning and breakthroughs in key fields, and practicing such procuratorial ideas as "win-win and all-win, precision supervision, and intelligent assistance" put forward by the Party Group of the Supreme People's Procuratorate, they have played a positive role in "winning the battle against pollution" and advancing ecological civilization in Ya'an City. On the basis of summarization of the practical experience gained by procuratorial organs in the public interest litigation work, this report tries to put forward suggestions on the solution of common problems currently existing in public interest litigation work, with a view to promoting the healthy and scientific development of public interest litigation work.

Keywords: Public Interest Litigation; Pollution Prevention and Control; Ecological Civilization

Abstract: In recent year, procuratorial organs in Lezhi County have focused their attention on the pains, difficulties, and concerns of the people, carefully listened to the aspirations of the people, integrate internal judicial forces, explored external cooperation mechanisms, innovatively carried out the publicity work, actively performed their procuratorial functions, and made marked achievements in upholding the interest of the state and the general public through the handling of public interest litigation cases. Currently, public interest litigation, as a new function of procuratorial organs, is still faced with many problems, such as the lack of clear understanding by the public, poor access to case leads, low quality of the case-handling team, weak technical support and insufficient theoretical research, that urgently need to be solved in the future.

Keywords: Public Interest Litigation; Ecological Environment; Food and Drug Safety

Abstract: The pilot work on public interest litigation carried out by procuratorial organs shows that, the pre-litigation procedure, with such design values as public interest remedy, judicial benefits, and balance between the supervisory power and administrative power, has become the best procedure for closing a case of administrative public interest litigation. This report takes the administrative litigation cases in the field of the environment and resources handled by the procuratorial organs in Luzhou City as samples to review and summarize the characteristics of this kind of cases, the results achieved and the problems encountered in the handling of such cases and countermeasures thereof, and puts forward suggestions on the optimization of procuratorial work in the pre-litigation procedure of administrative public litigation.

Keywords: Pre-litigation Procedure; Procuratorial Suggestion; Public Interest Remedies

Ⅵ Business Environment

Abstract: In recent years, the courts in Sichuan Province, while advancing the work of protection of intellectual property and the lawful rights and interests of entrepreneurs and the trial of financial and bankrupt cases in an orderly way, have endeavored to identify, study and solve the institutional bottlenecks that impede the further improvement of the quality of the trial work, vigorously constructed the database of civil reference cases of the courts in Sichuan Province, and strived to provide effective judicial safeguard for creating a stable, open, transparent and predictable law-based business environment in the province.

Keywords: Adjudicative Function; Business Environment; Quality of Trial

B. 19 The Practice of Procuratorial Organs of Zigong City in Servicing the Development of the Private Economy by Focusing on Their Procuratorial Functions

Project Team of the People's Procuratorate of Zigong Municipality / 263

Abstract: In recent years, the procuratorial organs in Zigong Municipality have actively adapted to their functional adjustment, and while performing their crime-fighting and legal supervision functions, taken active measures and coordinated the efforts of all quarters of society to explore ways of servicing private economy and private enterprises under the new normal, established and improved the internal mechanism for the handling of cases involving private enterprises, created a special legal service platform on the basis of the private economy legal service center and joint conference on private economy legal service, and achieved good results.

Keywords: Procuratorial Organs; Legal Service Center; Mechanism for the Handling of Cases Involving Enterprises

Ⅶ Grassroots Governance

Abstract: The implementation of the rural revitalization strategy is an important embodiment of Xi Jinping's Thought on Socialism with Chinese Characteristics in a New Era whereas the rural governance system is an important content of the rural revitalization strategy. Advancing the construction of the rule of law in rural areas is an important means of promoting the organic combination of self-governance, the rule of law, and the rule of virtue, implementing the rural revitalization strategy, and upholding social harmony and stability in rural areas. In recent years, the Government of Guangyuan Municipality has actively explored the good practice of and the new mechanism for constructing the rule of law, preventing grassroots social risks, and enhancing the capacity for the rule of law construction in rural areas, and, through exploration and innovation, created a replicable and transferable example in this field.

Keywords: Rural Revitalization; the Rule of Law Path; Villagers' Self-Governance

B. 21 The Practice of and Exploration by the Government of Jingyan County in Promoting Rural Revitalization through Legal Service

Project Team of the Office of the Committee on Ruling the County by Law in a Comprehensive Way of the Party Committee of Jingyan County, Leshan Municipality / 288

Abstract: In the report delivered to the 19th National Congress of the Communist Party of China, Party General Secretary Xi Jinping put forward the plan for the implementation of the rural revitalization strategy, according to which China will prioritize the development of agriculture and rural areas, build rural areas with thriving businesses, pleasant living environments, social etiquette and civility, effective governance, and prosperity, put in place sound systems, mechanisms, and policies for promoting integrated urban-rural development, and speed up the modernization of agriculture and rural areas. However, in the process of implementing the rural vitalization strategy, many local governments have encountered such problems as the weak legal consciousness among the general public, imperfect democratic management system, and the occasional occurrence of industrial conflicts and disputes. Faced with these difficult problems, the Government of Jingyan County of Leshan Municipality has adhered to the rule of law orientation and explored a new path to promoting rural revitalization through the provision of comprehensive legal service.

Keywords: Legal Service; Rural Revitalization; Integrated Governance; Common Prosperity

Abstract: Youxian District of Mianyang Municipality, as a core district of the National Science and Technology Park and a downtown area of Mianyang City, has an obvious geographical advantage, rich resource of military science and technology, as well as the advantage of integrated military-civilian industrial development. In recent years, the Government of Xianyou District of Mianyang Municipality has focused on the implementation of the strategic arrangement made by the Central Government for "strengthening the rule of law safeguard for deep integrated military-civilian development", taken the special legal service corps as important support and the establishment of a multi-level and broad-coverage enterprise legal service network as the basic form, relied on the "Internet + public legal service" system to explore an effective approach to advancing the integrated military-civilian legal service work, carried out various forms of legal service activities, provided high-quality and precision service to enterprises to satisfy their increasing legal needs, and continuously raised the rule of law level of integrated military-civilian development.

Keywords: Military-Civilian Integration; Legal Service; Rule of Law Safeguard

B. 23 A New Approach to Law-Based Grassroots Social Governance in Nanjiang County

Project Team of the Office of the Committee on Ruling the County by Law in a Comprehensive Way of the Party Committee of Nanjiang County / 316

Abstract: For many years, grassroots governance has been a major task as well as the biggest problem faced by the Communist Party of China and the Chinese Government. In recent years, the Villagers' Committee of Xiaotian Village, Guanba Town, Nanjiang County, Bazhong Municipality, Sichuan Province has made effective explorations in the establishment of "the Rule of Law Moral Bank", which is aimed at giving full play to the dominant role of the masses, ensuring that everyone is able to participate in, supervise and enjoy the fruits of the construction of the rule of law, safeguarding the people's right to know, right to participation, right of expression and right of supervision, and strengthening the bond between the Party and the masses. Since its implementation three years ago, this measure has greatly increased villagers' participation in village affairs and effectively improved the folkways and the morality in the village.

Keywords: Moral Bank; Observance of Law; Social Governance

B. 24 Promoting Rural Revitalization through the "Three Documents Mode" in Deyang City

Project Team of the Office of the Committee on Ruling the City by Law in a Comprehensive Way of the Party Committee of Deyang Municipality / 329

Abstract: In recent years, the Government Deyang Municipality has taken the construction of the rule of law as an effective way of implementing the rural revitalization strategy, applied the rule of law thinking and methods to safeguard farmers' qualifications of housing sites and their housing property rights, implemented the policy of moderately loosening the control over farmers' right to the use of housing sites and rural housing, realized the optimized allocation and standardized utilization of resources, and by doing so, energized the countryside and advanced the implementation of the rural revitalization strategy. In light of such problems as large number of idle houses in rural areas, lack of transaction platform and unstandardized transfer procedure, the municipal government has carried out large amount of intensive and solid investigation, and, with innovative reform and rule of law thinking and the courage to make breakthroughs, put forward the "three documents (namely lawyers' legal examination opinions and witness note + notarial certificate + certificate of transaction platform) mode" under which the municipal judicial bureau builds the platform and the rural property trading center, law firms and notary offices coordinate their work, thereby realizing the benign circulation of idle houses in rural areas, safeguarding to a maximum extent the lawful rights and interests of parties to the transaction, increasing the income of farmers, and creating a new path to rural revitalization.

Keywords: Idle Houses in Rural Areas; the "Three Documents Mode"; Rural Revitalization

Ⅷ Appendix

皮 书

智库报告的主要形式
同一主题智库报告的聚合

❖ 皮书定义 ❖

皮书是对中国与世界发展状况和热点问题进行年度监测，以专业的角度、专家的视野和实证研究方法，针对某一领域或区域现状与发展态势展开分析和预测，具备前沿性、原创性、实证性、连续性、时效性等特点的公开出版物，由一系列权威研究报告组成。

❖ 皮书作者 ❖

皮书系列报告作者以国内外一流研究机构、知名高校等重点智库的研究人员为主，多为相关领域一流专家学者，他们的观点代表了当下学界对中国与世界的现实和未来最高水平的解读与分析。截至 2020 年，皮书研创机构有近千家，报告作者累计超过 7 万人。

❖ 皮书荣誉 ❖

皮书系列已成为社会科学文献出版社的著名图书品牌和中国社会科学院的知名学术品牌。2016 年皮书系列正式列入“十三五”国家重点出版规划项目；2013~2020 年，重点皮书列入中国社会科学院承担的国家哲学社会科学创新工程项目。

中国皮书网

（网址：www.pishu.cn）

发布皮书研创资讯，传播皮书精彩内容
引领皮书出版潮流，打造皮书服务平台

栏目设置

◆ 关于皮书

何谓皮书、皮书分类、皮书大事记、
皮书荣誉、皮书出版第一人、皮书编辑部

◆ 最新资讯

通知公告、新闻动态、媒体聚焦、
网站专题、视频直播、下载专区

◆ 皮书研创

皮书规范、皮书选题、皮书出版、
皮书研究、研创团队

◆ 皮书评奖评价

指标体系、皮书评价、皮书评奖

◆ 互动专区

皮书说、社科数托邦、皮书微博、留言板

所获荣誉

◆ 2008 年、2011 年、2014 年，中国皮书网均在全国新闻出版业网站荣誉评选中获得“最具商业价值网站”称号；

◆ 2012 年，获得“出版业网站百强”称号。

网库合一

2014年，中国皮书网与皮书数据库端口合一，实现资源共享。

S 基本子库
SUB DATABASE

中国社会发展数据库（下设 12 个子库）

整合国内外中国社会发展研究成果，汇聚独家统计数据、深度分析报告，涉及社会、人口、政治、教育、法律等 12 个领域，为了解中国社会发展动态、跟踪社会核心热点、分析社会发展趋势提供一站式资源搜索和数据服务。

中国经济发展数据库（下设 12 个子库）

围绕国内外中国经济发展主题研究报告、学术资讯、基础数据等资料构建，内容涵盖宏观经济、农业经济、工业经济、产业经济等 12 个重点经济领域，为实时掌控经济运行态势、把握经济发展规律、洞察经济形势、进行经济决策提供参考和依据。

中国行业发展数据库（下设 17 个子库）

以中国国民经济行业分类为依据，覆盖金融业、旅游、医疗卫生、交通运输、能源矿产等 100 多个行业，跟踪分析国民经济相关行业市场运行状况和政策导向，汇集行业发展前沿资讯，为投资、从业及各种经济决策提供理论基础和实践指导。

中国区域发展数据库（下设 6 个子库）

对中国特定区域内的经济、社会、文化等领域现状与发展情况进行深度分析和预测，研究层级至县及县以下行政区，涉及地区、区域经济体、城市、农村等不同维度，为地方经济社会宏观态势研究、发展经验研究、案例分析提供数据服务。

中国文化传媒数据库（下设 18 个子库）

汇聚文化传媒领域专家观点、热点资讯，梳理国内外中国文化发展相关学术研究成果、一手统计数据，涵盖文化产业、新闻传播、电影娱乐、文学艺术、群众文化等 18 个重点研究领域。为文化传媒研究提供相关数据、研究报告和综合分析服务。

世界经济与国际关系数据库（下设 6 个子库）

立足“皮书系列”世界经济、国际关系相关学术资源，整合世界经济、国际政治、世界文化与科技、全球性问题、国际组织与国际法、区域研究 6 大领域研究成果，为世界经济与国际关系研究提供全方位数据分析，为决策和形势研判提供参考。

法律声明